# 엑셀 2010

김 민 영 저

도서
출판 상 학 당

# 머리말

오늘날 디지털 기술과 반도체 소자 기술의 급속한 발달로 인해, 이미 생활필수품 중의 하나가 된 컴퓨터는 자체의 독자적인 동작에서 벗어나 고성능화와 함께 네트워크를 이용한 원격 기능을 갖게 되었다.

이러한 컴퓨터에 관련된 지식은 이미 전문가의 소유가 아닌 우리생활에 큰 비중을 차지하는 일반 상식처럼 인식이 되었으며, 컴퓨터 시스템에 관한 기초 지식과 패키지 프로그램의 활용법은 현대인의 필수가 되었다.

이 책에서는 컴퓨터를 보다 쉽게 접근하여 실무에 활용할 수 있도록 하기 위해 현재 가장 많이 사용되고 있는 스프레드시트용 프로그램인 엑셀을 버전 2010 중심으로 총 7장으로 구성하였다.

1장에서 3장은 엑셀 2010의 개요와 리본 메뉴 및 워크시트를 다루기 위한 기초 부분으로 구성하였으며, 4장에서 6장은 각각 함수 사용과 차트 만들기, 데이터베이스 기능 그리고 매크로 기능에 관한 내용을 다루었다. 이 책의 마지막 부분인 7장에서는 엑셀 2010을 이용한 실무 활용 능력을 향상시키기 위해 상위 버전인 ITQ 엑셀 2007/2010의 예상 문제와 ITQ 엑셀 2003 기출 문제 풀이를 위주로 구성하였다.

이 책을 통하여 컴퓨터를 활용하고자 하는 모든 분들이 체계적으로 쉽게 공부할 수 있기를 바라며, 이 책을 출간하기 위해 도움을 주신 상학당의 남승우 사장님께 깊이 감사를 드린다.

저자 씀

# 차 례

## Chapter 6



## Chapter 7

C.H.A.P.T.E.R

1

# 엑셀 2010의 개요

## 1.1 엑셀 2010의 개요

스프레드시트(spreadsheet)란 여러 가지 도표 형태의 양식으로 계산하는 사무 업무를 연속적인 행과 열로 구성된 워크시트(worksheet)에 특정한 데이터를 입력하고 이를 자동으로 계산하는 목적으로 개발된 표 계산 프로그램이다.

최초의 스프레드시트는 1978년 댄 브릭클린(Dan Bricklin)이 고안한 비지칼크(Visi Calk)이며, 이후 DOS 운영체제에서 Lotus 1-2-3와 쿼트로 프로(Quattro Pro)가 폭넓게 사용되다가 Windows 운영체제의 개발과 함께 마이크로소프트사의 엑셀(Excel)이 가장 널리 사용되고 있다.

오늘날 스프레드시트 프로그램의 기능은 내장 함수와 참조를 사용한 계산 이외에도 시각적으로 보다 쉽게 분석하기 위한 차트 작성, 특정 항목을 기준으로 정렬하거나 원하는 데이터의 검색/추출 및 데이터 요약/분석하는 데이터 분석 및 관리 기능, 각종 서식의 문서 작성 그리고 반복되는 일련의 작업 과정을 자동화하는 매크로 작성 기능 등이 포함되어 있다.

또한, 가장 널리 사용되는 스프레드시트 프로그램의 하나인 기존 버전의 엑셀에는 그림과 클립아트 등의 다양한 개체들 삽입과 인터넷 관련 기능도 추가적으로 포함되어 있으며, 최근 버전인 엑셀 2010에는 다음과 같은 기능이 추가되었다.

- 향상된 리본 메뉴, Microsoft Office Backstage 보기 그리고 통합 문서 관리 도구에 의한 신속한 액세스
- 스파크라인, 향상된 피벗 테이블, 슬라이서 그리고 향상된 조건부 서식을 사용한 빠르고 효과적인 데이터 목록 비교
- PowerPivot for Excel, 향상된 해 찾기, 보다 정확한 함수, 향상된 필터 기능, 64비트 Excel 및 각종 성능 향상에 의한 강력한 분석 기능

- 향상된 차트, 텍스트 상자의 수식, 다양한 테마, 실시간 미리 보기를 사용한 붙여넣기 그리고 향상된 그림 편집 도구를 이용한 시각적 효과가 뛰어난 통합 문서 만들기
- 통합 문서 공동 작성, 향상된 Excel Services, 접근성 검사, 향상된 언어 도구에 의한 새로운 방식의 통합 문서 공동 작업
- Microsoft Excel Web App과 Microsoft Excel Mobile 2010에 의한 새로운 방법의 통합 문서 액세스
- 향상된 프로그래밍 기능과 고성능 컴퓨팅 지원에 의한 새로운 방법의 통합 문서 확장

**<표 1-1> MS오피스 2010 사용하기 위하여 필요한 시스템 사양**

| 구성요소 | 요구사양 |
|---|---|
| 운영체제 | Windows XP SP3/Vista SP1/Windows 7/Windows Server 2003 R2 with MSXML 6.0/Windows Server 2008 이상의 32/64비트 OS |
| 프로세서 | 500MHz 이상의 프로세서 |
| RAM | 256MB 이상(512MB 이상 권장) |
| 하드디스크 | 2.0GB 이상의 사용 가능한 디스크 공간 |
| 디스플레이 | 모니터 해상도 1024×576 이상 |
| 다중 터치 | Windows 7 및 터치식 장치 |
| 잉크 입력 | 특정 잉크 입력 기능을 사용 시 Windows XP Tablet PC Edition 이상 |
| 음성 | 음성 인식 기능을 사용 시 close-talk 마이크와 오디오 출력 장치 |
| IRM | 정보 권한 관리 기능을 사용 시 Windows Rights Management 서비스를 실행 중인 Windows 2003 Server SP1 이상 액세스 |
| 인터넷 | IE6 이상(32비트 브라우저만 지원) |
| 인터넷 팩스 | Windows Vista Starter, Windows Vista Home Basic 또는 Windows Vista Home Premium에서는 인터넷 팩스 사용 불가 |
| LiveID | 특정 온라인 기능 사용 시 Windows LiveTM ID |

C.H.A.P.T.E.R

2

# 엑셀의 리본 메뉴

# 2.1 엑셀 2010의 실행과 화면 구성

2010 Microsoft Office System을 설치하면 [시작]의 [프로그램] 내에 [Microsoft Office] 그룹이 만들어지고, 엑셀과 파워포인트 등의 메뉴가 생성된다.

엑셀 프로그램의 실행은 [시작] 단추를 클릭한 다음 [프로그램] 메뉴에서 [Microsoft Office]의 [Excel2010]을 선택하거나 바탕 화면에 있는 단축 아이콘( )을 더블 클릭하여 실행하며, 파일 탭에서 끝내기( )를 선택하거나 우측 상단의 닫기 단추( )를 클릭하여 프로그램을 종료한다.

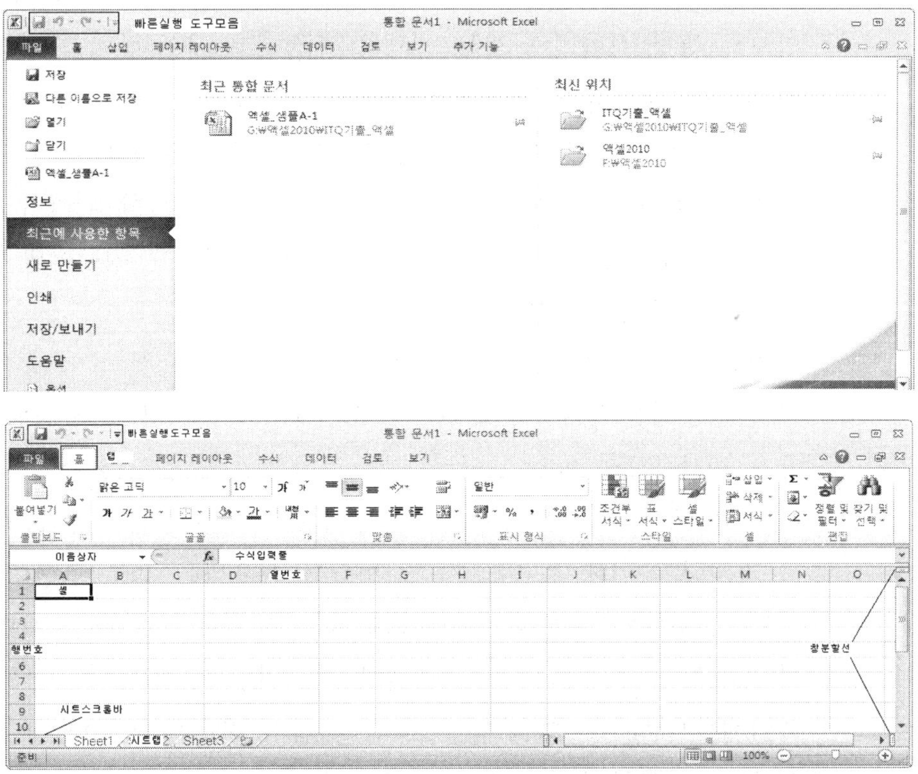


[그림 2-1] 엑셀 2010의 화면 구성(1)

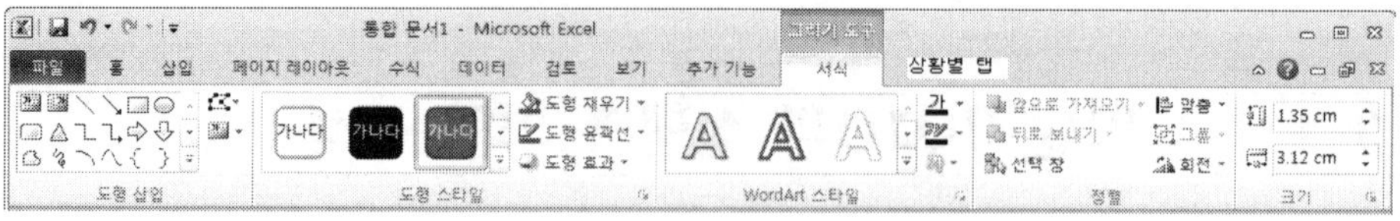


**[그림 2-2] 엑셀 2010의 화면 구성(2)**

2010 Microsoft Office System 프로그램에서는 2007 Microsoft Office System에서 저장, 열기, 닫기, 인쇄, 옵션에 관련된 기능들로 구성되었던 오피스 단추()가 파일 탭으로 대체되었다.

빠른 실행 도구 모음은 현재 표시되는 탭에 독립적인 명령 집합이 포함된 사용자 지정이 가능한 도구 모음으로 명령 단추를 빠른 실행 도구 모음에 추가하거나, 리본 메뉴의 위/아래 위치 중 한 곳에 빠른 실행 도구 모음을 이동할 수 있다.

리본 메뉴는 작업을 완료하는 데 필요한 명령을 신속하게 찾을 수 있도록 특정 시나리오 또는 개체를 중심으로 작업 유형과 관련된 명령 탭 아래 여러 하위 작업으로 구분된 논리적 그룹으로 구성되어 있으며, 각 그룹의 명령 단추는 명령을 실행하거나 명령 메뉴를 표시한다.

리본 메뉴에 표시되는 탭에는 엑셀 2010을 시작할 때마다 표시되는 표준 탭 외에 현재 실행 중인 작업 유형에 필요한 경우에만 나타나는 상황별 도구 탭이 있다.

엑셀의 기본 화면은 선택된 셀의 주소나 이름 또는 삽입된 차트나 그리기를 선택한 경우 개체 이름이 표시되는 이름 상자, 선택된 셀의 내용을 표시하고 데이터의 입력 또는 편집할 때 이용하는 수식 입력줄 그리고 표 계산을 하기 위해 워크시트를 구성하는 기본 단위로 셀의 위치를 지정하기 위해 행 번호와 열 번호를 사용하는 셀로 구성되어 있다.

또한, 하나의 문서에 여러 개의 시트가 존재하는 경우 시트를 이동하고자 할 때 사용하는 시트 탭과 시트 탭 스크롤바 그리고 표가 한 화면에 나타낼 수 없을 정도로 넓은 경우 화면을 가로나 세로로 분할해주는 창 분할선도 포함되어 있다.

## 2.2 파 일

[파일] 리본은 저장, 다른 이름으로 저장, 열기, 닫기, 정보, 최근에 사용한 항목, 새로 만들기, 인쇄, 저장/보내기, 도움말, 옵션 그리고 끝내기로 구성되어 있다.

파일 이름 지정 및 저장은 [파일] 리본 메뉴에 있는 [저장]이나 [다른 이름으로 저장]하기를 이용하여 엑셀을 저장할 위치와 파일 형식을 지정하여 수행할 수 있다. 엑셀 문서를 저장하는 방식에는 기본 파일 형식인 Excel 통합 문서 파일 형식 이외에도 텍스트 파일 형식, 기타 파일 형식(DBF, Open Document 스프레드시트, XPS 문서), 클립보드를 사용하는 파일 형식 등으로 저장할 수 있으며 현재 시트의 형식(워크시트, 차트 시트 또는 기타 시트 형식)에 따라 다르다. 이때, 저장 방식에 따라 일부 서식과 데이터 및 기능이 손실될 수 있다.

**<표 2-1> Excel 파일 형식**

| 파일 형식 | 확장명 | 설명 |
|---|---|---|
| Excel 통합 문서 | .xlsx | XML 기반이 기본 Excel 2010 및 Excel 2007 파일 형식으로 VBA 매크로 코드나 Microsoft Office Excel 4.0 매크로 시트(.xlm) 저장 불가 |
| Excel 매크로 사용 통합 문서 | .xlsm | 매크로를 사용하는 XML 기반의 Excel 2010 및 Excel 2007 파일 형식으로 VBA 매크로 코드나 Excel 4.0 매크로 시트(.xlm) 저장 가능 |
| Excel 바이너리 통합 문서 | .xlsb | Excel 2010 및 Excel 2007 바이너리 파일 형식 (BIFF12) |
| 서식 파일 | .xltx | Excel 서식 파일의 기본 Excel 2010 및 Excel 2007 파일 형식으로 VBA 매크로 코드나 Excel 4.0 매크로 시트(.xlm) 저장 불가 |
| Excel 매크로 사용 서식 파일 | .xltm | 매크로를 사용하는 Excel 2010 및 Excel 2007 서식 파일 형식으로 VBA 매크로 코드나 Excel 4.0 매크로 시트(.xlm) 저장 가능 |

| 파일 형식 | 확장명 | 설명 |
|---|---|---|
| Excel 97 - Excel 2003 통합 문서 | .xls | Excel 97 - Excel 2003 바이너리 파일 형식(BIFF8) |
| Excel 97 - Excel 2003 서식 파일 | .xlt | Excel 서식 파일의 Excel 97 - Excel 2003 바이너리 파일 형식(BIFF8) |
| Microsoft Excel 5.0/95 통합 문서 | .xls | Excel 5.0/95 바이너리 파일 형식(BIFF5) |
| XML 스프레드시트 2003 | .xml | XML 스프레드시트 2003 파일 형식(XMLSS) |
| XML 데이터 | .xml | XML 데이터 형식 |
| Excel 추가 기능 | .xlam | 매크로를 사용하는 XML 기반의 Excel 2010 및 Excel 2007 추가 기능 형식으로 추가 코드를 실행하도록 디자인된 보조 프로그램 |
| Excel 97 - 2003 추가 기능 | .xla | Excel 97 - 2003 추가 기능으로 추가 코드 실행 및 VBA 프로젝트 사용 가능 |
| Excel 4.0 통합 문서 | .xlw | Excel 4.0 파일 형식으로 워크시트와 차트 시트 및 매크로 시트만 저장 가능하며, Excel 2010에서 이 파일 형식의 통합 문서를 열 수는 있지만 저장 불가 |

**<표 2-2> 텍스트 파일 형식**

| 형식 | 확장명 | 기능설명 |
|---|---|---|
| 서식 있는 텍스트(공백으로 분리) | .prn | 공백으로 분리된 Lotus 형식으로 현재 워크시트만 저장 |
| 텍스트(탭으로 분리) | .txt | 통합 문서의 현재 워크시트를 다른 Microsoft Windows 운영 체제에서 사용할 수 있는 탭으로 분리된 텍스트 파일 저장 |
| 텍스트 (Macintosh) | .txt | 통합 문서의 현재 워크시트를 Macintosh 운영 체제에서 사용할 수 있는 탭으로 분리된 텍스트 파일로 저장 |
| 텍스트 (MS-DOS) | .txt | 통합 문서의 현재 워크시트를 MS-DOS 운영 체제에서 사용할 수 있는 탭으로 분리된 텍스트 파일로 저장 |
| 유니코드 텍스트 | .txt | 통합 문서를 Unicode Consortium에서 개발한 문자 인코딩 표준인 유니코드 텍스트로 저장 |
| CSV(쉼표로 분리) | .csv | 통합 문서의 현재 워크시트를 다른 Microsoft Windows 운영 체제에서 사용할 수 있는 쉼표로 분리된 텍스트 파일로 저장 |

| 형식 | 확장명 | 기능설명 |
|---|---|---|
| CSV (Macintosh) | .csv | 통합 문서를 Macintosh 운영 체제에서 사용할 수 있는 쉼표로 분리된 텍스트 파일로 저장. 이 형식을 사용하면 Macintosh 운영 체제에서 탭 문자, 줄 바꿈 및 기타 문자가 올바르게 해석되며 현재 워크시트만 저장됨. |
| CSV (MS-DOS) | .csv | 통합 문서의 현재 워크시트를 MS-DOS 운영 체제에서 사용할 수 있는 쉼표로 분리된 텍스트 파일로 저장 |
| DIF | .dif | Data Interchange Format의 약어로 현재 워크시트만 저장 |
| SYLK | .slk | Symbolic Link Format의 약어로 현재 워크시트만 저장 |

다른 이름으로 저장하고자 하는 경우 대화 상자의 저장 위치 목록에서 저장할 폴더나 위치를 지정하고, 파일 이름 상자에 파일의 이름을 입력하거나 기본 파일 이름을 그대로 유지한 다음 저장을 클릭한다.

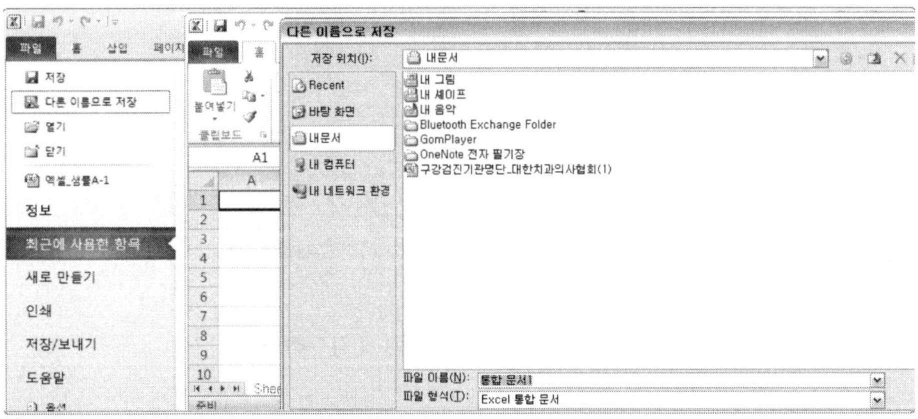


**[그림 2-2] 다른 이름으로 저장하기**

[열기]와 [닫기]는 기존의 문서를 불러오거나 현재 작업 중인 문서를 닫을 때 사용하는 기능이며, [정보]는 현재 작업 중인 문서에 대한 정보를 설정하고 표시해 주는 기능이다.

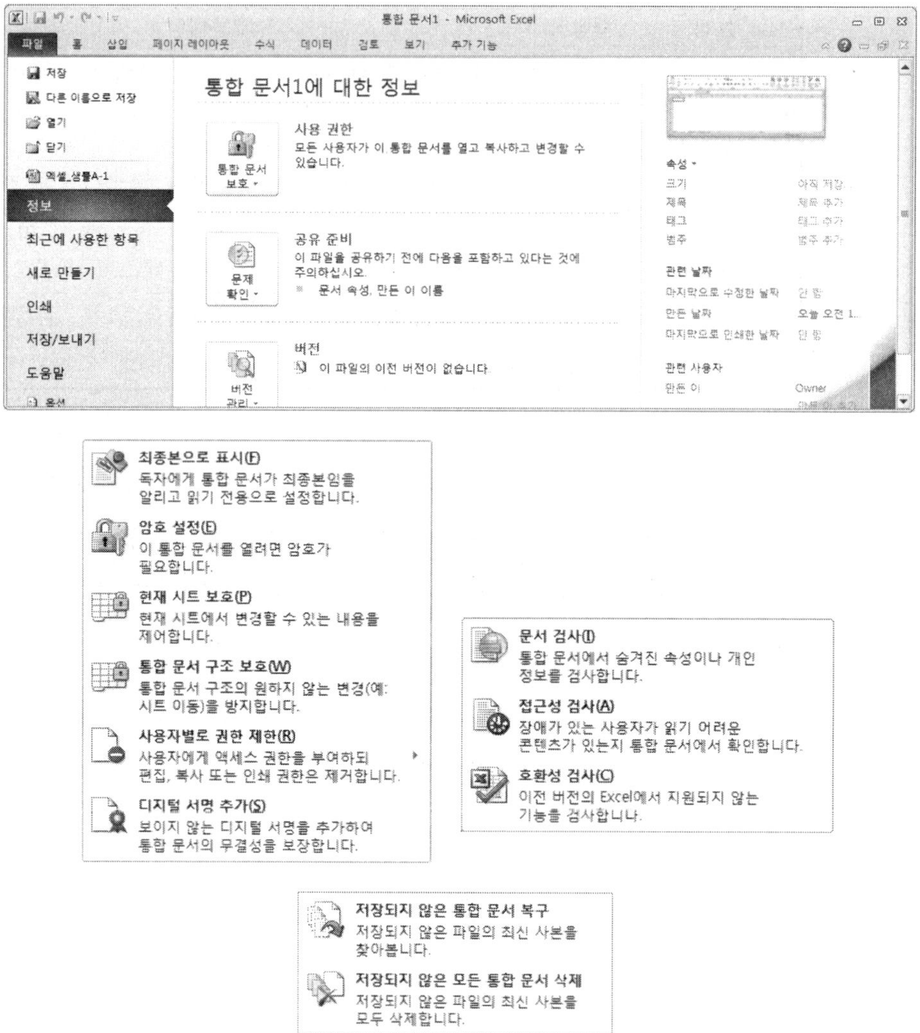


**[그림 2-3] 정보**

[정보]에서 [통합 문서 보호]는 최종본 표시, 암호 설정, 사용자 권한 제한 및 디지털 서명 추가를 설정하는 부분이며 [문제 확인]과 [버전 관리]는 각각 문서, 접근성 및 호환성 검사에 의한 공유 준비 그리고 저장하지 않은 파일의 복구/삭제에 관한 사항을 설정하는 부분이다.

이러한 설정 사항에 따라 파일을 공유할 때 다운로드하거나 전송되는 파일 및 정보를 보호할 수 있으며, 암호 설정 기능을 사용할 때

주의할 사항으로는 암호를 잊거나 잃어버리면 복구할 수 없는 점이다. [최근에 사용한 항목]은 최근 통합 문서와 최신 위치를 나타내며 하단 부분에는 저장하지 않은 통합 문서를 복구하는 기능도 포함되어 있다.

[새로 만들기]는 사용 가능한 서식 파일 및 테마와 Office.com 서식 파일을 쉽게 적용하여 새 통합 문서를 만들기 위한 기능이며, [인쇄]는 인쇄와 프린터 그리고 설정을 위한 기능 및 미리보기 영역을 포함하고 있다.

[그림 2-4] 새로 만들기와 인쇄

[저장/보내기]에서 [전자 메일을 사용하여 보내기]란 전자 메일에 통합 문서의 복사본, PDF, XPS의 복사본을 첨부하거나 통합 문서에 대한 링크를 포함하여 보내거나 인터넷 팩스로 보내기 위한 기능이다.

또한, [웹에 저장]과 [Share Point]란 문서를 모든 컴퓨터에서 액세스하거나 다른 사람과 공유하거나, 혹은 다른 사람들과 공동으로 작업할 수 있도록 SharePoint 사이트에 저장하는 방식이다. [파일 형식]은 통합 문서나 다른 파일 형식으로 변경하거나 PDF/XPS 문서로 만들기 위한 기능이다.

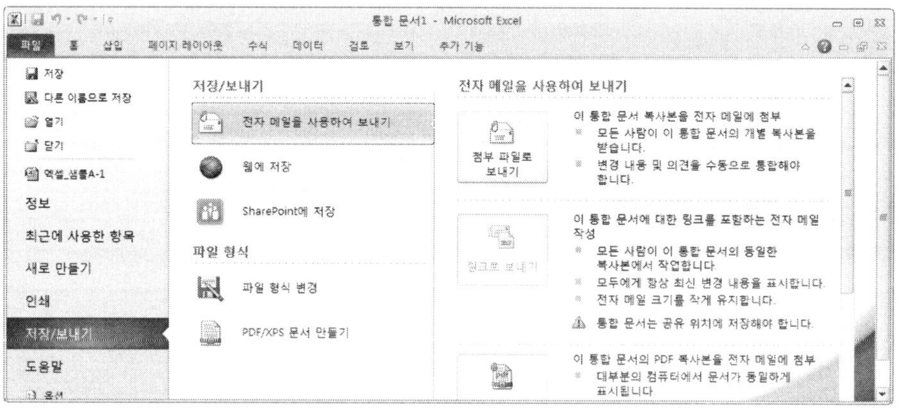


**[그림 2-5] 저장/보내기**

[옵션]은 사용자 인터페이스와 개인 설정 부분으로 이루어진 [일반], 자동 고침 옵션이나 맞춤법 검사를 위한 설정을 하는 [언어 교정], 통합 문서 저장이나 문서 관리 서버 파일에 대한 오프라인 편집 옵션 그리고 통합 문서의 시각적 모양 유지에 관한 [저장] 등으로 구성되어 있다.

[저장]의 통합 문서 저장 부분에서는 파일 형식 저장 방식, 자동 복구 저장 간격 및 기본 파일의 위치를 사용자가 지정하는 부분으로 통합 문서의 기본 저장 폴더는 C:\My Documents로 설정되어 있으며, 변경하고자 할 때에는 기본 파일 위치에서 경로를 입력한다.

[한글 입력 체계]와 [언어]는 한글 입력 체계와 언어의 기본 설정을 구성하는 편집 언어와 표시 도움말 언어 선택 부분으로 구성되어 있으며, [고급]은 편집과 잘라내기, 복사, 붙여넣기, 이미지 크기 및 품질, 표시, 인쇄, 차트와 표시, 이 통합 문서/워크시트의 표시 옵션, 수식, 계산 대상, 일반, Lotus 호환성에 대한 기능을 설정하는 부분으로 구성되어 있다.

[리본 사용자 지정]은 [다음에서 명령어 선택] 영역과 [리본 메뉴 사용자 지정] 영역 그리고 [사용자 지정 영역]으로 구성되어 있으며, [다음에서 명령어 선택] 영역에서 추가할 파일 탭의 명령어를 선택하고, [리본 메뉴 사용자 지정 영역]에서 추가하고자 하는 탭의 영역을 선택한 다음 [추가] 단추를 누른다. 또한, [리본 메뉴 사용자 지정 영역]에서 명령어를 선택하고 [삭제] 단추를 누르면 리본 메뉴에서 명령어를 제거할 수도 있다.

[빠른 실행 도구 모음]은 현재 표시되는 탭에 독립적인 명령 집합이 포함된 사용자 지정이 가능한 도구 모음으로 [다음에서 명령 선택] 영역에서 추가할 명령어를 선택한 후 [추가] 단추를 누르면 포함되고, [빠른 실행 도구 모음 사용자 지정] 영역에서 삭제할 명령어를 선택한 후 [삭제] 단추를 누르면 제거된다.

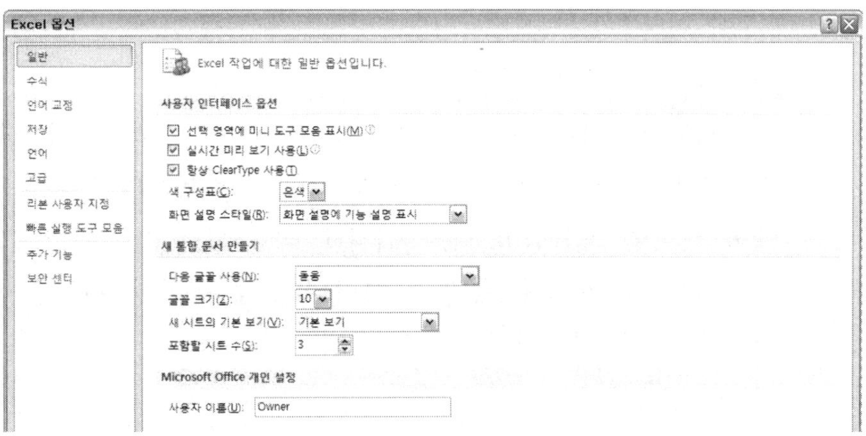


**[그림 2-6] 옵션**

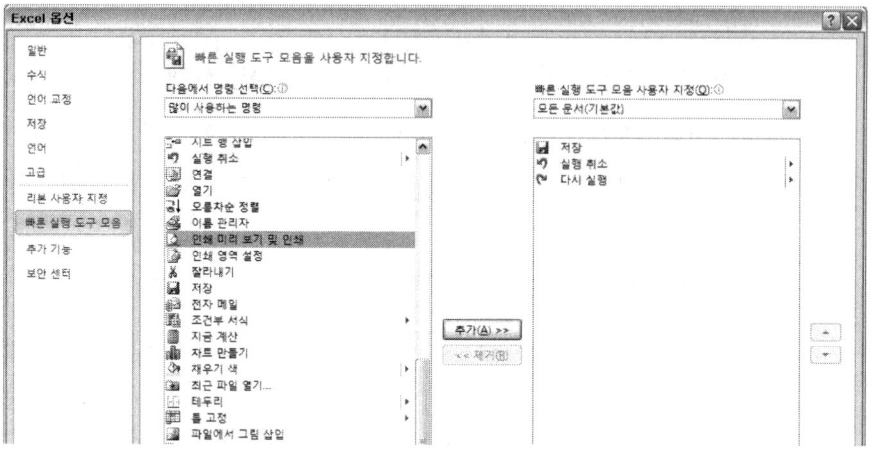


[그림 2-7] 빠른 실행 도구 모음

이외에도 [옵션]에는 마이크로소프트 오피스 추가 기능을 보고 관리하는 [추가 기능]과 문서 및 컴퓨터를 안전하고 보안이 유지된 상태로 관리하기 위한 [보안 센터] 설정 기능이 포함되어 있다.

## 2.3 홈과 삽입

[홈] 리본은 클립보드, 글꼴, 맞춤, 표시 형식, 스타일, 셀 그리고 편집 그룹으로 구성되어 있다.

클립보드 그룹에는 선택 영역을 잘라내어 클립보드에 넣는 잘라내기, 선택 영역을 복사하여 클립보드에 넣는 복사와 그림복사, 한 위치에서 서식을 복사하여 다른 위치에 적용하는 서식 복사 그리고 붙여넣기 기능이 있으며, 문서의 여러 위치에 동일한 서식을 적용하려면 단추를 두 번 클릭한다.

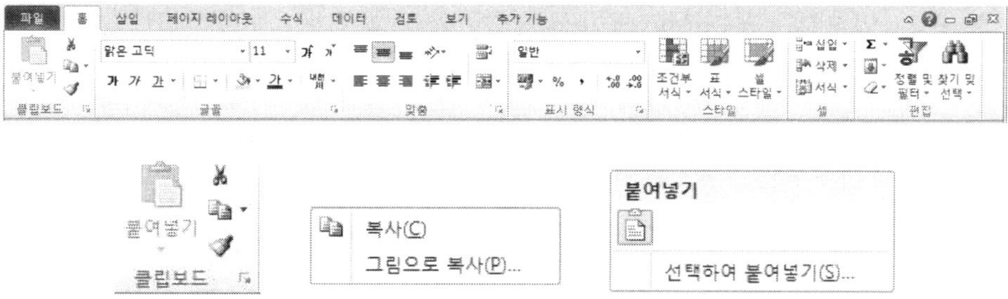


**[그림 2-8] 클립보드**

글꼴, 맞춤 그리고 표시 형식 그룹에는 글자 모양, 크기, 스타일 및 정렬, 텍스트 회전, 내어쓰기/들여쓰기, 줄바꾸기, 셀 병합, 통화나 백분율 표시 등으로 구성되어 있다.

또한, 스타일 그룹에는 데이터를 시각적으로 표시하기 위한 조건부 서식, 미리 정의된 표나 셀 스타일을 빠르게 지정하기 위한 표 서식과 셀 스타일 기능이 포함되어 있으며, 편집 그룹에는 합계, 채우기/지우기, 특정 항목을 기준으로 한 정렬 및 필터와 찾기 및 선택 기능이 포함되어 있다.

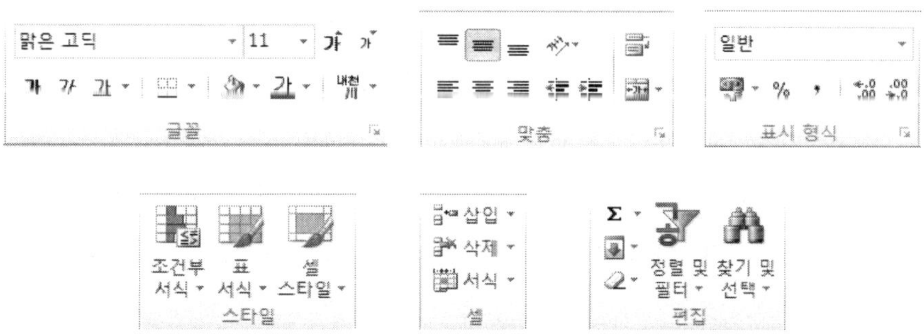


**[그림 2-9] 글꼴, 맞춤, 표시 형식 그룹**

[삽입] 리본은 표, 일러스트레이션, 차트, 스파크라인, 필터, 링크, 텍스트, 기호 그룹으로 구성되어 있다. 표 그룹은 데이터를 요약하기 위한 피벗 테이블 삽입과 데이터를 관리하고 분석하기 위한 표 기능이

있으며, 일러스트레이션 그룹에는 파일의 그림이나 도형 삽입, 정보를 시각적으로 표현하기 위한 SamrtArt 그래픽 삽입 그리고 화면의 일부를 캡처하는 스크린 샷 기능을 포함하고 있다.

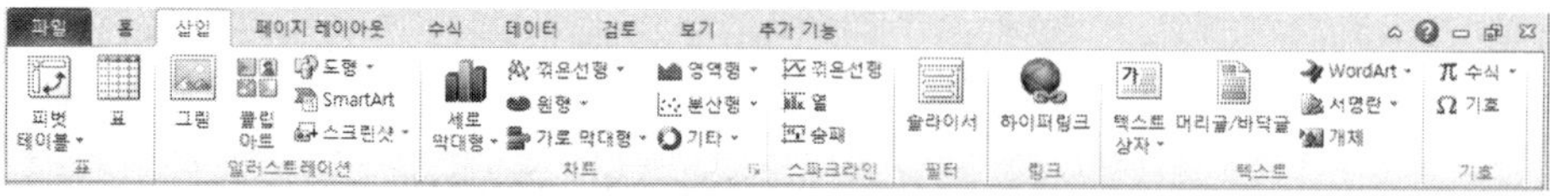


[그림 2-10] 삽입

<표 2-3> SamrtArt 그래픽 종류

| 유 형 | 용 도 |
| --- | --- |
| 목록형 | 비순차적 정보 표시 |
| 프로세스형 | 프로세스 또는 시간 표시 막대에서 단계 표시 |
| 주기형 | 연속된 프로세스 표시 |
| 계층 구조형 | 의사 결정 트리 표시, 조직도 만들기 |
| 관계형 | 연결을 일러스트레이션으로 표시 |
| 매트릭스형 | 전체에 대한 각 부분의 관계 표시 |
| 피라미드형 | 가장 큰 구성 요소가 맨 위 또는 맨 아래에 있는 비례 관계 표시 |

차트 그룹은 데이터를 나타내고 비교하기 위한 기능으로 리본 메뉴에서 쉽게 사용할 수 있는 차트 종류들로 구성되어 있다.

<표 2-4> 차트 종류

| 유 형 | 용 도 |
| --- | --- |
| 막대형 | 시간의 경과에 따른 데이터 변동을 표시하거나 항목별 비교를 나타내는데 유용 |
| 누적 막대형 | 전체 항목의 합계를 기준으로 각 값의 기여도를 비교하여 전체와 개별 항목 간의 관계 표시 |

| 유 형 | 용 도 |
|---|---|
| 꺾은선형 | 일반적인 척도를 기준으로 설정된 시간에 따라 연속적인 데이터를 표시할 수 있으므로 일정 간격에 따른 데이터 추세 표시 |
| 원형 | 데이터 계열 하나에 있는 항목의 크기가 항목 합계에 비례하여 표시 |
| 영역형 | 시간에 따른 변동의 크기를 강조하여 보여 주며, 합계 값을 추세와 함께 살펴볼 때 유용 |
| 분산형 | 여러 데이터 계열에 있는 숫자 값 사이의 관계를 보여 주거나 두 개의 숫자 그룹을 xy 좌표로 이루어진 하나의 계열로 표시 |
| 주식형 | 여러 열이나 행에 특정 순서로 있는 데이터 표시하는 차트로 주가 변동이나 일일 기온 또는 연간 기온의 변동 등의 표시에 유용 |
| 표면형 | 두 데이터 집합 간의 최적 조합을 찾을 때 유용하며, 지형도에서와 마찬가지로 색과 무늬는 같은 값 범위에 있는 영역을 나타내는 형태로 항목과 데이터 계열이 모두 숫자 값인 경우에 사용 |
| 도넛형 | 원형 차트와 마찬가지로 전체에 대한 각 부분의 관계를 보여 주지만 데이터 계열이 두 개 이상 포함될 수 있음. |
| 거품형 | 여러 열에 있는 데이터를 그릴 수 있는 형태로 첫 번째 열에 나열된 값이 x값을 나타내고 인접한 열에 나열된 값은 해당 y값과 거품 크기를 나타냄. |
| 방사형 | 여러 열이나 행에 있는 데이터를 그릴 수 있는 형태로 여러 데이터 계열의 집계 값 비교 |

스파크라인 그룹은 단일 셀 안에 선/열/승패 차트를 삽입하는 선/열/승패 스파크라인 삽입 기능이 있으며, 스파크라인은 실제로 셀 배경에 패턴을 한눈에 파악하기 위하여 데이터를 축소된 그래픽으로 시각적으로 표시하는 워크시트 셀의 작은 차트로 차트와는 달리 개체가 아니다.

필터 그룹은 데이터를 대화식으로 드롭다운 목록을 열어 적용되는 필터에 알아보기 쉬운 레이블을 지정하고 세부 정보를 제공하는 슬라이서 기능이 포함되어 있다.

링크 그룹의 하이퍼링크는 문서에 웹 페이지, 그림, 전자 메일 주소 또는 프로그램에 연결되는 링크를 만들기 위한 기능이다.

텍스트 그룹은 텍스트 상자, 페이지 위쪽이나 아래쪽에 표시하는 머리글/바닥글, 장식 텍스트인 워드아트, 서명해야 하는 사용자를 지정하는 서명란, 포함 개체를 삽입하기 위한 기능이 있으며, 기호 그룹은 일반 수학 수식이나 수학 라이브러리를 이용하여 작성하는 수식과 키보드에 없는 문자를 삽입하는 기호 기능을 포함하고 있다.

## 2.4 페이지 레이아웃과 수식

[페이지 레이아웃] 리본은 테마, 페이지 설정, 크기 조정, 시트 옵션 그리고 정렬 그룹으로 구성되어 있다. 테마 그룹은 전체적인 문서의 색, 글꼴 및 효과를 포함하는 전반적인 디자인을 변경하기 위한 기능이 포함되어 있으며, 페이지 설정 그룹은 전체 문서 또는 현재 구역의 여백 크기, 페이지를 가로/세로 레이아웃으로의 전환, 현재 구역의 용지 크기, 인쇄용으로 시트의 특정 영역 표시, 인쇄본에서 새 페이지가 시작되는 위치 지정, 페이지 나누기, 시트의 배경으로 표시할 이미지 선택 그리고 인쇄되는 각 페이지에 표시되는 행 및 열을 지정하는 인쇄 제목 부분으로 구성 되어 있다.

여백의 크기는 인쇄 페이지의 가장자리에서 데이터까지의 거리이며, 사용자 지정 여백을 선택하여 페이지 설정에서 페이지의 위/바닥과 머리글/바닥글 사이의 거리를 지정한다. 이때, 거리를 설정된 여백보다 작게 지정해야 머리글이나 바닥글이 데이터와 겹치지 않는다. 페이지의 가운데 부분은 [가로]나 [세로], 또는 두 확인란을 모두 선택하여 데이터가 여백 안에서 페이지 가운데 놓이도록 한다. [머리글/바닥글]은 왼쪽, 가운데, 오른쪽 구역에 해당 단추를 선택하여 삽입하거나 문자열을 입력하여 삽입한다.

크기 조정 그룹은 최대 페이지 수에 맞게 인쇄 결과물의 너비나 높이를 줄이거나 실제 크기의 백분율에 따라 인쇄물의 결과를 늘이거나 줄이는 부분으로 구성되어 있다.

시트 옵션 그룹은 시트의 행과 열 사이의 줄을 표시하는 눈금선 및 시트 옆의 행 번호와 시트의 열 위쪽의 문자/숫자 표시하는 머리글 설정을 위한 기능으로 구성되어 있다.

정렬 그룹은 선택한 개체를 한 수준 앞/뒤 또는 모든 개체를 앞/뒤로 보내거나, 각 개체를 선택하고 개체의 순서와 표시 방법을 변경하기 위한 부분 그리고 선택한 여러 개체의 가장자리에 맞추기 위한 부분으로 구성되어 있다. 또한, 정렬 그룹에는 단일 개체처럼 처리될 수 있도록 개체 그룹화나 선택한 개체를 회전하거나 대칭 이동하는 기능도 포함되어 있다.

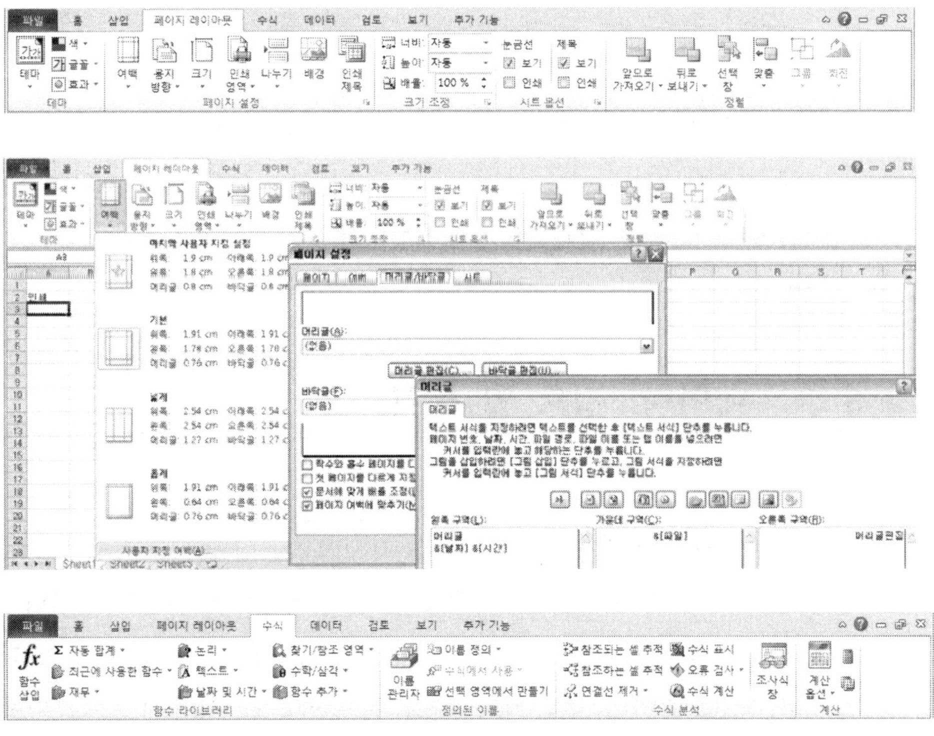


**[그림 2-11] 페이지 레이아웃과 수식**

[수식] 리본은 함수 라이브러리, 정의된 이름, 수식 분석, 계산 그룹으로 구성되어 있다. 함수 라이브러리 그룹은 함수를 선택하고 인수를 편집하여 현재 셀의 수식을 편집하는 함수 삽입과 자동 합계, 최근에 사용한 함수를 목록에서 찾아보거나 선택하는 부분 그리고 각 함수 범주(재무, 논리, 텍스트, 날짜 및 시간 함수, 찾기/참조 영역, 수학/삼각)와 함수 추가 기능을 포함하고 있다.

정의된 이름 그룹은 통합 문서에 사용된 모든 이름을 만들고 편집하고 삭제하고 찾는 이름 관리자 부분, 셀의 이름을 지정하는 이름 정의, 선택한 셀의 이름을 자동으로 생성하는 기능이 있다. 수치 분석 그룹은 현재 선택한 셀 값에 영향을 주거나 받는 화살표를 표시나 제거하는 부분, 각 셀에 결과 값 대신 수식을 표시하는 부분 그리고 수식에서 발생하는 오류를 확인하는 오류 검사 부분으로 구성되어 있다. 또한, 각 수식을 개별적으로 계산하여 수식을 디버그하기 위한 대화상자를 표시하는 수식 표시와 시트에 변경 내용을 적용할 때 특정 셀의 값을 모니터링하는 조사식 창 부분도 포함되어 있다.

계산 그룹은 수식을 계산할 시간을 시정하는 계산 옵션과 지금 전체 통합 문서나 시트를 계산하는 지금 계산으로 구성되어 있으며, 지금 계산과 시트 계산은 자동 계산이 해제된 경우에만 필요하다.

## 2.5 데이터, 검토 및 보기

데이터 리본은 외부 데이터 가져오기, 연결, 정렬 및 필터, 데이터 도구 그리고 윤곽선 그룹으로 구성되어 있다. 외부 데이터 가져오기 그룹은 Microsoft Access 데이터베이스, 웹 페이지, 텍스트 파일 그리고 다른 데이터 원본이나 가장 일반적으로 사용되는 원본 목록에 연결하여 가져오는 기능이 포함되어 있다.

연결 그룹은 데이터 원본에서 가져온 모든 데이터 업데이트, 통합 문서에 연결되는 모든 데이터 연결(원본 데이터가 변경되면 업데이트), 속성 그리고 연결 편집 기능이 있다.

정렬 및 필터 그룹은 한 번에 여러 가지 기준으로 데이터 정렬하는 기능과 조건에 맞는 데이터를 거르는 필터, 현재 데이터 범위에서 필터와 정렬 상태를 제거하거나 다시 적용하는 기능 그리고 조건을 먼저 지정하고 거르는 고급 기능으로 구성되어 있다.

데이터 도구 그룹은 엑셀에서 한 셀의 내용을 별도의 열로 나누는 텍스트 나누기, 중복된 항목 제거, 잘못된 데이터를 셀에 입력하는 것을 방지하기 위한 데이터 유효성 검사, 여러 범위 값을 하나의 새 범위로 결합 그리고 시트에서 수식에 대한 여러 값을 적용해 보기 위한 시나리오 관리자, 목표값 찾기, 데이터 표 부분으로 구성되어 있다.

윤곽선 그룹은 셀 범위를 함께 묶기 위한 그룹과 그룹 해제 그리고 선택한 셀의 부분합 및 합계를 자동으로 삽입하여 여러 관련 데이터의 총합을 구하는 기능이 포함되어 있다.

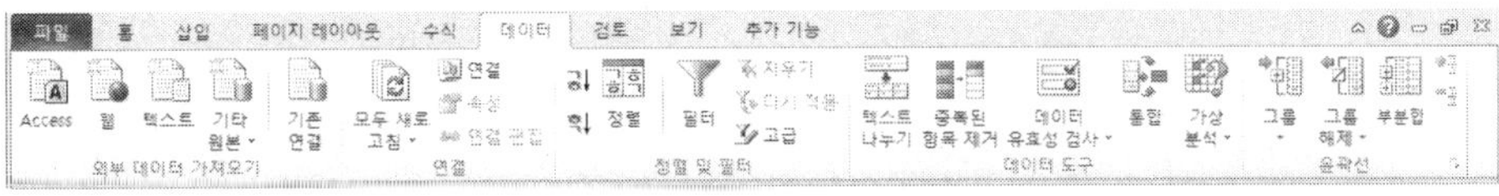


**[그림 2-12] 데이터**

[검토] 리본은 언어교정, 언어, 메모 그리고 변경내용 그룹으로 형성되어 있으며, 언어교정 그룹은 텍스트의 맞춤법 검사, 사전이나 백과사전 및 번역서비스와 같은 참조 자료에서의 검색, 선택한 단어와 의미가 비슷한 가른 단어의 제안하는 동의어 사전으로 구성되어 있다. 또한, 언어 그룹은 선택한 텍스트를 다른 언어로의 번역과 한글이나 한자로의 변환 기능이 포함되어 있으며, 메모그룹은 선택한 영역에 대한 메모 추가/삭제, 시트에서 이전 메모의 선택이나 문서에서 다음 메모의 탐색, 선택한 셀에서 연결된 메모 표시/숨기기, 시트의 모든 메

모 표시 그리고 시트의 잉크 주석 표시나 숨기기로 구성되어 있다.

변경 내용 그룹은 시트 보호, 통합 문서 보호, 통합 문서 공유, 통합 문서 보호와 공유, 범위 편집 허용 그리고 변경 내용 추적으로 구성되어 있다. 시트 보호와 통합 문서 보호는 시트 데이터에 대한 필요 없는 변경 및 통합 문서의 구조에 대한 필요 없는 변경(시트 이동/삭제 또는 추가)을 방지하며, 통합 문서 공유는 동시에 여러 사용자가 통합 문서에서 작업할 수 있도록 한다.

또한, 통합 문서를 공유하고 동시에 암호를 사용하여 문서를 보호하는 기능과 특정인이 보호된 통합 문서 또는 시트의 셀 범위를 편집할 수 있도록 허용하는 기능이 포함되어 있다.

그리고 변경 내용 추적은 삽입, 삭제 및 서식 변경을 포함하는 문서의 모든 변경 내용을 추적하는 기능이다.

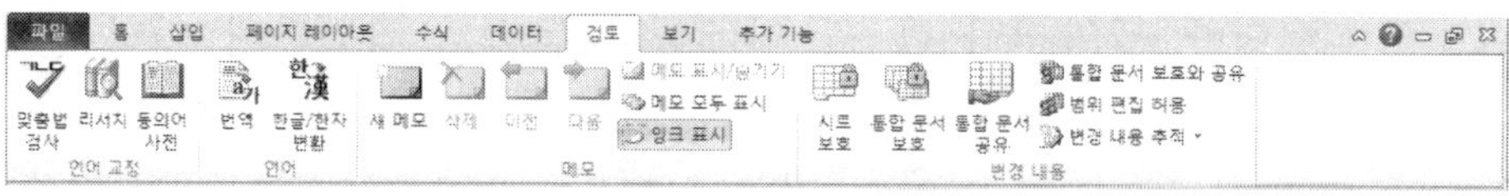


[그림 2-13] 검토

[보기] 리본은 통합 문서 보기, 표시, 확대/축소, 창 그리고 매크로로 구성되어 있다. 통합 문서 보기 그룹은 기본 보기, 인쇄되는 페이지에 나타나는 대로 문서 표시, 인쇄되는 페이지가 어디서 나누어지는지 미리보기, 사용자 지정보기로 저장, 전체 화면 모드로 표시하는 기능이 포함되어 있다.

표시 그룹은 눈금자, 행과 열 사이의 눈금선, 셀에 텍스트 및 수식을 입력하는 수식 입력줄 그리고 행 및 열 머리글 표시로 구성되어 있다.

확대/축소 그룹은 문서의 확대/축소 비율 조정, 문서를 원래 크기로 확대, 현재 선택한 셀 범위로 전체 창을 채우도록 하는 기능을 포함하고 있다.

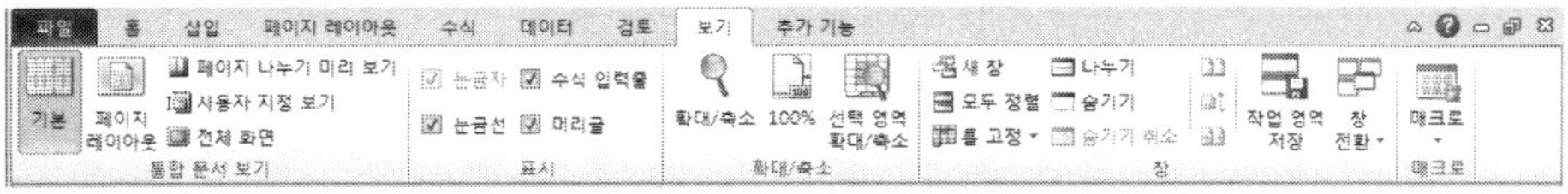

**[그림 2-14] 보기 및 추가 기능**

창 그룹은 현재 문서 보기가 있는 새 창 열기, 화면에 열려 있는 모든 프로그램을 창에 배열하기, 나머지 시트를 스크롤하는 동안 시트의 일부가 표시되도록 하기, 워크시트 보기를 포함하여 크기를 조정할 수 있는 여러 창으로 분할하는 나누기, 현재창을 보이지 않도록 숨기기와 숨기기 취소, 나중에 복구할 수 있도록 모든 창의 현재 레이아웃 작업 영역 저장하기 그리고 현재 열려 있는 다른 창으로의 전환으로 구성되어 있다.

매크로 그룹은 매크로를 기록하거나 다른 매크로 옵션에 액세스하는 기능이며, 이러한 기능들 외에도 엑셀에는 추가적으로 Bluetooth 기능이 포함되어 있다.

MEMO

MEMO

MEMO

C.H.A.P.T.E.R

# 3

# 워크시트

## 3.1 워크시트의 개요

통합 문서는 엑셀에서 데이터 작업을 하고 저장하는 파일이며, 각 통합 문서는 여러 개의 워크시트를 가질 수 있다. 워크시트는 셀을 기본으로 하여 구성되어 있으며, 데이터를 나열하고 데이터를 분석하는 데 사용한다. 따라서 워크시트 작업을 위해서는 우선 통합 문서를 만들고 워크시트 작업을 수행하며, 통합 문서의 작성은 새문서 명령어를 사용하거나 기존에 작성한 문서를 이용하여 작성할 수 있다.

## 3.2 워크시트의 기본 이용법

워크시트 이름은 시트 탭을 클릭한 다음 오른쪽 마우스 버튼을 누르고 [이름 바꾸기]를 선택하거나, 시트 탭을 더블 클릭하여 시트 이름의 블록을 형성한 다음 새로운 시트 이름을 입력하여 변경한다.

**[그림 3-1] 시트 이름 바꾸기**

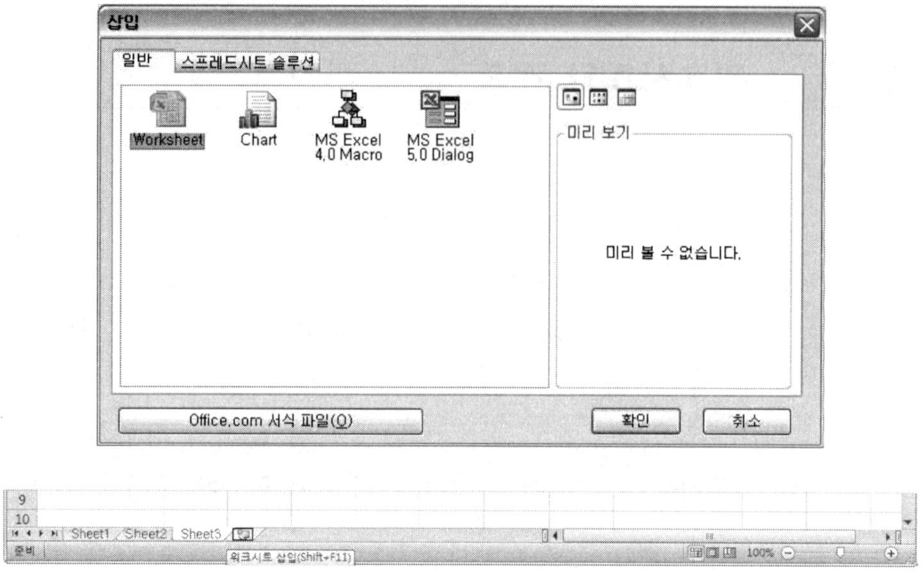


**[그림 3-2] 시트 삽입**

하나의 통합 문서에는 여러 개의 워크시트를 가질 수 있으며, 원하는 시트를 삭제하거나 추가할 수 있다.

워크시트를 삭제하기 위해서는 시트 탭을 클릭한 다음 오른쪽 마우스 버튼을 누른 후 [삭제]를 선택하며, 새로운 워크시트를 추가하기 위해서는 [삽입] 메뉴에서 [워크시트]를 선택하거나, 시트 탭을 클릭하고 오른쪽 마우스 버튼을 누른 후 [삽입] 메뉴를 선택한다.

워크시트의 그룹 형성은 여러 개의 워크시트에 데이터를 동시에 입력하거나 편집하기 위한 방법으로 여러 워크시트의 데이터를 기본으로 계산할 수도 있다.

워크시트의 그룹 형성은 Ctrl 키를 누른 상태에서 그룹화하고자 하는 워크시트들의 시트 탭을 클릭하여 형성한다. 그룹의 해제는 그룹화되지 않은 시트 탭을 클릭한다. 예를 들어, '이름 바꾸기' 시트와 'Sheet3'을 그룹화하고 "그룹데이터"라고 입력하면 두 시트에 동시에 입력된다.

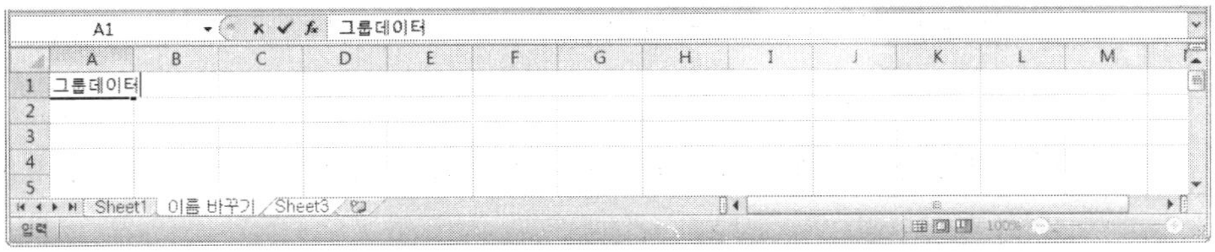

[그림 3-3] 워크시트 그룹

## 3.3 데이터 입력

### 3.3.1 한자와 기호 입력

한자와 특수 문자의 입력은 한자로 변환하고자 하는 문자 또는 단어를 선택한 다음 마우스의 오른쪽 버튼을 누르면 해당 글자에 관련된 대화 창이 열린다. 이때 여러 개의 한자 중에서 원하는 한자를 클릭하고 입력 형태를 지정한다.

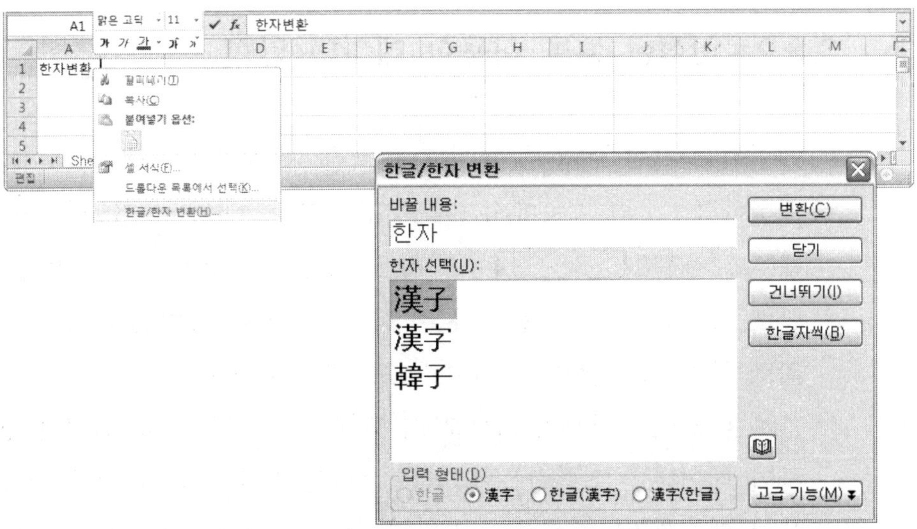


[그림 3-4] 한자 입력

"한자변환"이라는 데이터를 입력하고 한자로 변환하려면 자판기의 한자 기능키를 누르거나 오른쪽 마우스 버튼을 누르고 한글/한자 변환 메뉴를 선택하여 한글/한자의 대화창이 나오면 입력하고자 하는 한자를 선택하고 입력 형태를 지정한다.

키보드에 없는 문자를 입력하는 방법은 삽입 리본의 기호를 누른 후 기호에서 글꼴 및 하위 집합을 지정하고 원하는 도형을 선택하여 삽입한다.

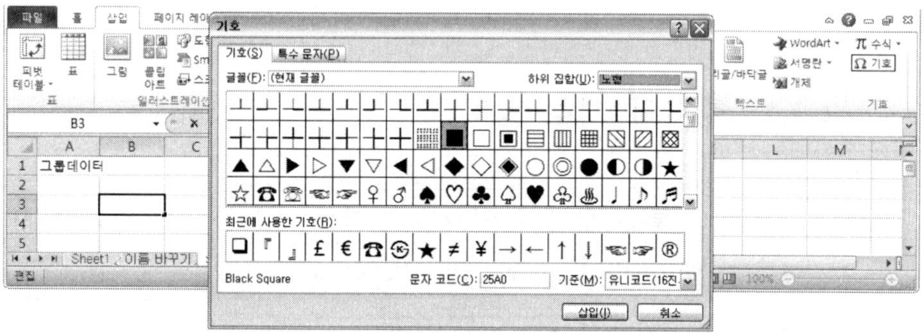


[그림 3-5] 기호

## 3.3.2 인접한 셀을 이용한 데이터 입력

인접할 셀을 이용한 데이터 입력은 채우기를 실행할 데이터 영역을 형성하고 [편집] 메뉴에서 [채우기]의 [연속 데이터] 기능을 이용하거나, 채우기 핸들(  ) 기능을 이용한다. [연속 데이터]의 종류에는 단계 값만큼 등차로 증가하는 '선형', 등비로 증가하는 '급수', 날짜 단위로 증가하는 '날짜' 그리고 '자동 채우기' 기능이 있다.

예를 들어 '1사분기, 2사분기, 3사분기, 4사분기'를 인접한 셀을 이용하여 데이터를 입력하는 방법은 "1사분기"를 입력한 다음 채우기 핸들을 드래그하거나, 실행할 영역의 블록을 형성하고 [편집] 그룹의 [채우기]에서 [오른쪽]을 선택한다.

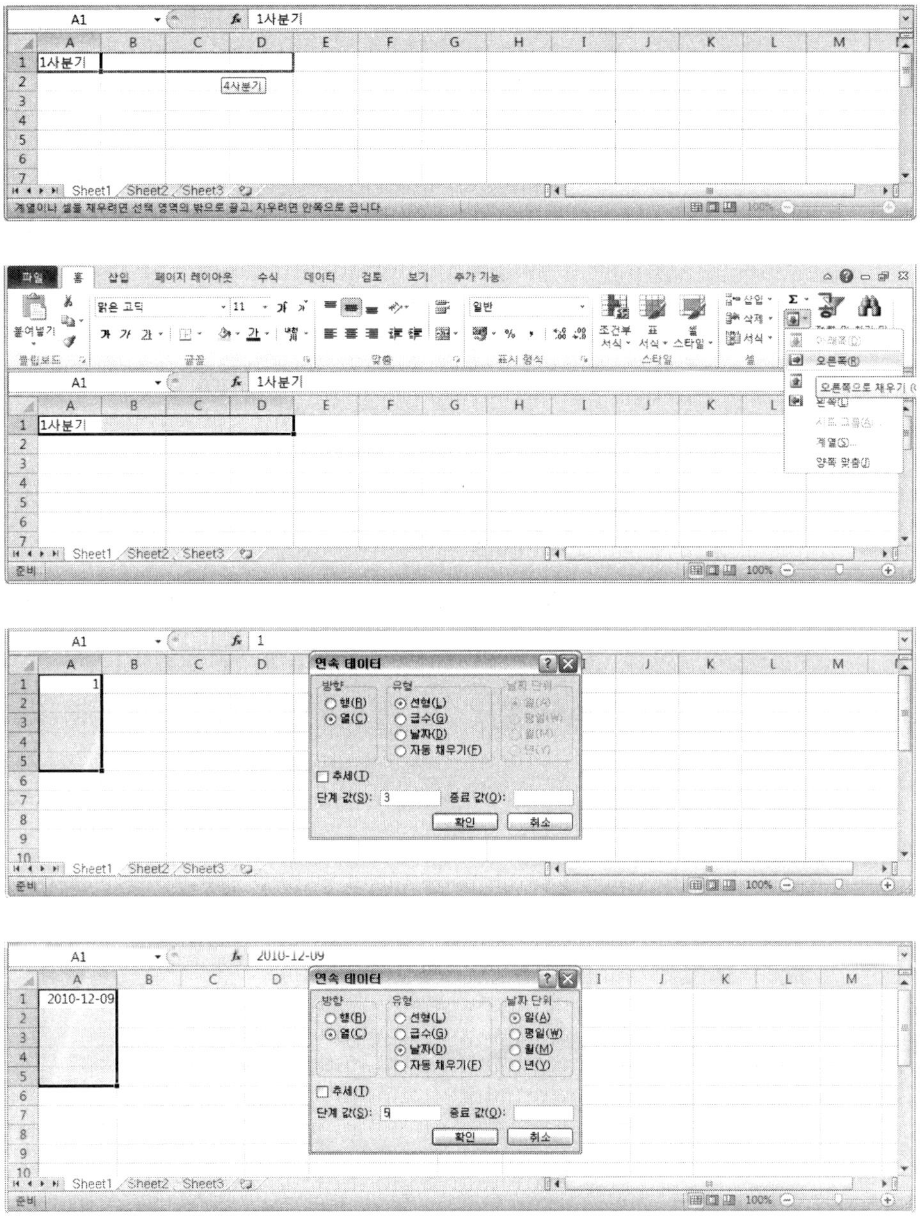


**[그림 3-6] 연속 데이터를 이용한 인접한 셀의 데이터 입력**

인접한 셀을 이용하여 '1, 4, 7, 10, 13'과 같이 지정한 값 '3'만큼 증가하여 인접한 셀에 데이터를 입력하는 방법은 초기 값 1을 입력하고 채우기를 실행할 영역의 블록을 형성한 다음 [편집] 그룹의 [채우기]에서 [연속 데이터]를 선택하고 [방향], [유형], [단계 값]을 각각 '열', '선형', '3'으로 지정하고 [확인]을 클릭한다. 이때, 유형을 '급수'로 지정하면 '30, 31, 32, 33, 34' 값이 입력된다.

인접한 셀을 이용하여 '2010-12-09, 2010-12-14, 2010-12-19, 2010-12-24, 2011-01-29'와 같이 지정한 값 '5'만큼 증가하여 인접한 셀에 데이터를 입력하는 방법은 초기 값 2010-12-09를 입력하고 채우기를 실행할 영역의 블록을 형성한 다음 [편집]의 [채우기]에서 [연속 데이터]를 선택하고 [방향], [유형], [날짜 단위], [단계 값]을 각각 '열', '날짜', '일', '5'로 지정하고 [확인]을 클릭한다.

또한, 채우기 핸들(  )을 이용하는 경우에는 시작 데이터인 '1'과 3이 증가한 "4"를 입력하여 블록을 형성하고 셀의 우측 하단부에 있는 채우기 핸들을 끌어 연속 데이터를 입력한다. 날짜의 경우에도 유사하게 시작 데이터인 "2010-12-09"와 "2010-12-14"를 입력하여 블록을 형성하여 5일씩 증가한 연속 데이터를 입력할 수 있다.

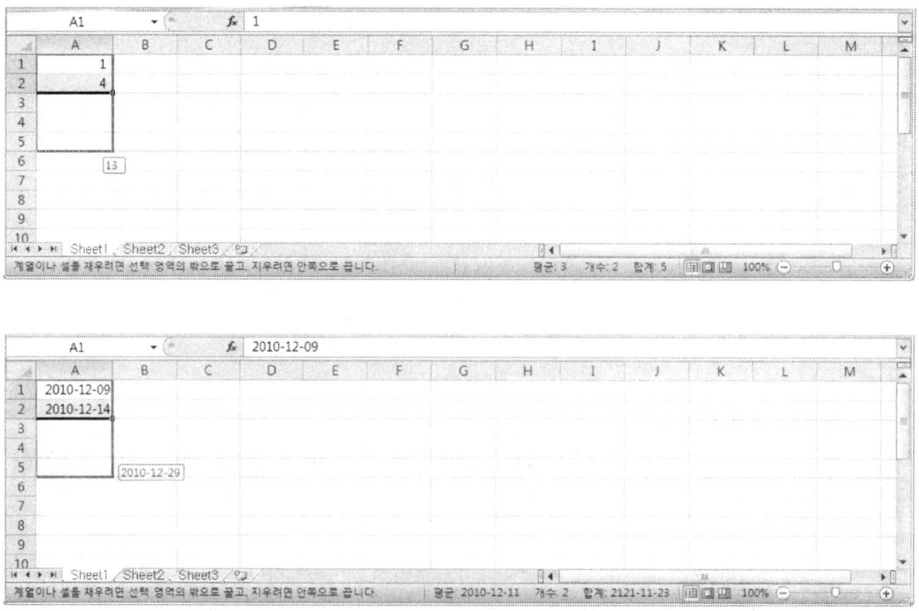


[그림 3-7] 채우기 핸들을 이용한 데이터 입력

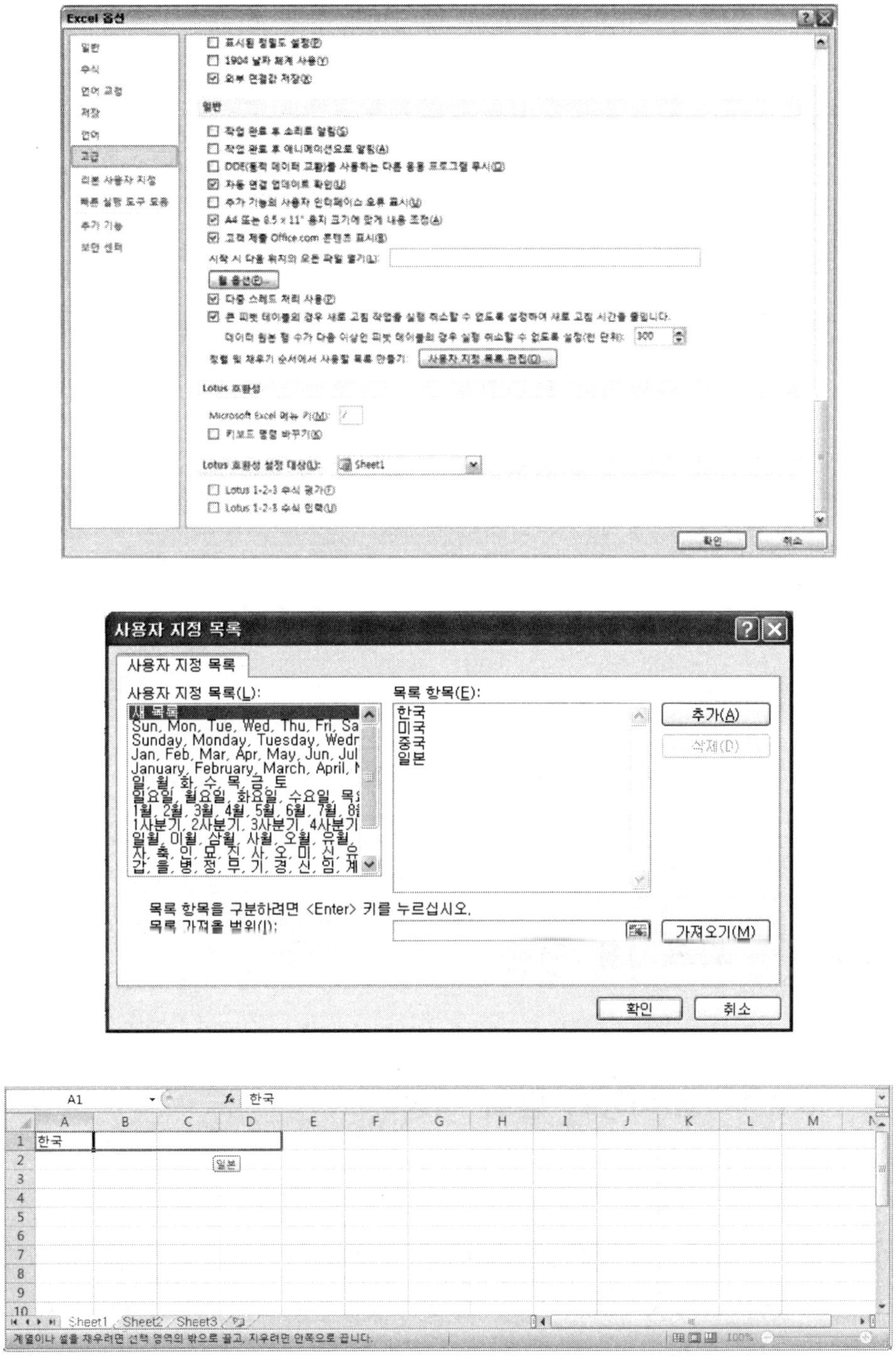


[그림 3-8] 사용자 지정 목록 추가

특정 데이터를 연속된 데이터로 지정하여 사용하는 방법은 [파일] [옵션]에서 [고급]－[일반]의 사용자 지정 목록 편집을 클릭한다. 이후 사용자 지정 목록 상자에서 새 목록을 클릭한 다음 목록 항목 상자에 첫 번째 항목부터 항목을 입력하여 추가 한다. 이때, 목록 항목의 구분은 Enter↵ 키를 이용한다.

인접한 셀을 이용한 데이터 복사는 복사영역을 블록으로 형성한 다음 [편집]의 [채우기]에서 방향을 설정하거나, 원본 데이터 '데이터 복사' 셀을 클릭한 다음 채우기 핸들을 복사할 방향으로 끌어 복사한다.

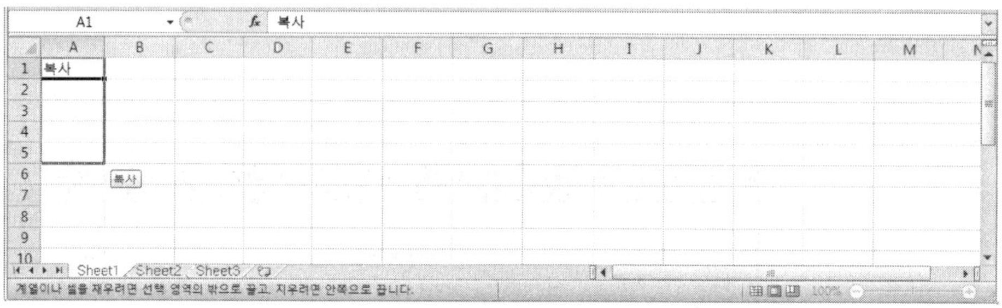


**[그림 3-9] 인접한 셀의 데이터 복사**

## 3.4 워크시트 편집

### 3.4.1 셀 이동과 범위 지정

워크시트를 구성하는 기본 단위 블록을 셀(cell)이라 하며, 셀 이동은 마우스로 이동하고자 하는 셀을 클릭하거나 키보드를 이용하여 원하는 위치로 이동할 수 있다. 키보드를 이용하는 경우 ↑↓←→ 화살표와 Page Up Page Down을 이용하여 상하좌우나 화면 위/아래로 이동하며, Ctrl(또는 Enter↵)를 누른 상태에서 ↑↓←→ 화살표를 사용하면 데이터가 연이어 입력된 셀 중 마지막 셀로 이동된다. Home, Ctrl-Home, Ctrl-End는 각각 현재 행의 맨 앞 셀과 A1 셀 그리고 연속으로 입력된 셀의 마지막 셀로 각각 이동한다. 또한, 이름 상자에 셀 주소 또는 셀 이름을 입력하고 Enter↵ 하여 셀을 이동할 수도 있다.

셀의 이름을 입력하는 방법은 지정하고자 하는 셀의 영역을 설정한 다음 정의하고자 하는 이름을 입력하고 Enter↵를 친다. 예를 들어, A50에서 B51 영역을 "이름정의연습"이라고 정의하고, 임의의 셀 위치에서 이름 상자에 "이름정의연습"이라고 입력한 다음 Enter↵를 치면 곧바로 A50에서 B51 영역으로 셀이 이동한다. 정의한 이름을 삭제하고자 할 경우에는 [수식]−[이름관리자]에서 지우고자 하는 이름을 클릭하고 삭제 단추를 누른다.

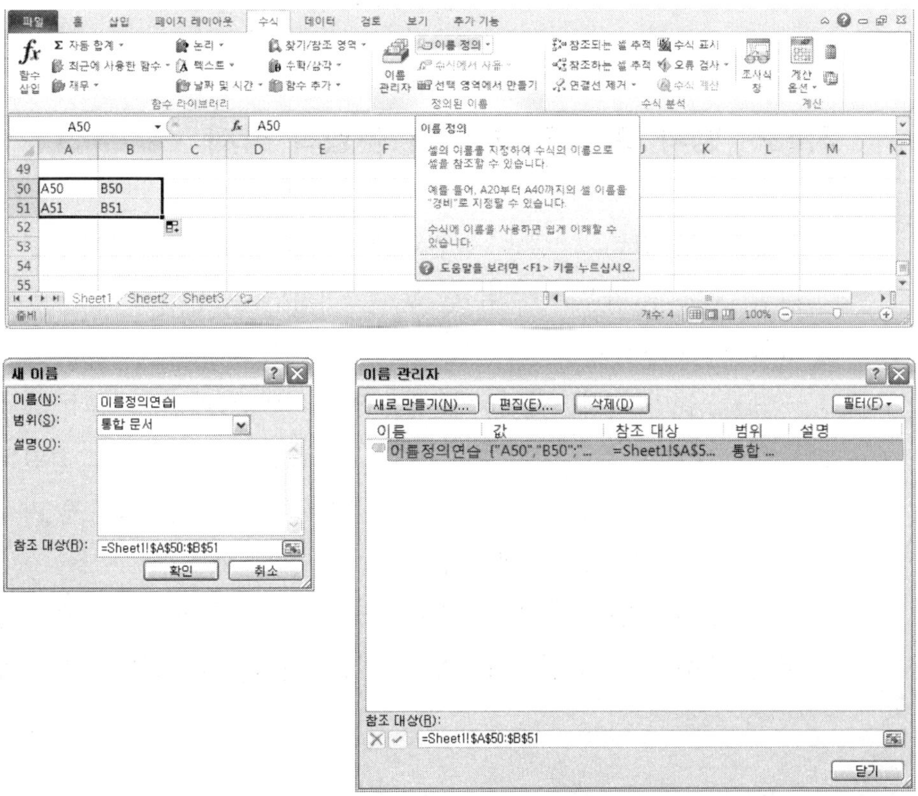


**[그림 3-10] 셀 이름 정의**

셀의 범위를 지정하는 방법은 단일 범위를 정하는 경우 마우스로 드래그하거나 첫 번째 셀을 클릭한 다음 Shift 키를 누른 상태에서 마지막 셀을 선택하여 지정하며, Shift－↑↓←→를 이용하여 지정할 수도 있다.

여러 범위를 지정하고자 할 경우에는 Ctrl 키를 누른 상태에서 추가로 지정하고자 하는 셀을 마우스를 이용하여 지정할 수 있다.

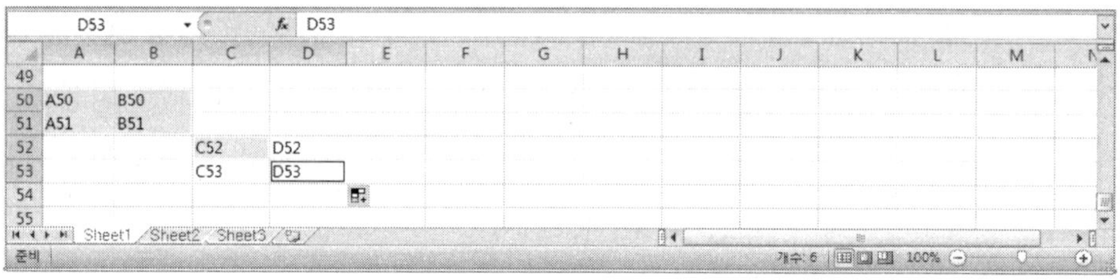


**[그림 3-11] 범위 지정**

## 3.4.2 행과 열 그리고 셀의 삽입과 삭제

행과 열 그리고 셀의 삽입과 삭제는 수행하고자 하는 셀을 클릭한 다음 오른쪽 마우스 버튼을 누르고 [삽입] 또는 [삭제] 메뉴에서 세부 항목을 선택한다.

예를 들어, 2행 위에 새로운 행을 삽입하려면 2행의 셀을 클릭한 다음 오른쪽 마우스 버튼을 누르고 [삽입]을 선택하며, B열의 왼쪽에 새로운 열을 삽입하려면 B열의 셀을 클릭한 다음 오른쪽 마우스 버튼을 누르고 [삽입]을 선택한다.

또한, B1 앞에 셀을 삽입하려면 B1을 클릭한 다음 오른쪽 마우스 버튼을 누르고 [삽입] 메뉴에서 셀을 선택한 후 [셀을 오른쪽으로 밀기]를 선택한다.

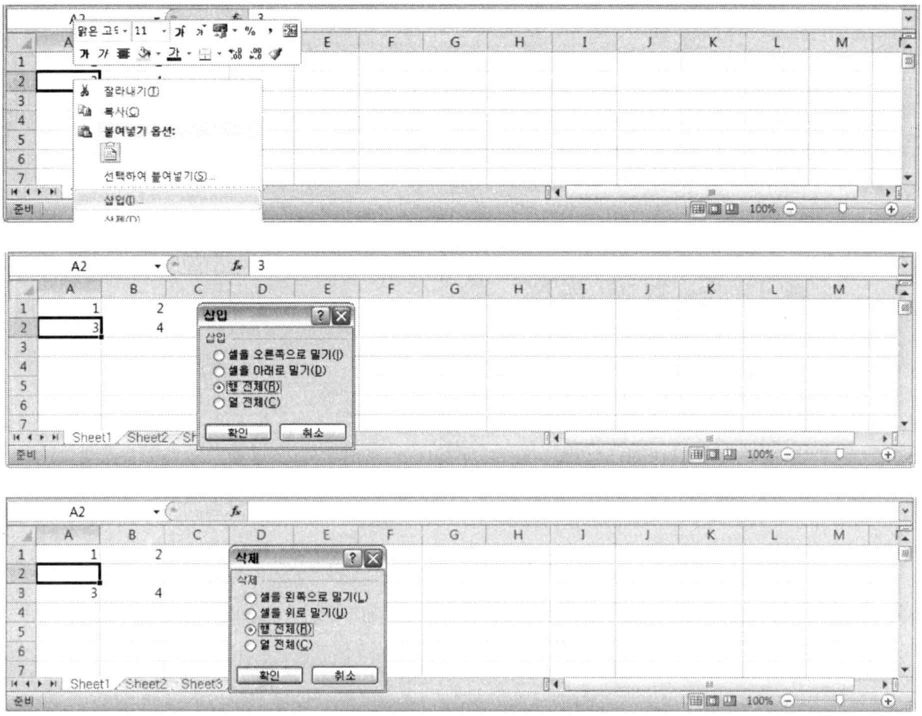

[그림 3-12] 삽입과 삭제

## 3.4.3 데이터 이동과 복사

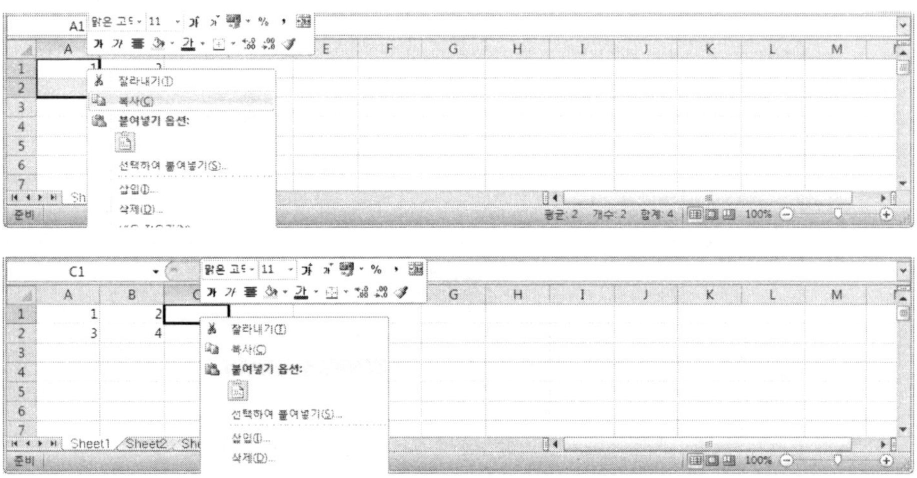

[그림 3-13] 데이터 이동과 복사

데이터의 이동 또는 복사는 [복사]나 [잘라내기]를 이용하여 셀 영역을 선택한 다음 붙여 넣을 위치의 첫째 셀을 클릭한 후 [붙여넣기]를 실행한다. 이때, [복사]나 [잘라내기]에서 선택된 영역을 나타내는 점선을 취소하려면 Esc키를 누른다.

### 3.4.4 셀 크기 조절

셀의 크기를 조절하고자 하는 경우 열이나 행의 머리글 사이에 마우스 포인터를 두면 ↔ ↕ 표시로 바뀌며, 이때 마우스를 드래그하여 열 너비나 행 높이를 조절한다.

여러 개의 열이나 행의 머리글 범위를 설정한 다음 조절하면 설정된 열 너비나 행 높이가 동일하게 적용된다. 메뉴를 이용할 경우에는 열 머리글을 클릭한 다음 홈 탭의 셀 그룹 서식에서 지정할 수 있다.

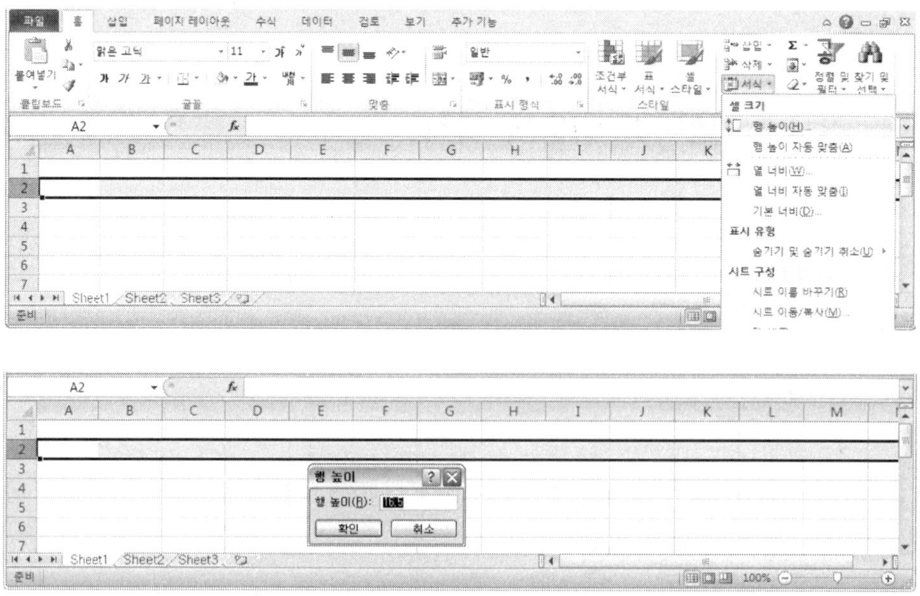


[그림 3-14] 열/행 너비 지정

### 3.4.5 셀 서식

셀 서식이란 문서를 작성할 때 의사 전달을 효과적으로 하기 위해 글꼴, 선, 색 등의 서식을 적용하는 것으로, 셀 서식이 변경되어도 데이터에는 영향을 주지 않는다.

셀 서식은 표시 형식, 맞춤, 글꼴, 테두리, 무늬, 보호 탭으로 구성되어 있다.

표시 형식 탭은 셀의 데이터를 표시하는 형식을 지정하는 부분으로 특정 서식을 적용하지 않는 [일반], 일반적인 숫자를 나타내는 [숫자], 일반 통화 수치에 사용하는 [통화] 서식, 통화 기호와 소수점에 맞추어 열이 정렬되는 [회계], 날짜와 시간에 해당하는 일련의 숫자를 날짜와 시간 값으로 표시하는 [날짜]와 [시간], 셀 값에 100을 곱한 값이 백분율 기호와 함께 나타내는 [백분율] 그리고 셀 값이 텍스트 형태로 간주되는 [텍스트] 서식이 있다.

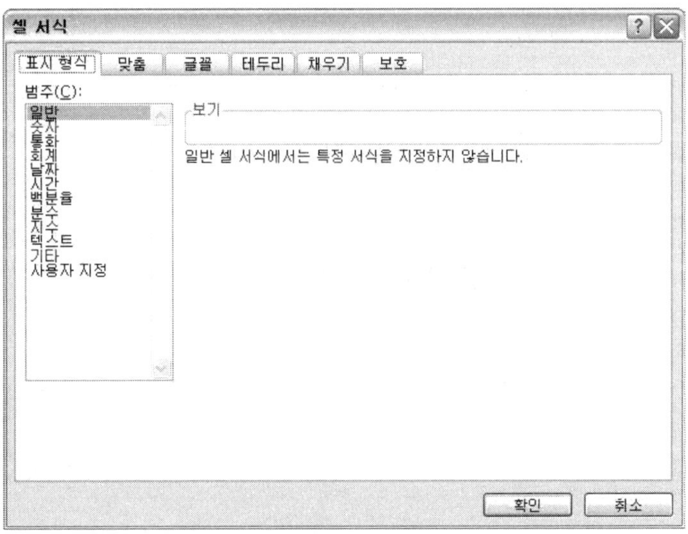


[그림 3-15] 표시 형식 탭

[맞춤] 탭에는 텍스트 맞춤과 방향 그리고 텍스트 조정 기능이 있다.

[텍스트 맞춤]은 선택한 옵션대로 셀 내용을 가로나 세로 맞춤으로 바꾸는 기능이며, 들여쓰기는 증가 값을 문자 하나의 너비로 하여 셀 내용을 왼쪽에서 들여 쓰는 기능이다.

[텍스트 조정] 옵션은 텍스트를 셀에 나타내는 방법을 조정하는 기능으로 텍스트 줄 바꿈은 텍스트를 한 셀에 여러 줄로 나타내며 열 너비와 셀 내용의 길이에 따라 나타나는 줄의 개수가 결정된다.

[셀에 맞춤]은 문자의 글꼴 크기를 줄여 선택한 셀의 데이터를 열 안에 모두 나타내는 기능으로 열 너비를 바꾸면 문자 크기가 자동으로 조정되며, 적용된 글꼴 크기는 바뀌지 않는다.

[셀 병합]은 선택한 여러 셀을 하나의 셀로 합치는 기능으로 선택한 범위의 첫째 셀(왼쪽 맨 위의 셀)이 병합된 셀의 셀 참조 영역이다. [방향]은 선택한 셀의 텍스트 방향을 바꾸는 옵션으로 다른 맞춤 옵션이 선택되어 있으면 회전 옵션을 사용할 수 없다.

[그림 3-16] 맞춤 탭

[글꼴] 탭에는 텍스트의 글꼴, 스타일, 크기를 지정하거나, 밑줄 긋기, 텍스트나 개체의 색 지정 그리고 선택한 텍스트에 첨자 등의 효과를 적용하는 기능이 있으며, 선택한 옵션에 따라 나타날 문서 모양을 보여주는 미리보기 영역도 포함되어 있다.

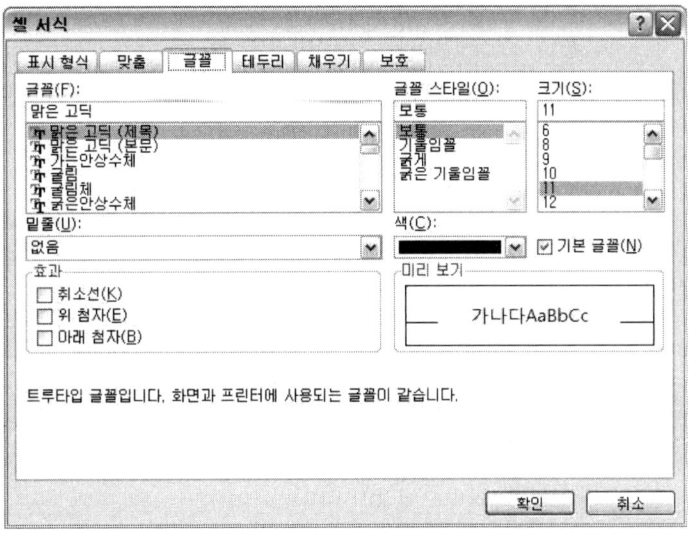


**[그림 3-17] 글꼴 탭**

[테두리] 탭은 선과 미리 설정 그리고 테두리로 구성되어 있다.

[미리 설정]은 선택한 셀에 테두리를 적용하거나 지우는 기능이다. 테두리를 제거하거나 추가하려면 [테두리]의 텍스트 상자의 구역을 클릭하고, [스타일]상자에 있는 선 스타일을 클릭한 후 [미리 설정]이나 [테두리] 밑에 있는 단추를 클릭한다. 이때, 모든 테두리를 제거하려면 [없음] 단추를 클릭한다.

선 굵기와 테두리 스타일을 지정하려면 [스타일]에서 옵션기능을 이용한다.

[채우기] 탭은 선택 영역에 배경색과 무늬색 그리고 무늬 스타일을 지정하는 부분이다.

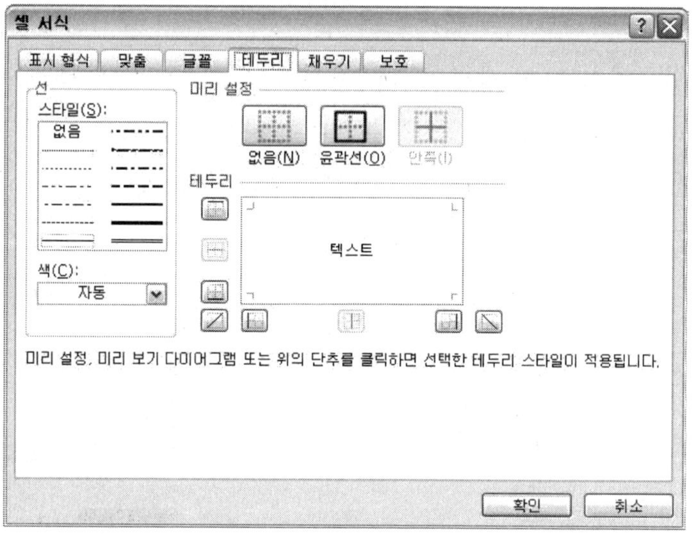


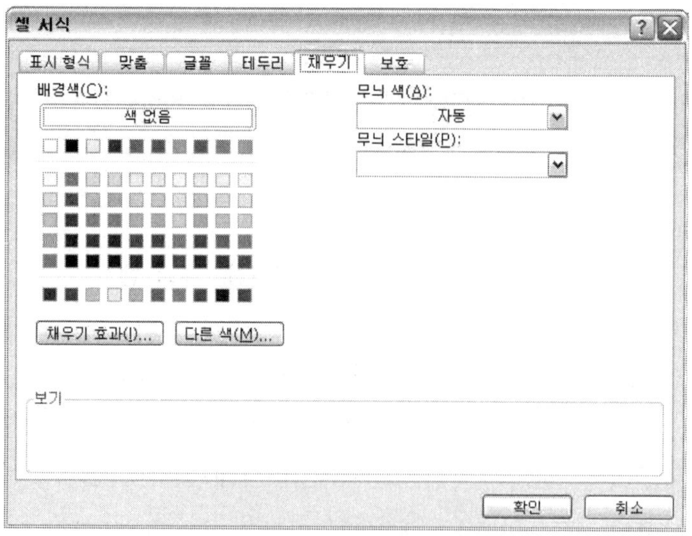


**[그림 3-18] 테두리 탭과 채우기**

[보호] 탭은 워크시트를 보호하기 위한 기능이다.

보호 탭은 [잠금]과 [숨김]으로 이루어져 있으며, 셀 잠금은 선택한 셀을 변경하거나 옮기거나 크기를 조정하거나 삭제할 수 없게 하고, 숨김은 셀을 선택할 때 수식 입력 줄에 수식이 나타나지 않게 설정하는 기능이다.

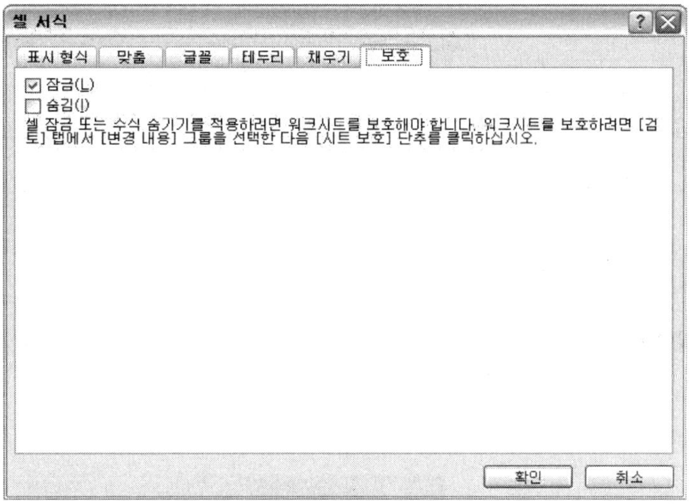


**[그림 3-19] 보호 탭**

이때, 시트를 보호하지 않으면 셀 잠금과 숨김은 아무 효과가 없으며, 시트를 보호하려면 [검토]－[변경 내용] 그룹에서 [시트 보호]를 누르고 시트 보호 해제 암호와 워크시트에서 허용할 내용을 설정한다.

예를 들어, 셀 서식에서 B3:B4 셀의 잠금을 해제한 후 시트를 보호를 한 경우 A3을 변경하고자 할 때 경고 메시지와 함께 변경이 불가하며, 잠금이 해제된 B3은 변경이 가능하다. 또한, 시트보호 해제는 시트를 보호할 때 사용한 암호를 입력하여 수행한다.

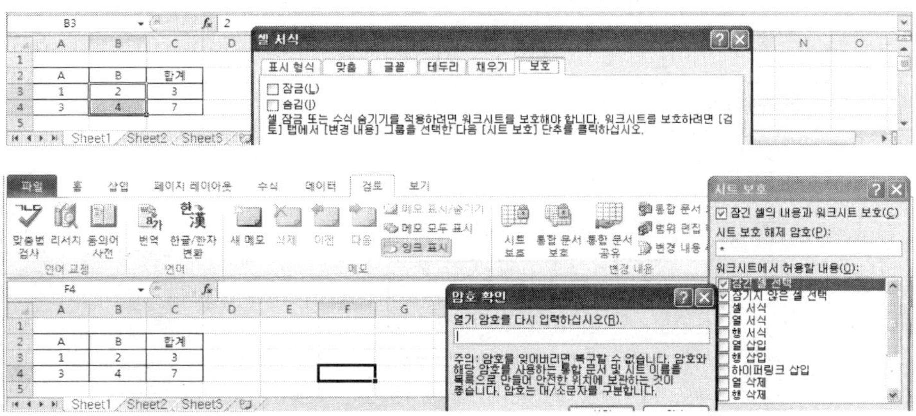


**[그림 3-20] 시트 보호(1)**

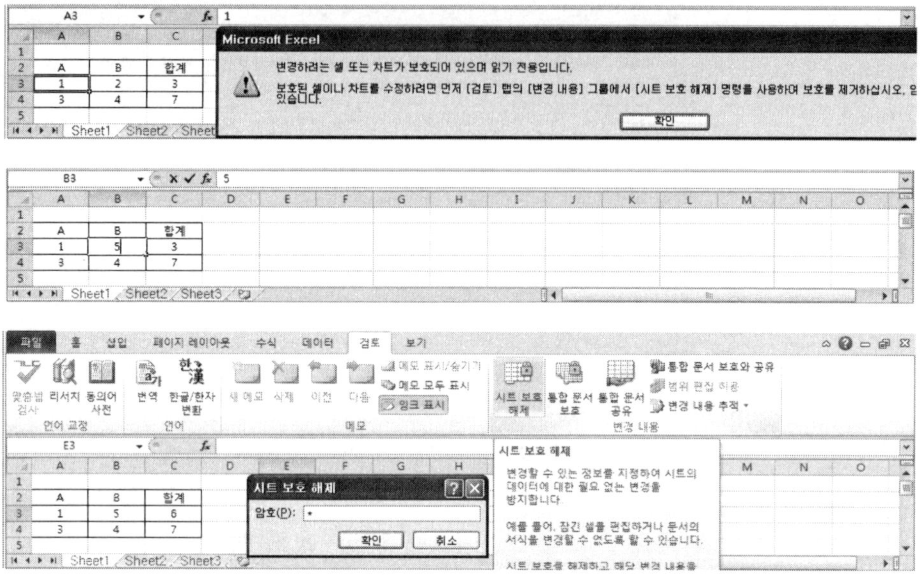


[그림 3-21] 시트 보호(2)

## 3.4.6 조건부 서식과 표 서식

홈 탭의 스타일 그룹에서 [표 서식]이란 글꼴, 무늬, 맞춤, 테두리 등을 데이터 범위에 적용할 수 있게 미리 정의해 놓은 기본 제공 셀 서식 모음이다. 또한, 표 서식에서 '표 스타일 새로 만들기'는 표 요소를 서식을 지정하여 빠르게 새로운 스타일의 셀 서식을 만드는 기능이다.

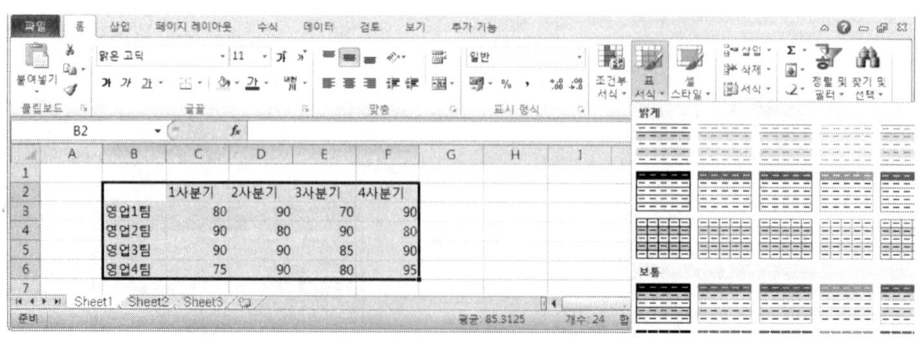


[그림 3-22] 자동 서식과 표 스타일 새로 만들기(1)

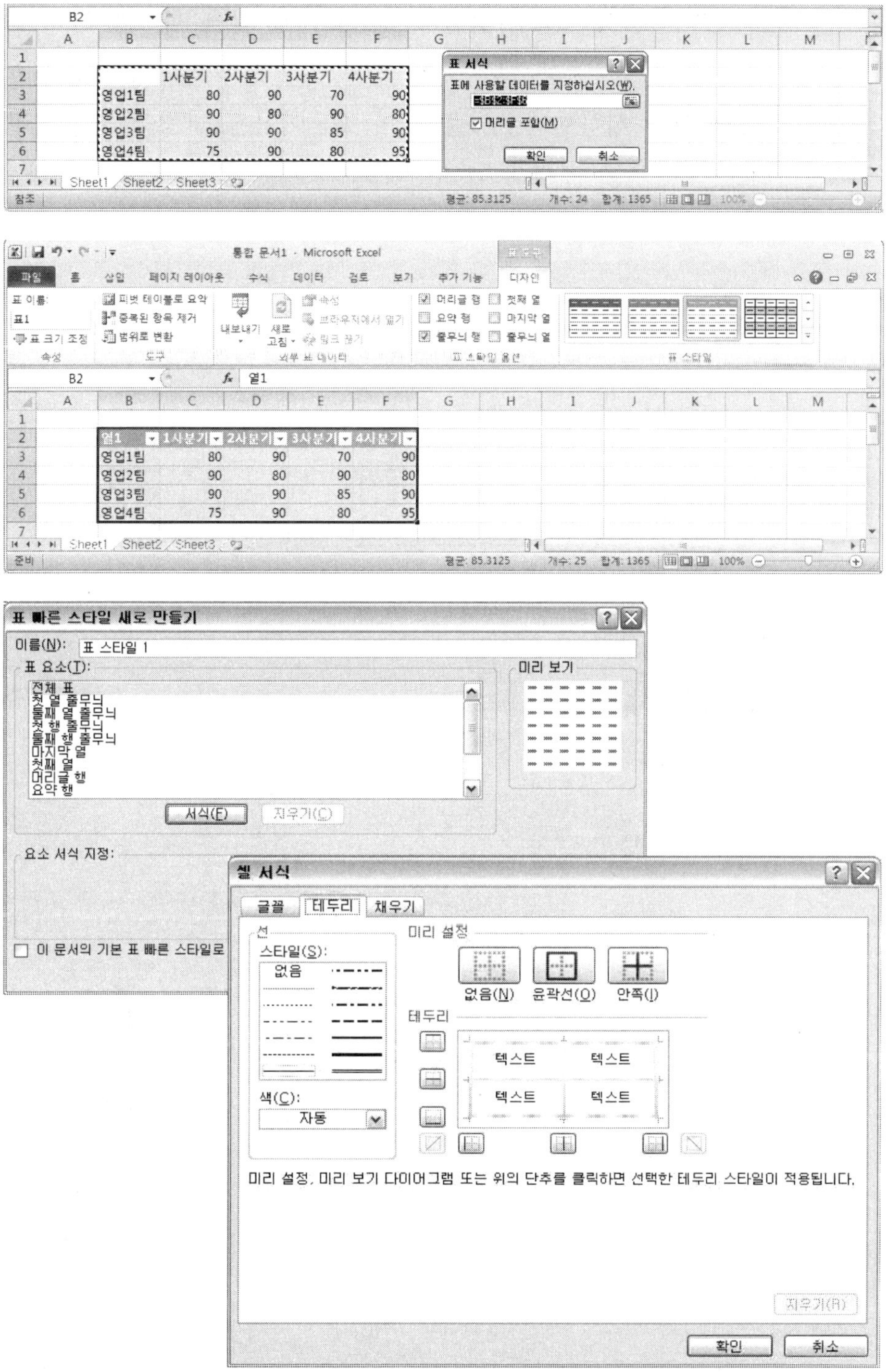


[그림 3-23] 자동 서식과 표 스타일 새로 만들기(2)

조건부 서식이란 지정된 특정 조건에 맞을 때 셀 색상, 배경색 또는 글꼴 등을 자동으로 셀에 적용하는 서식으로, [서식] 메뉴의 [조건부] 서식을 사용한다. 예를 들어, 90 이상은 파랑색 기울임꼴로 80 이하는 노랑으로 배경색을 지정하고자 하는 경우 다음과 같다.

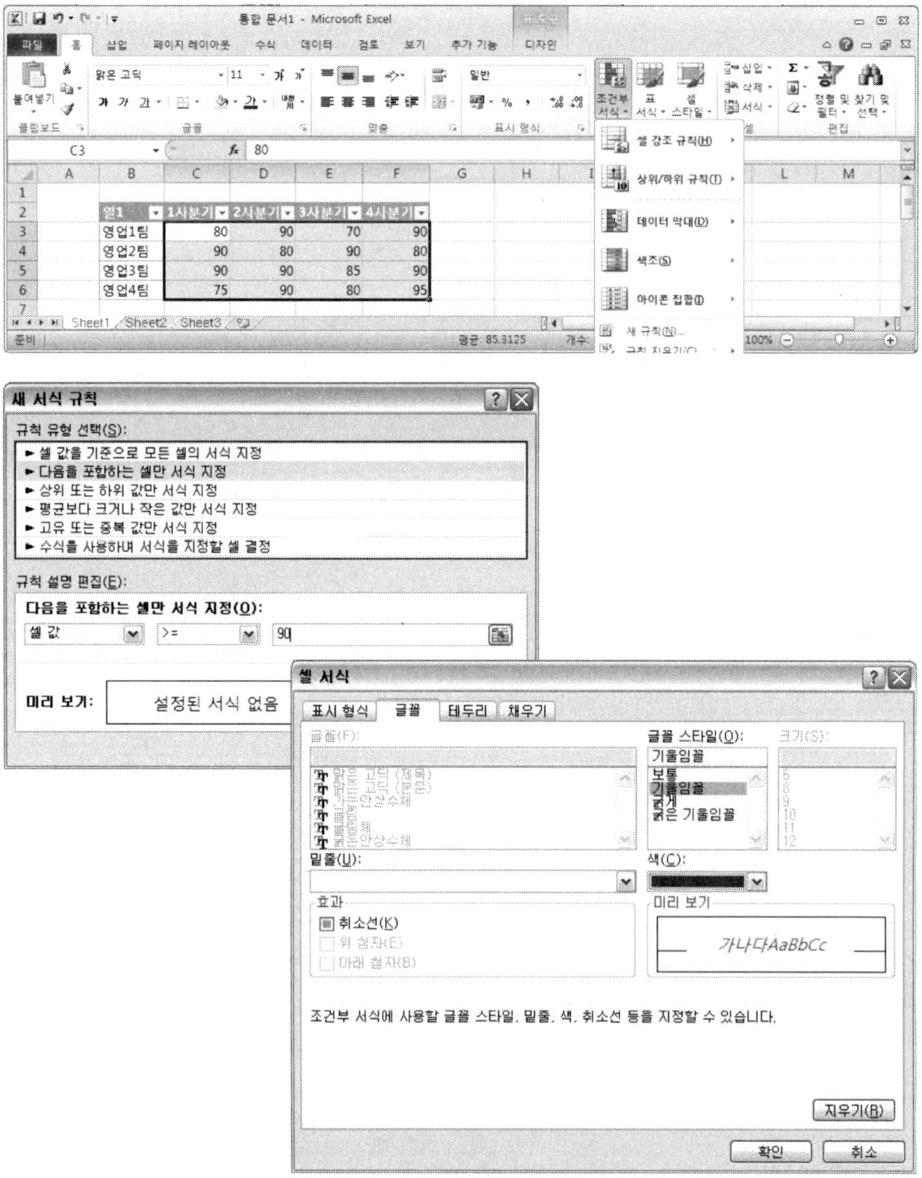


**[그림 3-24] 조건부 서식(1)**

[그림 3-25] 조건부 서식(2)

또한, 1사분기가 90 이상인 경우 빨강색으로 행 전체를 표시하고자 하는 경우, B3:F6을 블록 영역으로 형성하고 조건부 서식의 새 규칙에서 수식과 서식을 '=$C3>=90'과 글꼴 색을 빨강색으로 지정한다.

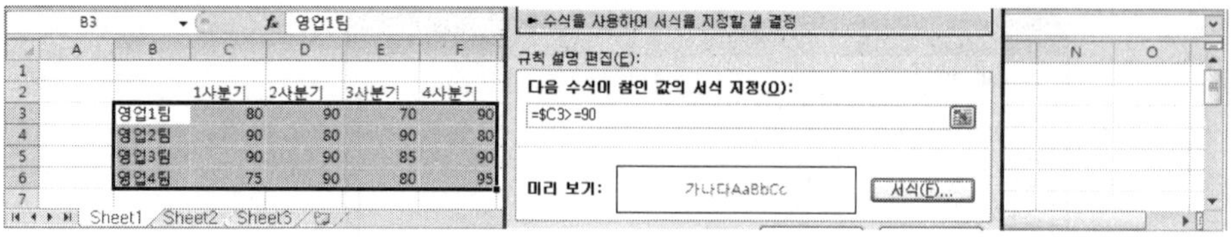

[그림 3-26] 조건부 서식(3)

MEMO

MEMO

C.H.A.P.T.E.R

4

# 함수 사용과 차트 만들기

## 4.1 연산자의 종류

연산자란 수행할 계산의 종류를 지정하는 것으로 가감승제를 수행하는 산술 연산자, 두 개의 값을 비교할 수 있는 비교 연산자, 여러 텍스트 문자열을 연결하기 위한 문자열 연산자, 계산에 필요한 셀 범위를 결합하는 기능을 수행하는 참조 연산자가 있다.

엑셀에서 수식은 항상 '='로 시작되며, 수식에서 각 연산이 수행되는 순서는 우선순위를 적용하여 왼쪽에서 오른쪽의 순으로 계산된다. 이때, 계산 순서를 바꾸려면 수식에서 먼저 계산할 부분을 괄호로 묶는다.

**<표 4-1> 연산자**

| 종 류 | 연 산 자 | 기 능 | 우선순위 |
|---|---|---|---|
| 산술연산자 | % | 백분율 | 1 |
| | ^ | 지수 | 2 |
| | * | 곱하기 | 3 |
| | / | 나누기 | |
| | + | 더하기 | 4 |
| | - | 빼기 | |
| 문자연산자 | & | 문자열연결 | 5 |
| 비교연산자 | = | 같다 | 6 |
| | 〉 | 크다 | |
| | 〈 | 작다 | |
| | 〉= | 크거나 같다 | |
| | 〈= | 작거나 같다 | |
| | 〈〉 | 같지 않다 | |
| 참조연산자 | :(콜론) | 범위 연산자 | |
| | ,(쉼표) | 통합 연산자 | |
| | (공백) | 논리곱 연산자 | |

## 4.2 상대 참조와 절대 참조

엑셀은 표 계산을 위한 전용 프로그램이며 수식에서 사용할 데이터를 찾기 위해 셀이나 범위를 참조한다. 이때, 참조하는 방식에 따라 수식의 상대 위치로 셀을 참조하는 상대 참조와 항상 고정된 셀 위치를 참조하는 절대 참조로 나누어진다.

상대 참조는 데이터를 참조할 때 수식 위치가 변경되면 참조 셀의 위치도 변경된 위치만큼 변경된다. 예를 들어 C3에서 "=A1"을 입력한 다음 채우기 핸들을 아래로 이동하여 상대 참조를 하는 경우, C4는 셀이 아래쪽으로 한 계단 이동하였으므로 참조되는 셀도 한 계단 아래인 'A2'를 참조한다.

절대 참조는 데이터를 참조할 때 수식 위치가 변경되어도 참조 셀의 위치는 고정되는 참조 방식으로 절대 참조할 행 번호나 열 번호 앞에 '$' 기호를 붙어 사용한다.

예를 들어 C3에서 $A$1을 절대 참조하면 C4는 셀이 오른쪽이나 아래쪽으로 한 계단 이동할지라도 고정된 A1을 절대 참조 한다. C3에서 "=A$1"를 입력하여 참조를 하는 경우 행만 절대 참조 되어 C4는 셀이 아래쪽으로 한 계단 이동하면 A1을 참조하며, 오른쪽으로 이동하면 상대 참조한다.

또한, 다른 시트에 있는 셀 값을 참조하고자 하는 경우 해당 시트 탭을 클릭한 다음 참조하고자 하는 셀을 클릭하여 사용하며 이때, 시트 이름과 셀 주소는 '!' 기호로 연결된다.

다른 파일에 존재하는 셀 값을 이용하고자 하는 경우 참조할 데이터가 있는 파일을 열어 놓은 상태에서 해당 파일을 클릭하고 시트와 참조할 셀을 클릭하여 사용하며, 파일의 이름은 '[ ]' 안에 그리고 시트 이름은 '!' 기호로 연결된다.

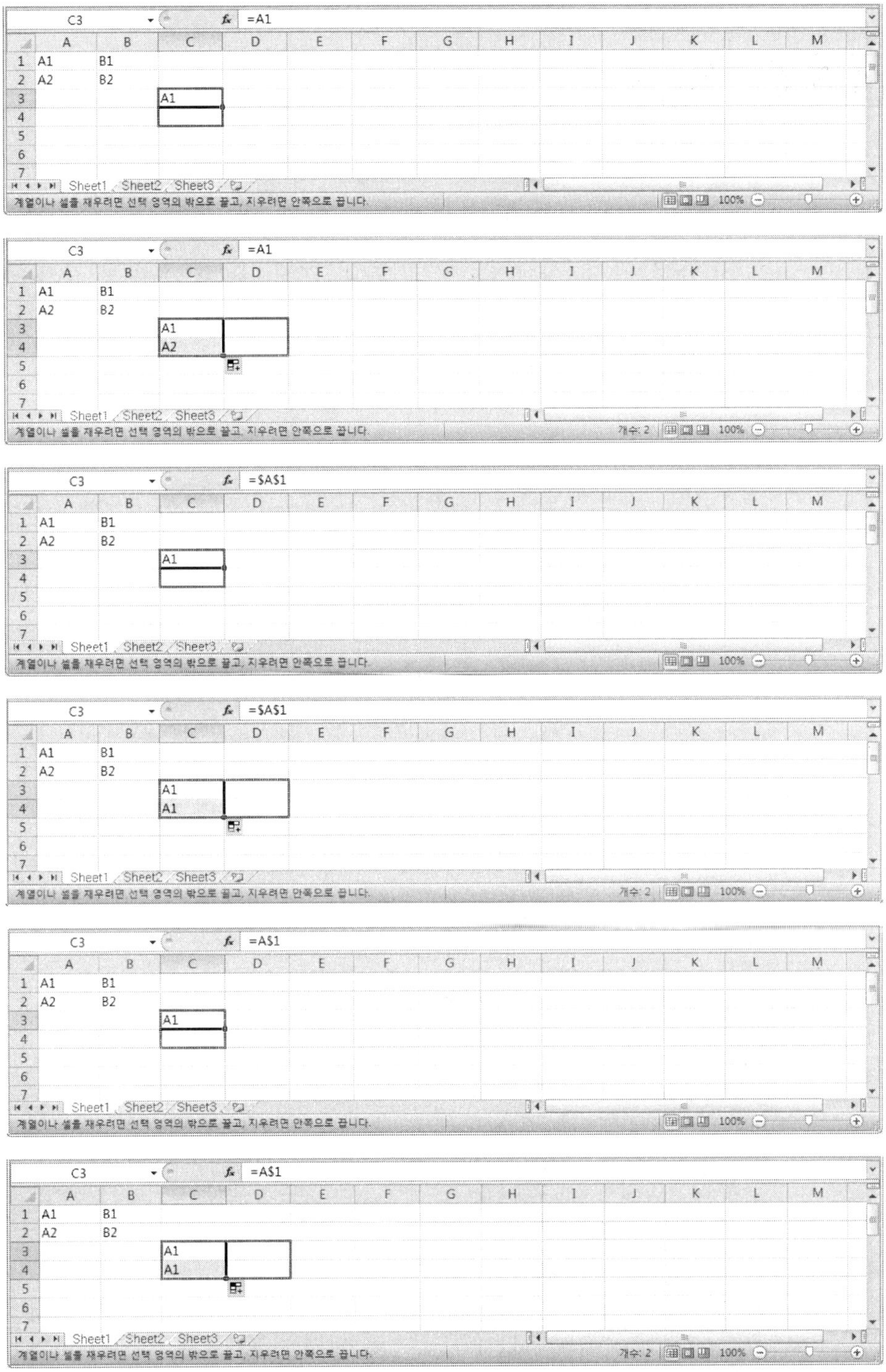


[그림 4-1] 상대 참조와 절대 참조

## 4.3 함 수

함수란 자주 사용하는 계산식을 인수라는 특정 값을 사용하여 일정한 규칙에 따라 계산하도록 만들어 놓은 미리 정의된 수식이다. 엑셀 함수의 종류에는 재무, 날짜/시간, 수학/삼각, 통계, 찾기/참조 영역, 데이터베이스, 텍스트, 논리, 정보 함수가 있다.

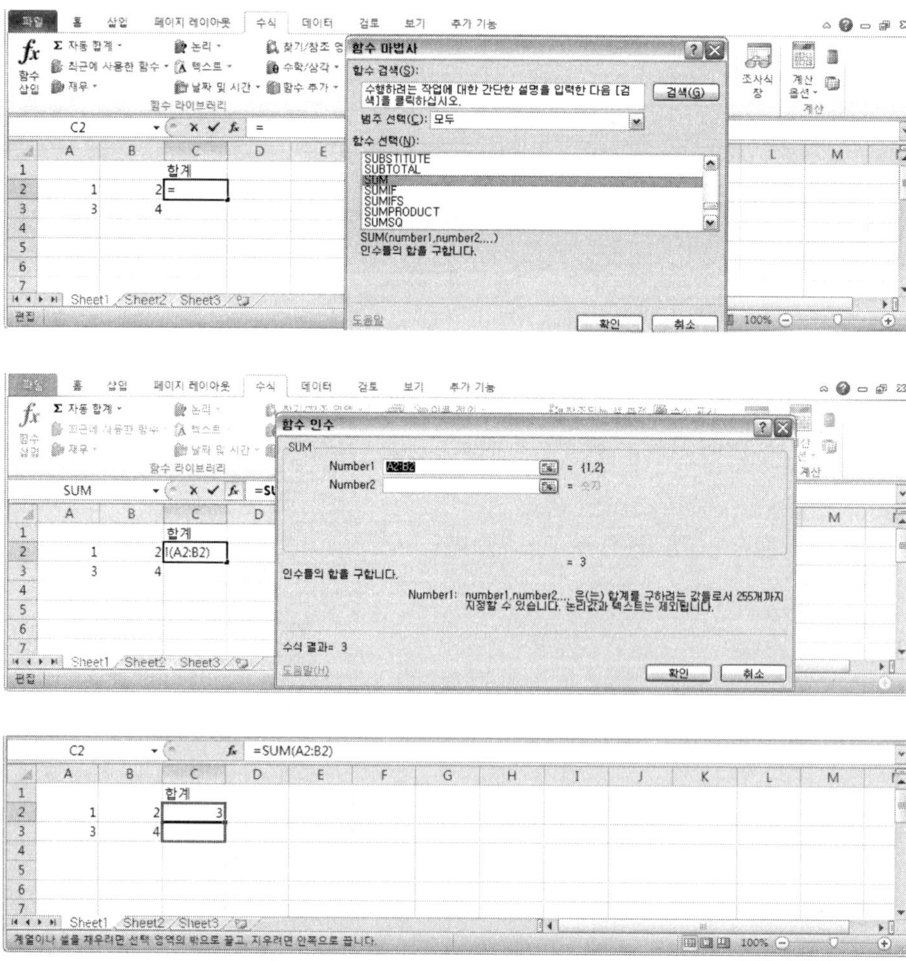


[그림 4-2] 함수

함수의 구조는 '=함수 이름(인수1, 인수2, …)' 형태이며, 여기서 인수는 상수, 수식, 텍스트 또는 다른 함수가 될 수도 있다. 텍스트를 함수의 인수로 사용할 때는 " "(큰따옴표)로 해당 텍스트를 묶어 준다.

수식 입력을 하기 위한 방법은 수식을 입력할 셀을 선택하고, 등호(=)를 입력한 다음 수식 입력이나 수식 탭의 함수 라이브러리 그룹의 함수 삽입을 클릭하고 함수 마법사 대화 상자에서 함수를 선택하고 함수 인수를 설정하여 입력한다.

함수 마법사를 이용하는 경우 수식을 입력할 셀을 선택하고 Shift-F3 또는 fx 를 클릭한 뒤 함수 상자 옆에 있는 화살표를 클릭하여 인수를 입력한 다음 Enter↵를 누른다. 이때, 같은 수식을 여러 개의 셀에 동시에 적용하려면, 적용할 셀 범위를 선택하고 수식을 입력한 다음 Ctrl-Enter↵를 누르거나 채우기 핸들을 이용한다.

엑셀에는 다양한 종류의 함수가 있으며, 이들 중 날짜/시간 함수는 수식에 날짜와 시간을 표시하는 함수로 특정일을 기준으로 경과된 시간, 날짜, 요일을 계산할 때 사용하며 DATE, NOW, TODAY 등이 있다.

DATE 함수는 특정 날짜를 나타내는 순차 일련번호를 반환하는 함수로 DATE(year, month, day) 형태로 표현되며, 함수가 입력되기 전의 셀이 일반 서식을 가지고 있어도 결과 값은 날짜 서식으로 지정된다. NOW와 TODAY 함수는 각각 현재 날짜와 시간의 일련번호를, 현재 날짜의 일련번호를 반환하는 함수로 NOW( )와 TODAY( ) 형태로 표현한다.

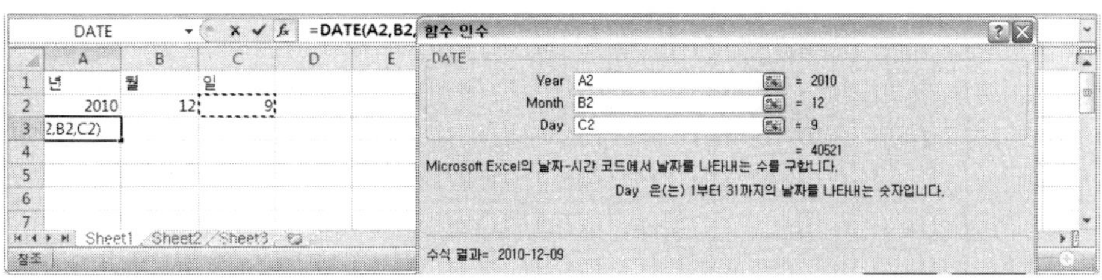


[그림 4-3] 날짜/시간 함수

수학/삼각함수는 범위 합계, 나머지 반올림 등 수학적 계산을 위한 함수로 셀 범위에 있는 숫자를 모두 더하는 SUM, 인수를 모두 곱하는 PRODUCT, Number를 Divisor로 나눈 나머지를 구하는 MOD, 셀 범위에서 조건을 만족하는 셀의 합을 구하는 SUMIF 함수 등이 있다.

**<표 4-2> 엑셀에서 제공하는 함수의 종류**

<table>
<tr><td rowspan="5">재무</td><td>DB</td><td>정율법을 사용하여 특정 기간 동안 자산의 감가상각을 반환한다.</td></tr>
<tr><td>IPMT</td><td>일정 금액을 정기적으로 납입하고 일정한 이율이 적용되는 투자에 대한 주어진 기간 동안의 이자를 계산한다.</td></tr>
<tr><td>ISPMT</td><td>특정 투자 기간 동안 지급되는 이자를 계산한다.</td></tr>
<tr><td>NPER</td><td>주기적이고 고정적인 지급액과 고정적인 이율에 의거한 투자의 기간을 구한다.</td></tr>
<tr><td>PMT</td><td>정기적으로 지불하고 일정한 이자율이 적용되는 대출에 대해 매회 지급액을 계산한다.</td></tr>
<tr><td rowspan="6">데이터<br>베이스</td><td>DCOUNT</td><td>데이터베이스의 필드에서 조건과 일치하는 숫자가 들어있는 셀의 개수를 구한다.</td></tr>
<tr><td>DGET</td><td>데이터베이스의 필드에서 찾을 조건과 일치하는 단일 값을 추출한다.</td></tr>
<tr><td>DMAX</td><td>목록 또는 데이터베이스의 열에서 지정한 조건에 맞는 가장 큰 값을 구한다.</td></tr>
<tr><td>DMIN</td><td>목록 또는 데이터베이스의 열에서 지정한 조건에 맞는 가장 작은 값을 구한다.</td></tr>
<tr><td>DPRODUCT</td><td>목록이나 데이터베이스의 열에서 지정한 조건에 맞는 값을 곱한다.</td></tr>
<tr><td>DSUM</td><td>데이터베이스의 필드에서 찾을 조건과 일치하는 값들의 합을 구한다.</td></tr>
<tr><td rowspan="3">날짜<br>/<br>시간</td><td>DATE</td><td>특정한 날짜의 날짜 일련번호를 표시한다.</td></tr>
<tr><td>NOW</td><td>현재 날짜와 시간의 일련번호를 표시한다.</td></tr>
<tr><td>TODAY</td><td>현재 날짜에 대한 일련번호를 표시한다.</td></tr>
<tr><td rowspan="3"></td><td>ABS</td><td>절대값을 구한다.</td></tr>
<tr><td>ACOS</td><td>아크 코사인 값을 구한다.</td></tr>
<tr><td>ASIN</td><td>아크 사인 값을 구한다.</td></tr>
</table>

| | | |
|---|---|---|
| 수학 / 삼각 | ATAN | 아크 탄젠트 값을 구한다. |
| | COS | 코사인 값을 구한다. |
| | SIN | 사인 값을 구한다. |
| | TAN | 탄젠트 값을 구한다. |
| | COUNTIF | 주어진 조건과 일치하는 셀의 개수를 구한다. |
| | PRODUCT | 인수를 모두 곱한 결과를 구한다. |
| | QUOTIENT | 나눗셈의 몫을 구한다. |
| | MOD | 나눗셈의 나머지를 구한다. |
| | SUM | 셀 범위에 있는 숫자를 모두 더한다. |
| | SUMIF | 주어진 조건과 일치하는 셀의 합을 구한다. |
| 통계 | AVERAGE | 인수의 산술평균을 구한다. |
| | COUNT | 인수목록에서 숫자가 포함된 셀과 숫자의 개수를 계산한다. |
| | COUNTIF | 범위 내에서 주어진 조건에 맞는 셀의 개수를 센다. |
| | LARGE | 데이터 집합에서 k번째 큰 값을 구한다. |
| | MAX | 인수 목록에서 최대값을 구한다. |
| | MIN | 인수 목록에서 최소값을 구한다. |
| | MODE | 배열이나 데이터 범위에서 가장 빈도수가 높은 값을 반환한다. |
| | RANK | 수의 목록에 있는 어떤 수의 순위를 구한다. |
| | SLOPE | 데이터로 선형 회귀선의 기울기를 구한다. |
| | SMALL | 데이터 집합에서 k번째로 작은 값을 구한다. |
| 찾기 / 참조 영역 | HLOOKUP | 배열의 첫째 행에서 특정한 값을 찾아 지정한 셀에 그 값을 넣는다. |
| | LOOKUP | 벡터 또는 계열에서 값을 찾는다. |
| | VLOOKUP | 배열의 가장 왼쪽 열에서 특정한 값을 찾아 지정한 셀에 그 값을 넣는다. |
| 텍스트 | LEFT | 문자열의 왼쪽으로부터 원하는 수만큼 문자를 표시한다. |
| | MID | 문자열의 지정한 위치로부터 지정한 수만큼 문자를 표시한다. |
| | RIGHT | 문자열의 오른쪽으로부터 원하는 수만큼 문자를 표시한다. |
| | AND | 모든 인수가 참일 때 TRUE를 돌려준다. |

| | | |
|---|---|---|
| 논리 | OR | 인수중 하나라도 참일 때 TRUE를 돌려준다. |
| | NOT | 인수의 논리 값을 역으로 돌려준다. |
| | TRUE | 논리 값 TRUE를 돌려준다. |
| | FALSE | 논리 값 FALSE를 돌려준다. |
| | IF | 실행할 문장의 조건을 지정한다. |
| 정보 | CELL | 참조범위에서 첫 번째 셀의 서식이나 위치 내용에 대한 정보를 나타낸다. |
| | ERROR.TYPE | 오류 유형에 해당하는 번호를 구한다. |

함수의 구조는 각각 SUM(number1, number2, …), PRODUCT(number1, number2, …), MOD(number, divisor), 그리고 SUMIF(range, criteria, sum_range) 형태로, MOD 함수에서 Number와 Divisor는 각각 나머지와 나누는 수이며, SUMIF 함수에서 range, criteria, sum_range는 각각 조건을 적용시킬 셀 범위와 찾을 조건 그리고 합을 구할 실제 셀을 의미한다.

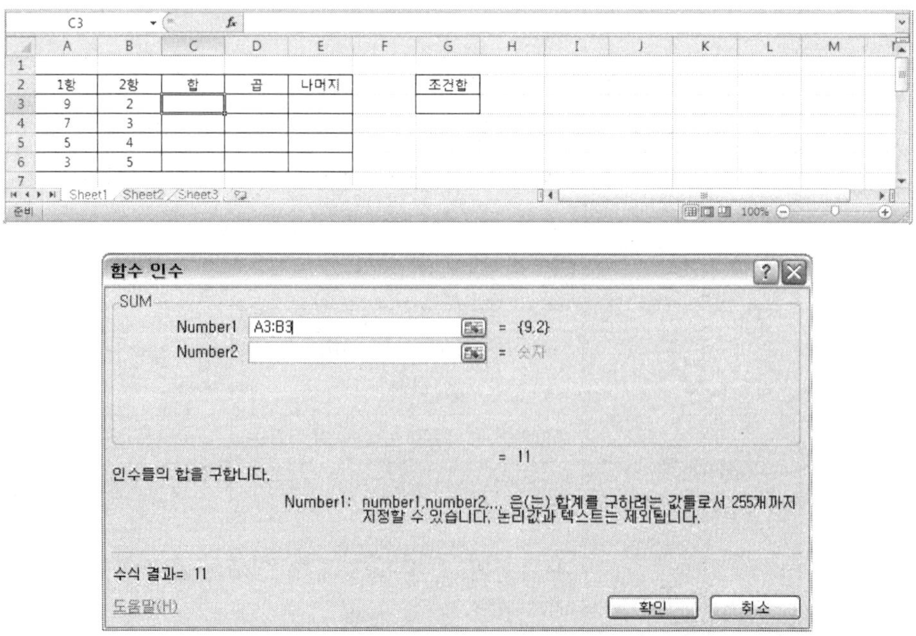


**[그림 4-4] 수학 함수(1)**

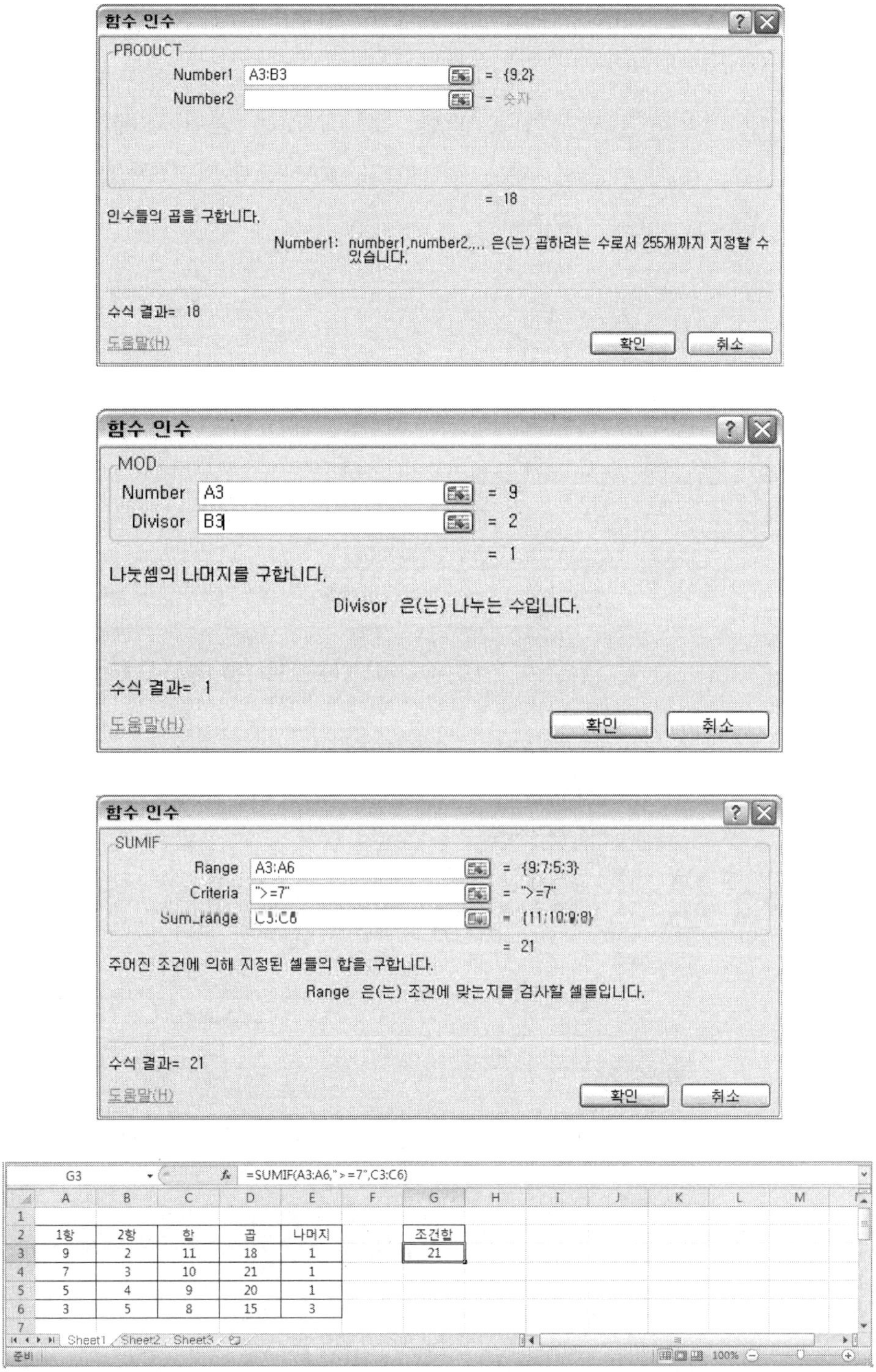
함수 인수
PRODUCT
Number1 A3:B3 = {9,2}
Number2 = 숫자
= 18
인수들의 곱을 구합니다.
Number1: number1,number2,... 은(는) 곱하려는 수로서 255개까지 지정할 수 있습니다.
수식 결과= 18
도움말(H)
확인
취소
함수 인수
MOD
Number A3 = 9
Divisor B3 = 2
= 1
나눗셈의 나머지를 구합니다.
Divisor 은(는) 나누는 수입니다.
수식 결과= 1
도움말(H)
확인
취소
함수 인수
SUMIF
Range A3:A6 = {9;7;5;3}
Criteria ">=7" = ">=7"
Sum_range C3:C6 = {11;10;9;8}
= 21
주어진 조건에 의해 지정된 셀들의 합을 구합니다.
Range 은(는) 조건에 맞는지를 검사할 셀들입니다.
수식 결과= 21
도움말(H)
확인
취소
G3
=SUMIF(A3:A6,">=7",C3:C6)
1항 2항 합 곱 나머지 조건합
9 2 11 18 1 21
7 3 10 21 1
5 4 9 20 1
3 5 8 15 3
Sheet1 Sheet2 Sheet3
준비
100%

[그림 4-5] 수학 함수(2)

MAX와 MIN은 인수 목록에서 최대값과 최소값을 구하는 함수이며, MODE는 배열이나 데이터 범위에서 가장 빈도수가 높은 값을 구하는 데 사용하는 함수이다. 또한, COUNTIF는 범위 내에서 주어진 조건에 맞는 셀의 개수를 세는 함수이고, RANK 수의 목록에 있는 어떤 수의 순위를 구하는 함수이다.

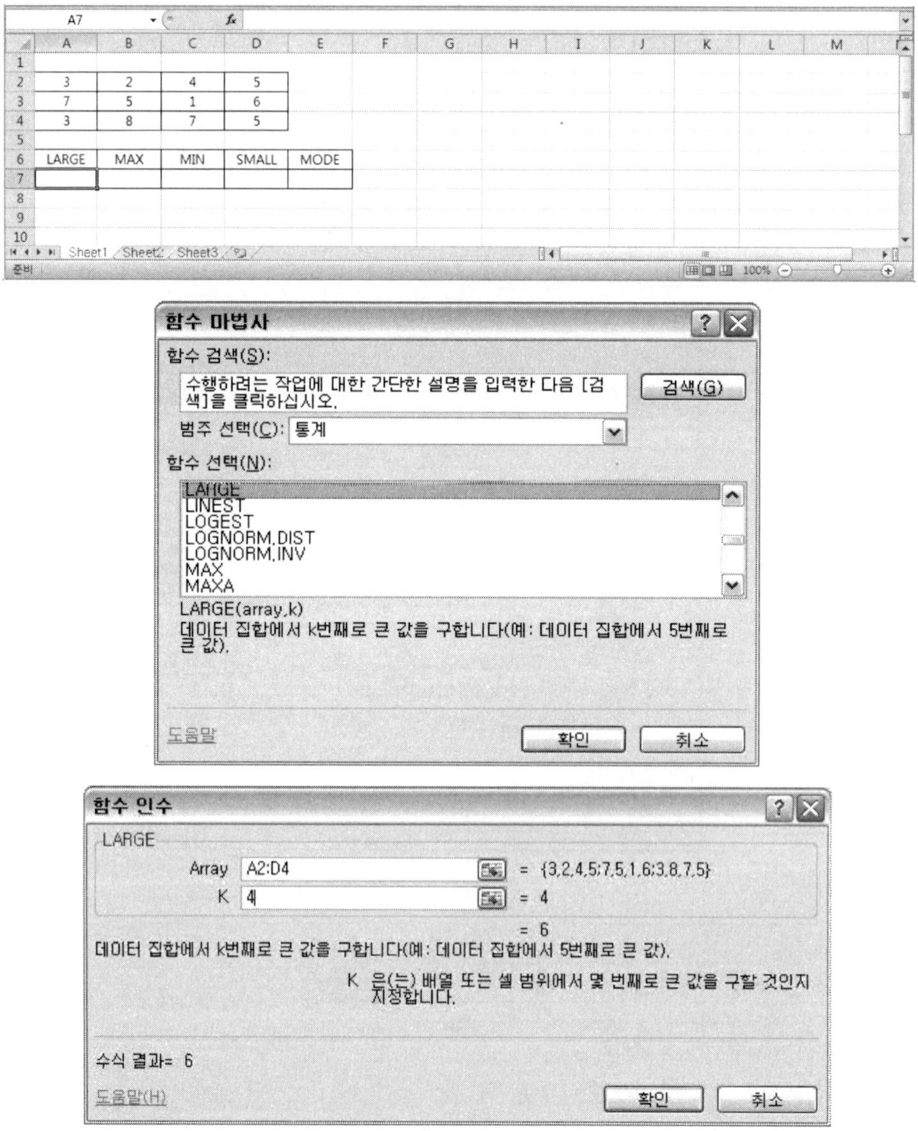


**[그림 4-6] 통계 함수(1)**

함수 인수
MAX
Number1 A2:D4 = {3,2,4,5;7,5,1,6;3,8,7,5}
Number2 = 숫자
= 8
최대값을 구합니다. 논리값과 텍스트는 제외됩니다.
Number1: number1,number2,... 은(는) 최대값을 구하려는 수로서 255개까지 지정할 수 있습니다.
수식 결과= 8
도움말(H)
확인
취소
함수 인수
MIN
Number1 A2:D4 = {3,2,4,5;7,5,1,6;3,8,7,5}
Number2 = 숫자
= 1
최소값을 구합니다. 논리값과 텍스트는 제외됩니다.
Number1: number1,number2,... 은(는) 최소값을 구하려는 수로서 255개까지 지정할 수 있습니다.
수식 결과= 1
도움말(H)
확인
취소
함수 인수
SMALL
Array A2:D4 = {3,2,4,5;7,5,1,6;3,8,7,5}
K 3 = 3
= 3
데이터 집합에서 k번째로 작은 값을 구합니다(예: 데이터 집합에서 5번째로 작은 값).
K 은(는) 배열 또는 셀 범위에서 몇 번째로 작은 값을 구할 것인지 지정합니다.
수식 결과= 3
도움말(H)
확인
취소

[그림 4-7] 통계 함수(2)

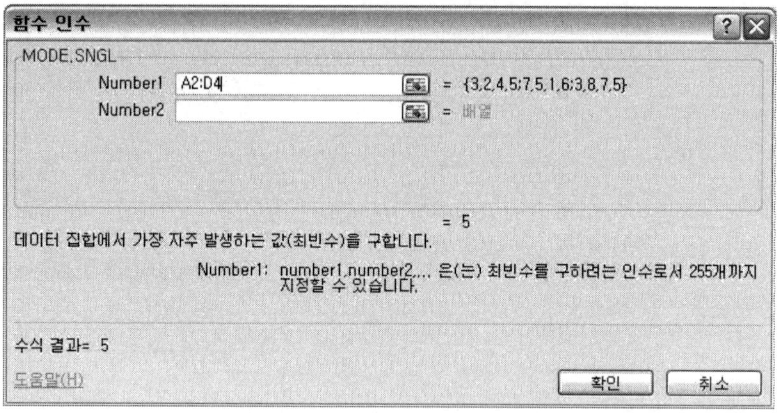


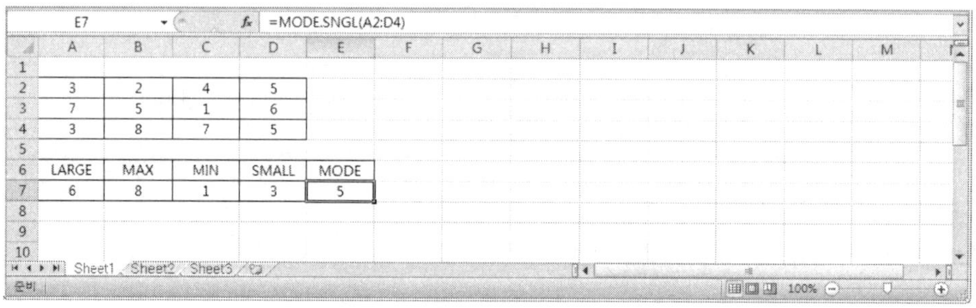


[그림 4-8] 통계 함수(3)

엑셀에서 제공하는 함수 중 찾기/참조 함수란 목록에 있는 특정 값이나 셀의 참조 영역을 찾을 때 사용하는 함수로 HLOOKUP, VLOOKUP 등이 있다.

HLOOKUP이란 비교 값이 데이터 테이블의 위쪽에 있을 때 테이블의 첫 행에 있는 값 또는 값의 배열을 검색한 다음 테이블 또는 배열에 지정한 행으로부터 같은 열에 있는 값을 반환하는 함수로 HLOOKUP (lookup_value, table_array, row_index_num, range_lookup) 형태로 표현한다.

여기서 Lookup_value는 테이블의 첫 행에서 검색할 값, Table_array는 데이터를 찾을 참조 영역, row_index_num는 구하려는 값이 있는 table_array의 행 번호, Range_lookup은 HLOOKUP이 정확하게 일치하는 값을 찾을 것인지 근사 값을 찾을 것인지를 지정하는 논리 값이다.

HLOOKUP이 lookup_value를 찾지 못하고 range_lookup이 TRUE이면 lookup_value보다 작은 값 중에서 가장 큰 값을 찾는다. 유사하게 비교 값이 찾을 데이터의 왼쪽에 위치한 열에 있는 경우 VLOOKUP을 사용하며, 표의 가장 왼쪽 열에서 특정 값을 찾아 지정한 열에서 같은 행에 있는 값을 표시하는 함수로 VLOOKUP(lookup_value, table_array, col_index_num, range_lookup) 형태로 표현한다. 여기서 col_index_num는 비교 값과 같은 행에 있는 값을 표시할 table_array의 열 번호이다.

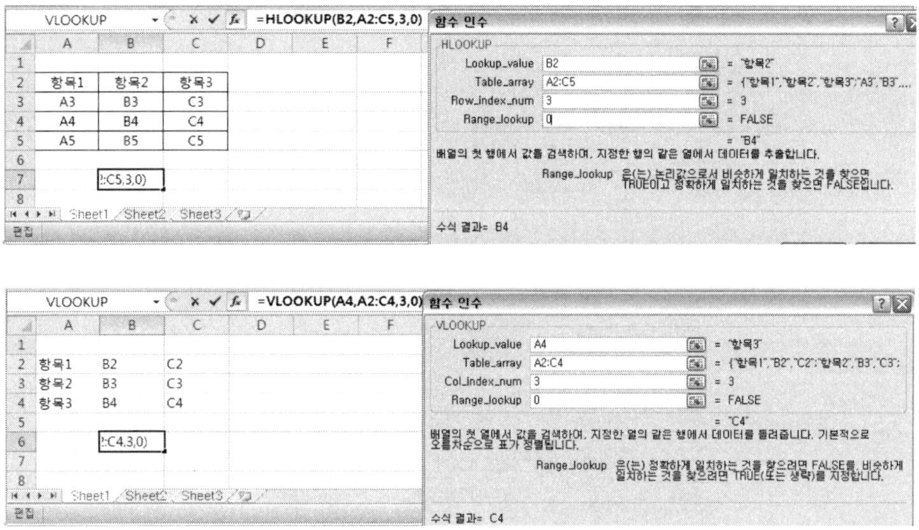

**[그림 4-9] HLOOKUP과 VLOOKUP**

문자열을 이용하는 대표적인 텍스트 함수에는 MID, LEFT, RIGHT 함수가 있다.

LEFT 함수란 텍스트 문자열의 첫 문자부터 지정한 추출할 개수의 문자를 표시하는 함수로 일반적인 형식은 LEFT(문자, 추출할 개수)이며, 여기서 문자는 추출할 문자가 들어 있는 문자열이고, 추출할 문자 수는 문자열에서 표시할 문자 개수이다.

MID 함수란 특정 셀 안에 있는 문자열에서 지정한 문자수에 따라 문자열의 지정한 위치로부터 지정한 개수의 문자를 표시하는 함수이다. MID 함수의 일반적인 형식은 MID(문자, 시작 위치, 추출할 개수)이며, 여기서 문자는 추출할 문자가 들어 있는 문자열이고, 시작 위치는 추출할 첫 문자의 위치 그리고 추출할 개수는 문자열에서 표시할 문자 개수이다.

RIGHT 함수란 특정 셀 안에 있는 문자열에서 지정한 문자수에 따라 문자열의 마지막 문자부터 지정한 위치로부터 지정한 개수의 문자를 표시하는 함수로 일반적인 형태는 RIGHT(문자, 추출할 개수)이다.

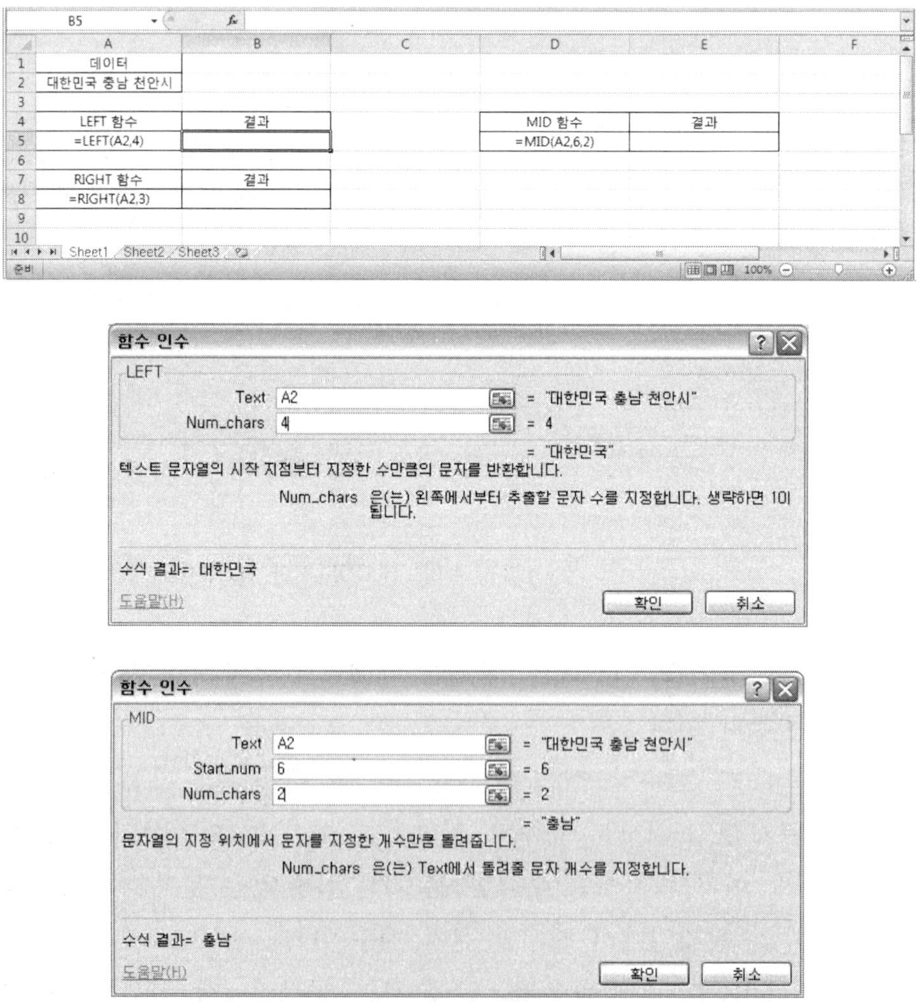


[그림 4-10] TEXT 함수(1)

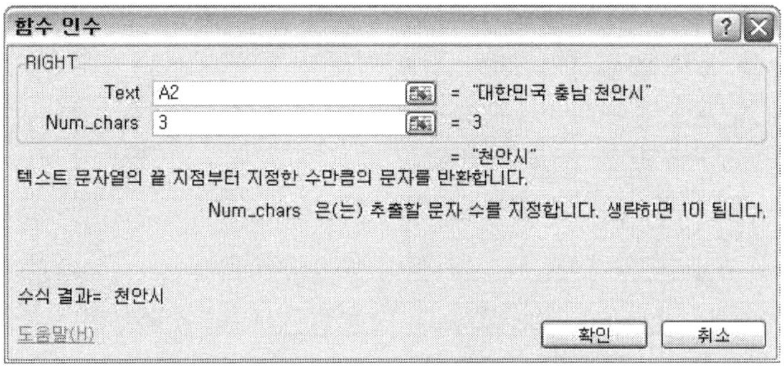


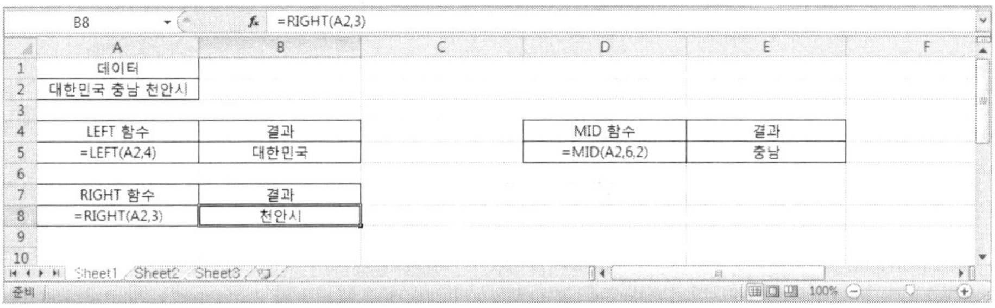


**[그림 4-11] TEXT 함수(2)**

논리 함수란 조건의 참 또는 거짓을 판별하거나 여러 조건을 검색할 때 사용하는 함수로 AND, IF, NOT, OR 함수 등이 있다.

AND 함수란 인수가 모두 TRUE이면 TRUE를 반환하고, 인수들 중 하나라도 FALSE이면 FALSE를 반환하는 함수이며, OR 함수는 인수 중 어느 하나라도 TRUE이면 TRUE를, 모든 인수가 FALSE이면 FALSE를 반환하는 함수로 각각 OR(logical1, logical2, …), AND(logical1, logical2, …)로 표현된다.

NOT은 값이 특정 값과 같지 않은지 확인할 때 사용하는 함수로 NOT(logical) 형태로 표현하며, 여기서 logical이란 TRUE나 FALSE가 될 수 있는 값이나 식이다.

IF 함수란 사용하여 값이나 수식에 대한 조건부 검사를 수행하며 IF(logical_test, value_if_true, value_if_false) 형태로 표현한다.

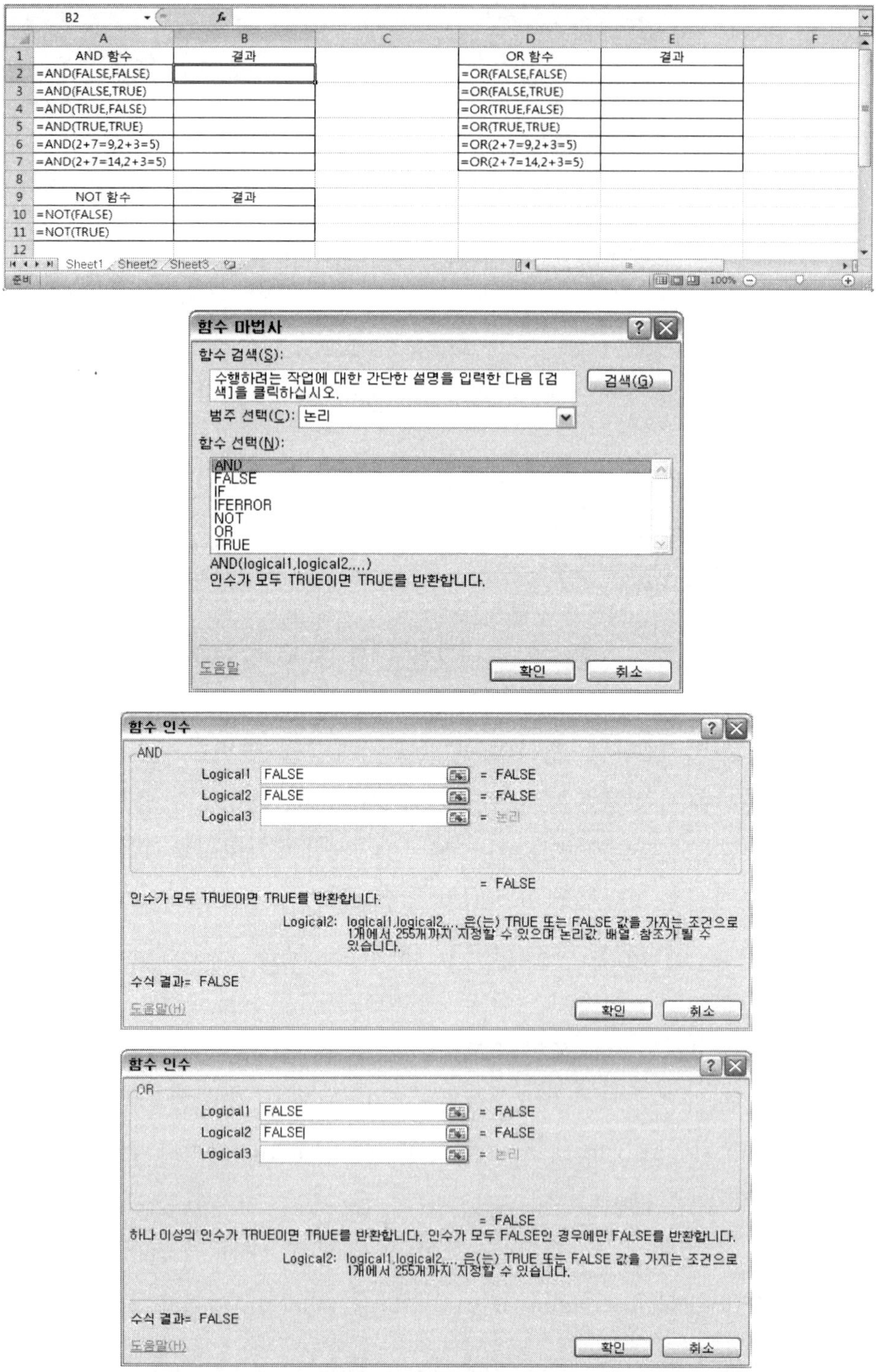
B2
AND 함수
결과
=AND(FALSE,FALSE)
=AND(FALSE,TRUE)
=AND(TRUE,FALSE)
=AND(TRUE,TRUE)
=AND(2+7=9,2+3=5)
=AND(2+7=14,2+3=5)
NOT 함수
=NOT(FALSE)
=NOT(TRUE)
OR 함수
=OR(FALSE,FALSE)
=OR(FALSE,TRUE)
=OR(TRUE,FALSE)
=OR(TRUE,TRUE)
=OR(2+7=9,2+3=5)
=OR(2+7=14,2+3=5)
Sheet1 Sheet2 Sheet3
준비
함수 마법사
함수 검색(S):
수행하려는 작업에 대한 간단한 설명을 입력한 다음 [검색]을 클릭하십시오.
검색(G)
범주 선택(C): 논리
함수 선택(N):
AND
FALSE
IF
IFERROR
NOT
OR
TRUE
AND(logical1,logical2,...)
인수가 모두 TRUE이면 TRUE를 반환합니다.
도움말
확인
취소
함수 인수
AND
Logical1 FALSE = FALSE
Logical2 FALSE = FALSE
Logical3 = 논리
= FALSE
인수가 모두 TRUE이면 TRUE를 반환합니다.
Logical2: logical1,logical2,... 은(는) TRUE 또는 FALSE 값을 가지는 조건으로 1개에서 255개까지 지정할 수 있으며 논리값, 배열, 참조가 될 수 있습니다.
수식 결과= FALSE
도움말(H)
확인
취소
함수 인수
OR
Logical1 FALSE = FALSE
Logical2 FALSE = FALSE
Logical3 = 논리
= FALSE
하나 이상의 인수가 TRUE이면 TRUE를 반환합니다. 인수가 모두 FALSE인 경우에만 FALSE를 반환합니다.
Logical2: logical1,logical2,... 은(는) TRUE 또는 FALSE 값을 가지는 조건으로 1개에서 255개까지 지정할 수 있습니다.
수식 결과= FALSE
도움말(H)
확인
취소

**[그림 4-12] 논리 함수(1)**

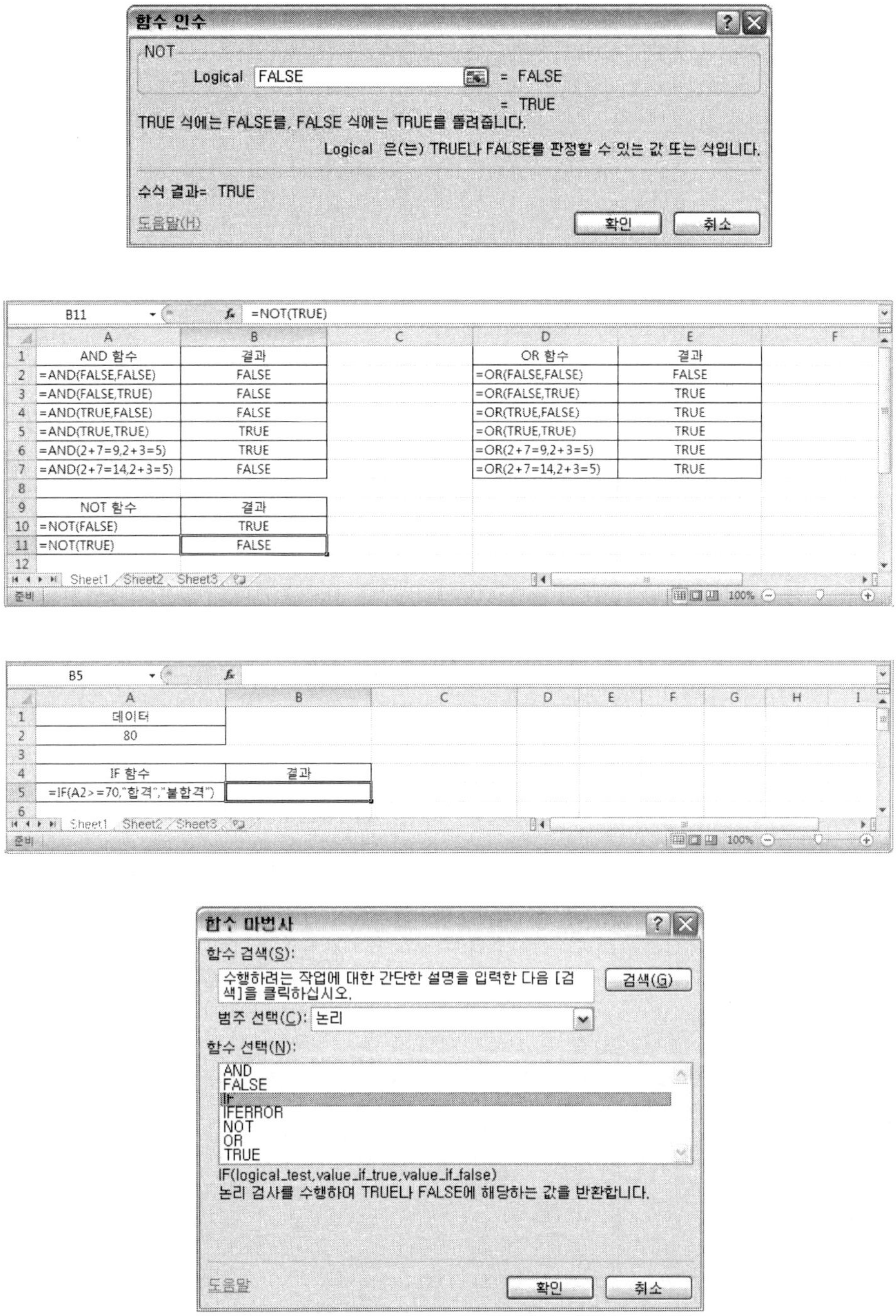
함수 인수
NOT
Logical FALSE = FALSE
= TRUE
TRUE 식에는 FALSE를, FALSE 식에는 TRUE를 돌려줍니다.
Logical 은(는) TRUE나 FALSE를 판정할 수 있는 값 또는 식입니다.
수식 결과= TRUE
도움말(H)
확인
취소
B11
=NOT(TRUE)
AND 함수
결과
=AND(FALSE,FALSE) FALSE
=AND(FALSE,TRUE) FALSE
=AND(TRUE,FALSE) FALSE
=AND(TRUE,TRUE) TRUE
=AND(2+7=9,2+3=5) TRUE
=AND(2+7=14,2+3=5) FALSE
NOT 함수
결과
=NOT(FALSE) TRUE
=NOT(TRUE) FALSE
OR 함수
결과
=OR(FALSE,FALSE) FALSE
=OR(FALSE,TRUE) TRUE
=OR(TRUE,FALSE) TRUE
=OR(TRUE,TRUE) TRUE
=OR(2+7=9,2+3=5) TRUE
=OR(2+7=14,2+3=5) TRUE
Sheet1 Sheet2 Sheet3
준비
100%
B5
데이터
80
IF 함수
결과
=IF(A2>=70,"합격","불합격")
Sheet1 Sheet2 Sheet3
준비
100%
함수 마법사
함수 검색(S):
수행하려는 작업에 대한 간단한 설명을 입력한 다음 [검색]을 클릭하십시오.
검색(G)
범주 선택(C): 논리
함수 선택(N):
AND
FALSE
IF
IFERROR
NOT
OR
TRUE
IF(logical_test,value_if_true,value_if_false)
논리 검사를 수행하여 TRUE나 FALSE에 해당하는 값을 반환합니다.
도움말
확인
취소

[그림 4-13] 논리 함수(2)

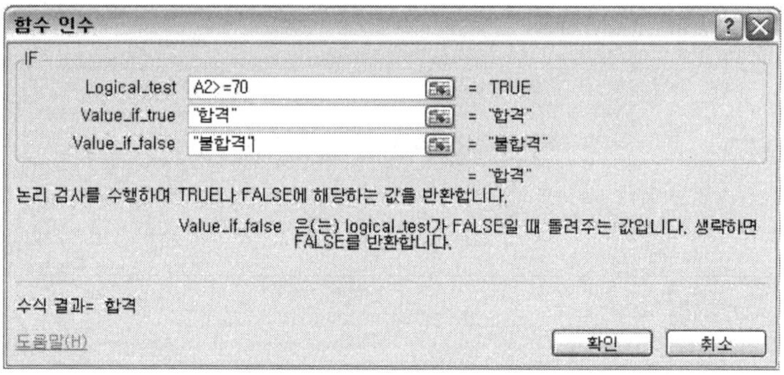


[그림 4-14] 논리 함수(3)

데이터베이스 함수란 목록이나 데이터베이스에 저장된 값이 특정 조건이나 찾을 조건을 만족하는지 분석할 때 사용하는 함수로 통계나 수학 함수에 D가 붙어 있다.

일반적인 형식은 "=함수명(데이터베이스 범위, 열 번호, 조건)"의 형태로 DAVERAGE, DCOUNT, DMAX, DMIN, DSUM 등이 있다. DAVERAGE, DCOUNT은 목록 또는 데이터베이스의 열에서 지정한 조건에 맞는 값의 평균과 조건에 맞는 숫자가 있는 셀의 개수를 구하는 함수이다. 또한, DMAX와 DMIN은 목록 또는 데이터베이스의 열에서 지정한 조건에 맞는 가장 큰 값이나 가장 작은 값을 구하며, DPRODUCT와 DSUM는 목록이나 데이터베이스의 열에서 지정한 조건에 맞는 값을 곱이나 합을 구하는 함수이다.

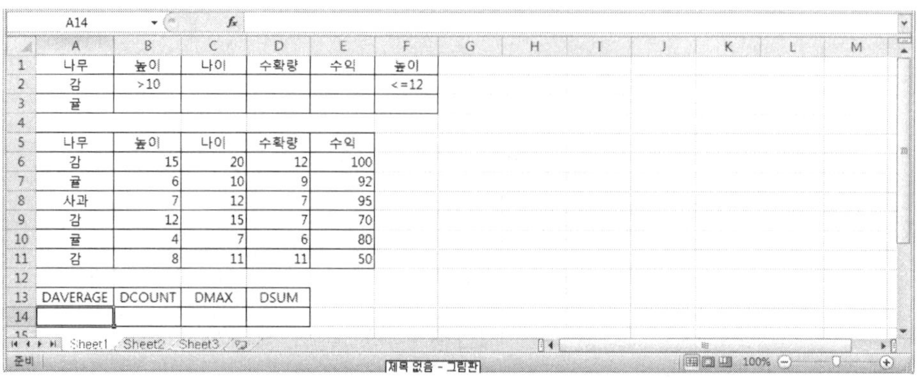


[그림 4-15] 데이터베이스 함수(1)

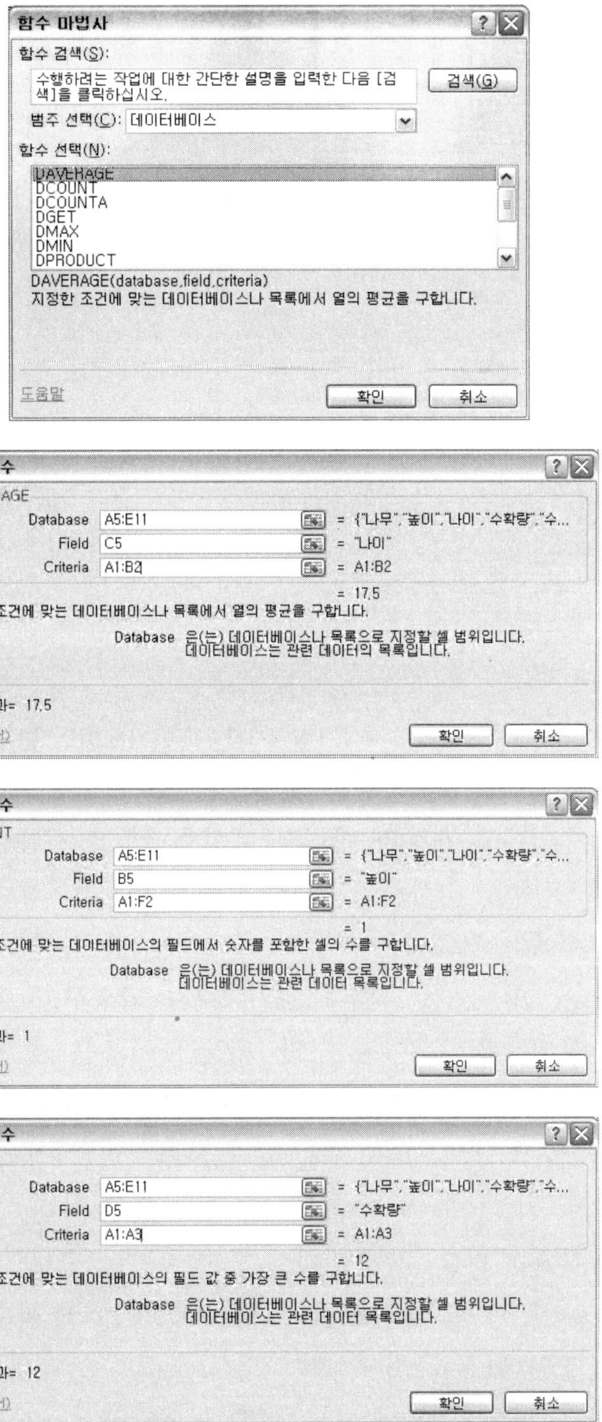


**[그림 4-16] 데이터베이스 함수(2)**

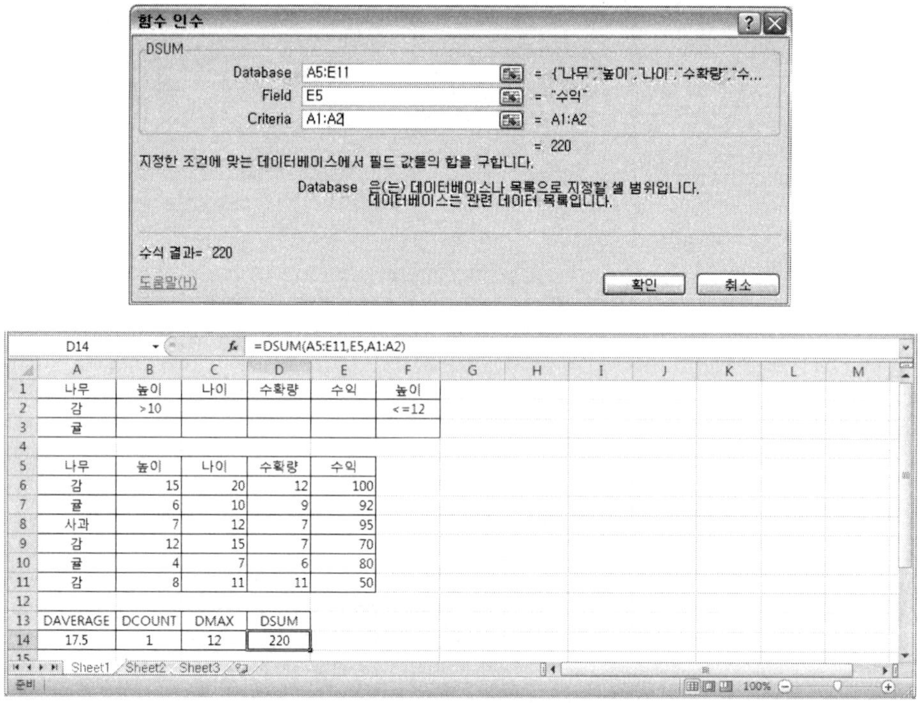


[그림 4-17] 데이터베이스 함수(3)

이외에도 재무와 관련한 계산을 할 때 사용하는 재무 함수와 셀 값의 유형을 검사하여 결과 값을 제공하는 정보 함수가 있으며, 재무 함수에는 정률법을 사용하여 특정 기간 동안 자산의 감가상각을 반환하는 DB, 일정 금액을 정기적으로 납입하고 일정한 이율이 적용되는 투자에 대한 주어진 기간 동안의 이자를 계산하는 IPMT, 특정 투자 기간 동안 지급되는 이자를 계산하는 ISPMT, 주기적이고 고정적인 지급액과 고정적인 이율에 의거한 투자의 기간을 구하는 NPER, 정기적으로 지불하고 일정한 이자율이 적용되는 대출에 대해 매회 지급액을 계산하는 PMT 등이 있다.

또한, 정보 함수에는 CELL, ERROR.TYPE 함수 등이 있으며, CELL은 참조 범위에서 첫째 셀의 서식, 위치 또는 내용에 대한 정보를 반환하고, ERROR.TYPE은 오류 값에 해당하는 번호를 반환하는 기능을 수행한다.

# 4.4 함수 실무 예제

텍스트 함수와 조건 함수를 이용하여 남녀의 성별을 구분하고, 나이를 구하고자 하는 경우 성별 데이터를 얻는 방법은 MID 함수를 이용하여 주민등록번호의 여덟 번째 문자를 추출한 다음, '1'이면 '남', '1' 아니면 '여'로 표시하여 성별을 구분할 수 있다.

우선, 성별을 구분하기 위해 수식을 적용할 영역 A3를 선택하고 =IF(MID(B3,8,1)="1","남","여")를 입력하여 A3의 결과를 구한 다음 A12까지 채우기 핸들을 이용하여 동일 수식을 적용한다. 참고로 A3에서 A12 영역을 먼저 선택하고, 조건수식 =IF(MID(B3,8,1)="1","남","여")를 입력한 다음, Ctrl 키를 누른 상태에서 Enter↵를 쳐서 동시에 동일한 수식을 적용하여 구할 수도 있다.

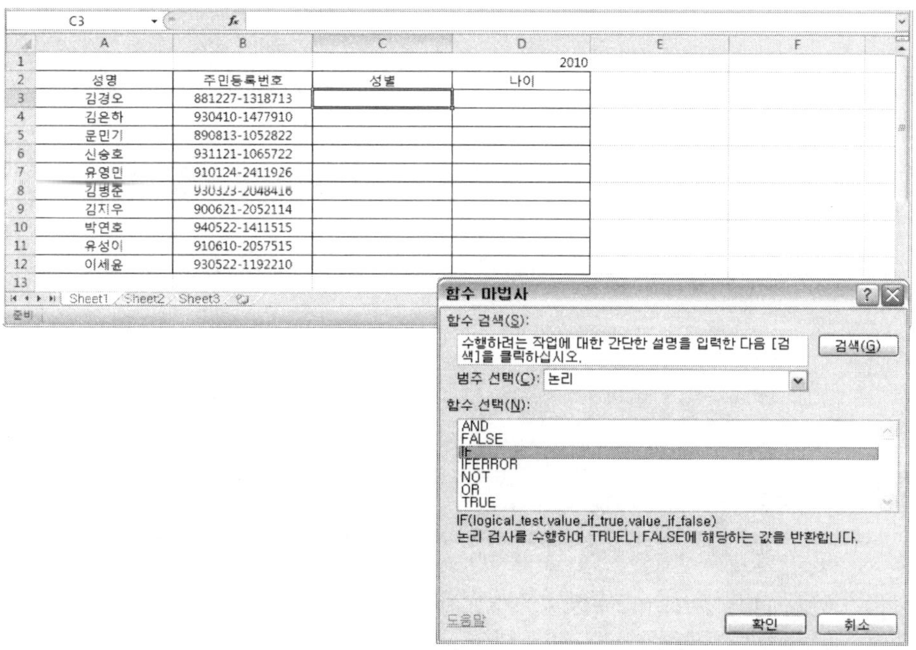

[그림 4-18] 성별 구분과 나이(1)

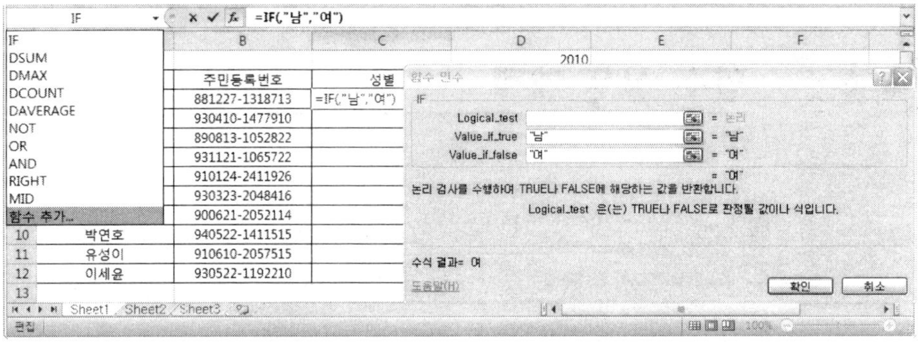


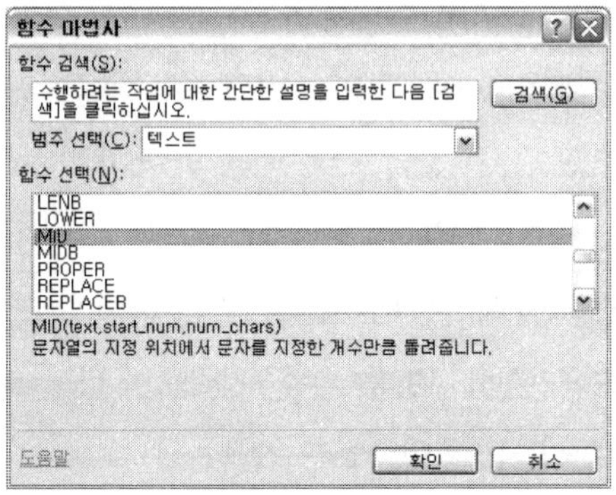


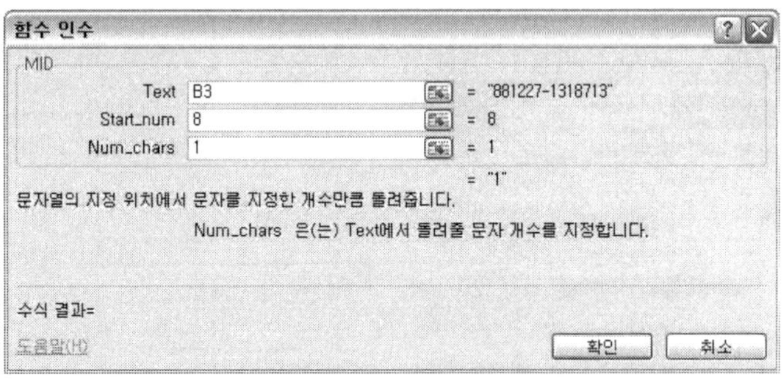


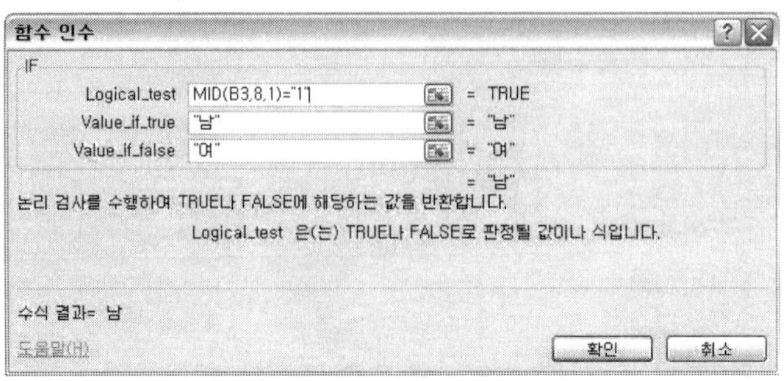


[그림 4-19] 성별 구분과 나이(2)

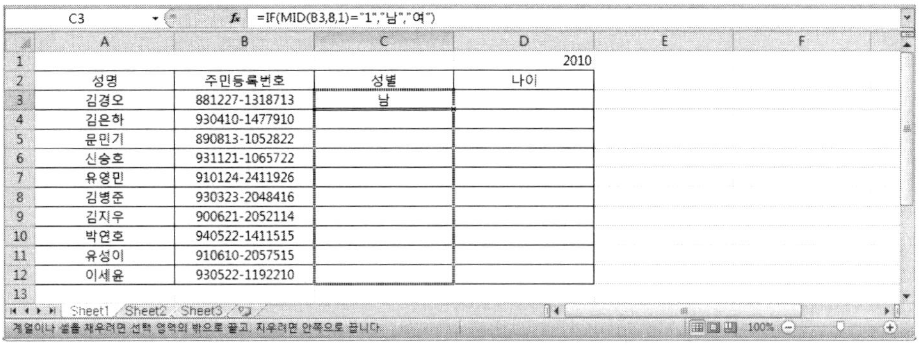


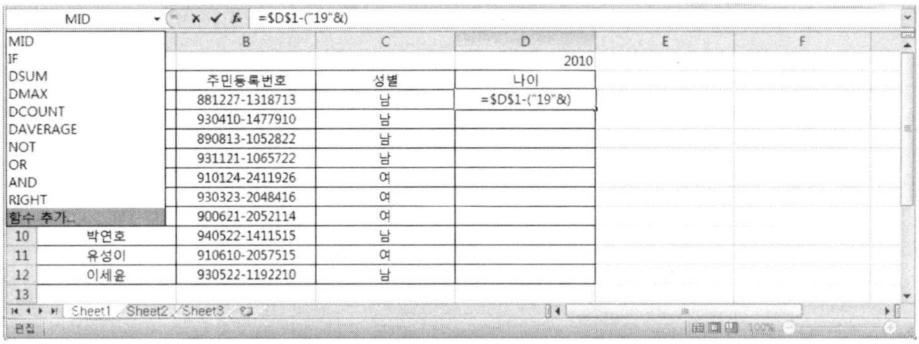


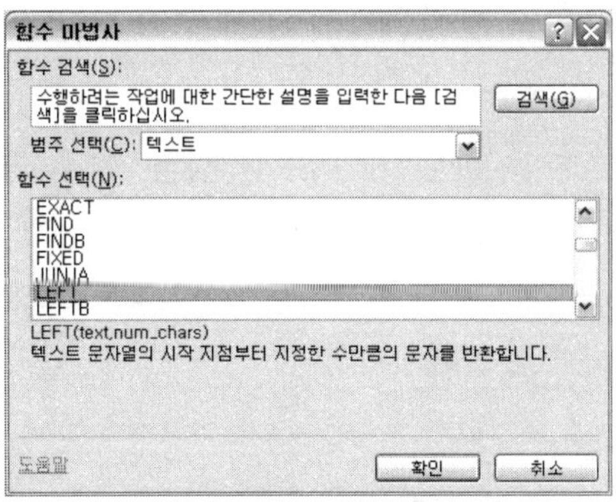


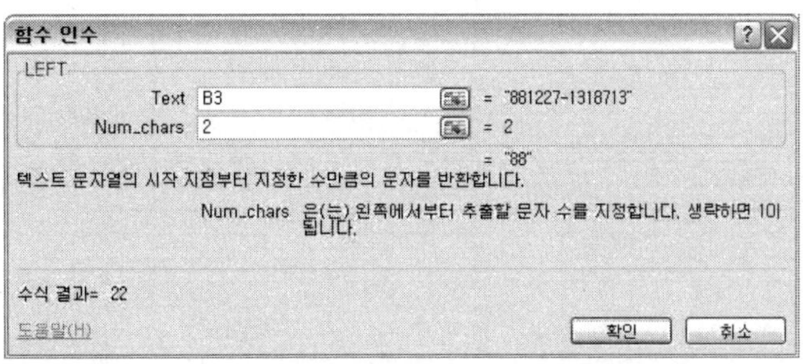


[그림 4-20] 성별 구분과 나이(3)

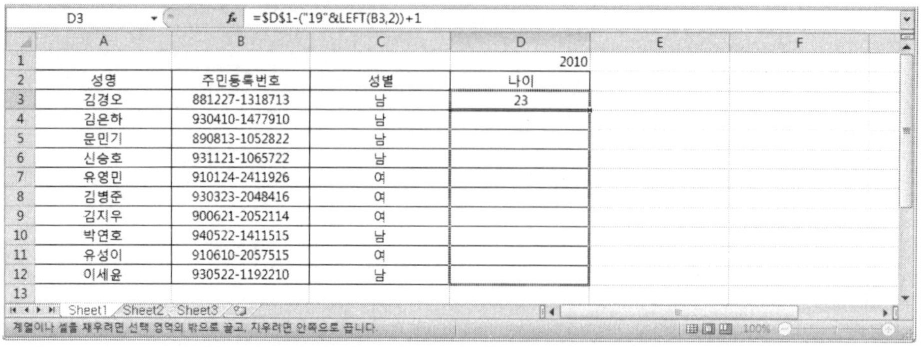

D3 =$D$1-("19"&LEFT(B3,2))+1

| | A | B | C | D |
|---|---|---|---|---|
| 1 | | | | 2010 |
| 2 | 성명 | 주민등록번호 | 성별 | 나이 |
| 3 | 김경오 | 881227-1318713 | 남 | 23 |
| 4 | 김은하 | 930410-1477910 | 남 | |
| 5 | 문민기 | 890813-1052822 | 남 | |
| 6 | 신승호 | 931121-1065722 | 남 | |
| 7 | 유영민 | 910124-2411926 | 여 | |
| 8 | 김병준 | 930323-2048416 | 여 | |
| 9 | 김지우 | 900621-2052114 | 여 | |
| 10 | 박연호 | 940522-1411515 | 남 | |
| 11 | 유성이 | 910610-2057515 | 여 | |
| 12 | 이세윤 | 930522-1192210 | 남 | |

[그림 4-21] 성별 구분과 나이(4)

나이 계산은 수식을 적용할 셀(D3)에 연도를 나타내는 D1셀과 주민등록번호를 나타내는 B3셀을 이용하여 =$D$1-("19"&LEFT(B3,2)) +1 수식을 입력하여 구한 다음 채우기 핸들을 이용하여 B12까지 동일한 수식을 적용한다. 여기서 연도를 나타내는 셀의 값 '2010'은 절대 참조(즉, $D$1)를 해야 한다.

컴퓨터 실무 성적표에서 SUM, AVERAGE, IF, RANK 등의 함수를 사용하여 처리하는 경우, 우선 총점을 구하기 위해 G3에서 *fx*를 클릭한 다음 [함수 마법사]의 수학/삼각 함수 범주에서 SUM을 선택하고 [확인]을 단추를 누른다. 다음과정으로 현재 입력될 수식에서 참조될 영역 C3에서 F3 영역을 선택하여 구한 다음 채우기 핸들을 이용하여 동일한 수식을 적용한다.

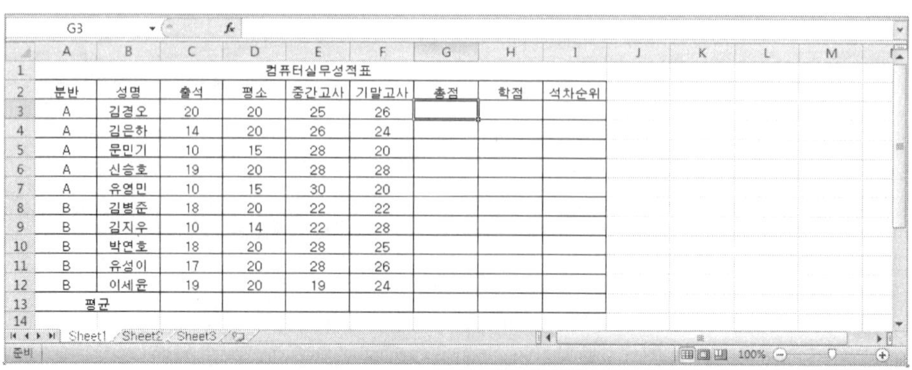

| | A | B | C | D | E | F | G | H | I |
|---|---|---|---|---|---|---|---|---|---|
| 1 | 컴퓨터실무성적표 | | | | | | | | |
| 2 | 분반 | 성명 | 출석 | 평소 | 중간고사 | 기말고사 | 총점 | 학점 | 석차순위 |
| 3 | A | 김경오 | 20 | 20 | 25 | 26 | | | |
| 4 | A | 김은하 | 14 | 20 | 26 | 24 | | | |
| 5 | A | 문민기 | 10 | 15 | 28 | 20 | | | |
| 6 | A | 신승호 | 19 | 20 | 28 | 28 | | | |
| 7 | A | 유영민 | 10 | 15 | 30 | 20 | | | |
| 8 | B | 김병준 | 18 | 20 | 22 | 22 | | | |
| 9 | B | 김지우 | 10 | 14 | 22 | 28 | | | |
| 10 | B | 박연호 | 18 | 20 | 28 | 25 | | | |
| 11 | B | 유성이 | 17 | 20 | 28 | 26 | | | |
| 12 | B | 이세윤 | 19 | 20 | 19 | 24 | | | |
| 13 | 평균 | | | | | | | | |

[그림 4-22] 총점과 평균(1)

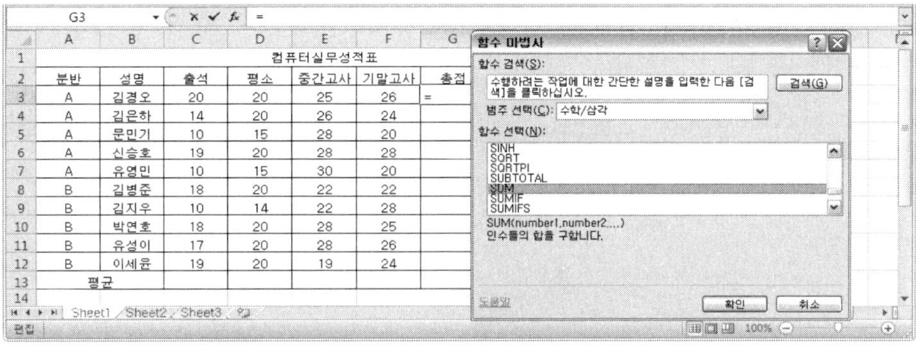


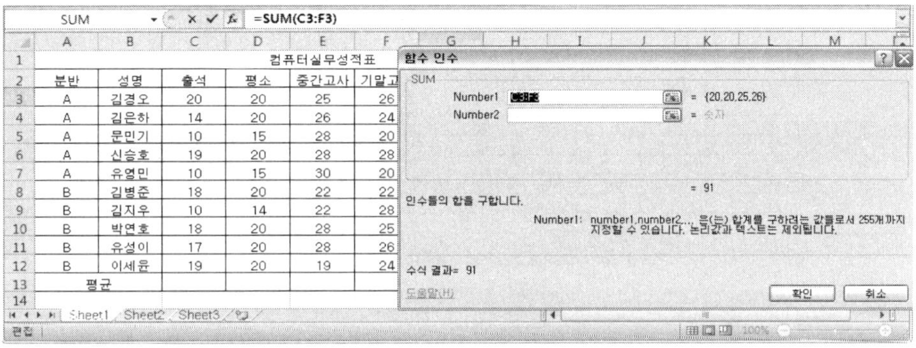


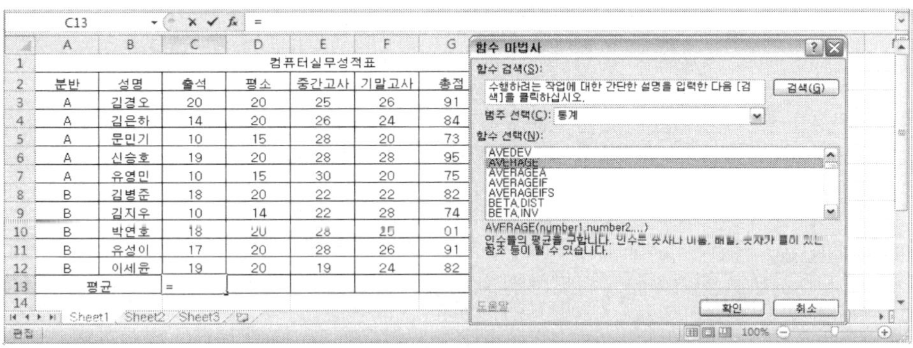


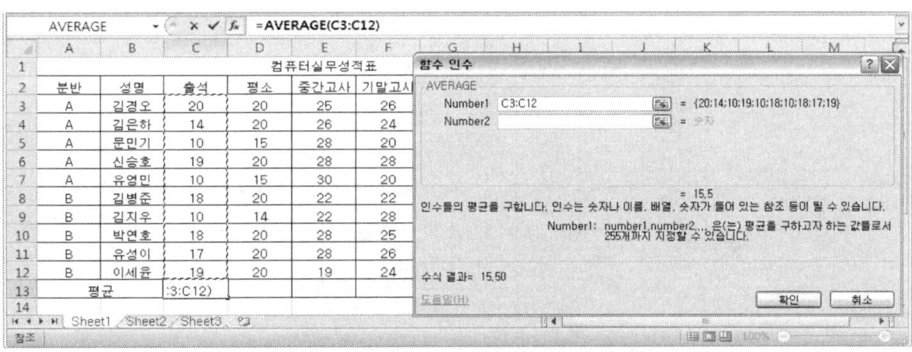


[그림 4-23] 총점과 평균(2)

유사하게 평균을 구할 셀 영역 C13에서 $f_x$를 클릭하여 통계 함수 중 AVERAGE을 선택한다. 이후, 입력될 수식에서 참조될 영역 C3에서 C12 영역을 선택하여 구한 다음 채우기 핸들을 이용하여 동일한 수식을 적용한다.

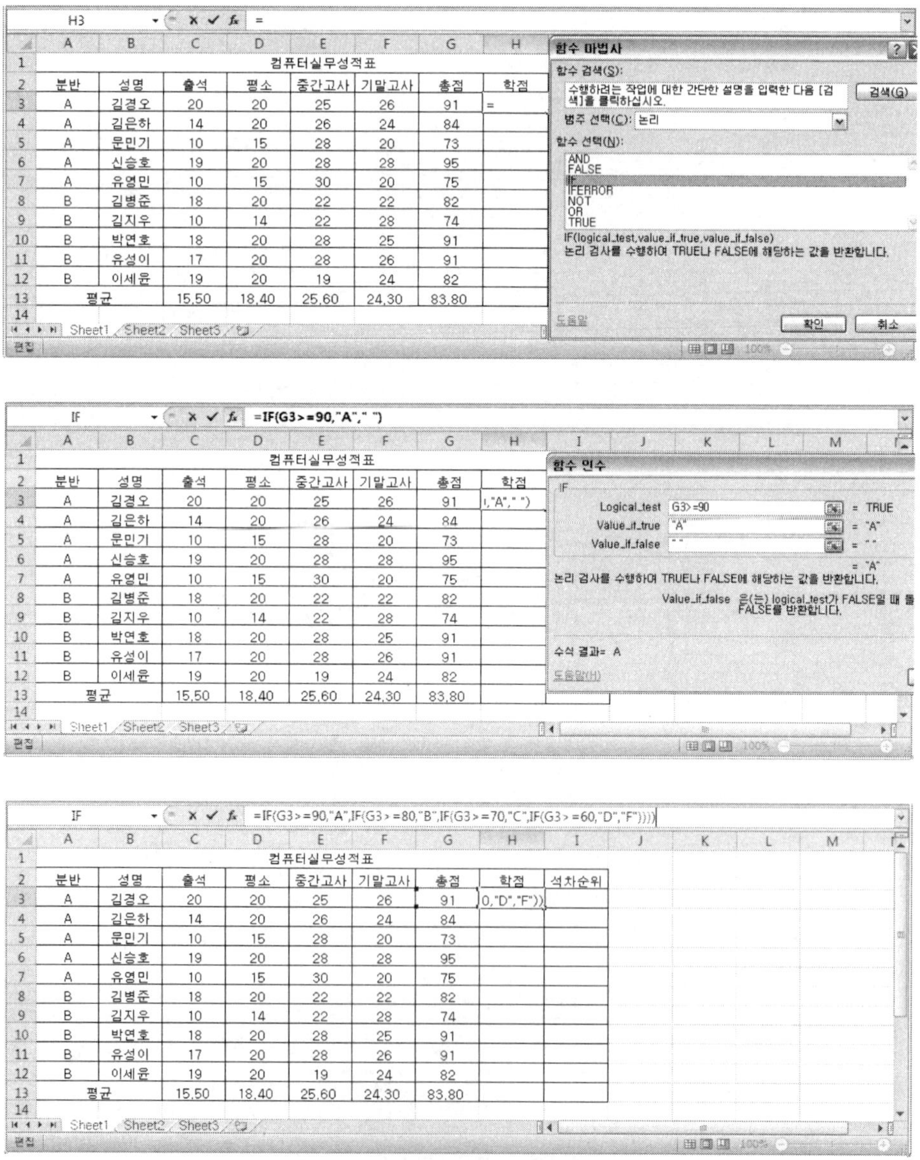


[그림 4-24] IF 함수를 이용한 학점 부여

총점을 기준으로 'A~F'로 학점을 부여하기 위해서는 조건문 IF를 사용한다. IF문은 값이나 수식에 대한 조건부 검사를 하여 그 값이 참 값을 나타내고 거짓이면 다른 값을 나타낸다. 일반적인 형식은 'IF(조건부, 참값, 거짓값)'이다.

학점을 부여하는 방법은 학점을 부여할 셀 영역을 선택하고 조건식 IF(G3>=90,"A",IF(G3>=80,"B",IF(G3>=70,"C",IF(G3>=60,"D","F"))))를 입력하여 구한 다음 채우기 핸들을 이용하여 동일한 수식을 적용한다.

또 다른 방법으로 찾기/참조를 하기 위한 배열을 입력하고 VLOOKUP 함수를 이용하여 구한 다음 채우기 핸들을 이용하여 동일한 수식을 적용한다. 이때, 총점은 오름차순으로 나열되어 있어야 하며, Table_array 절대 참조하고 Col_index_num은 2로 하고 Range_lookup 방식은 비슷한 값을 찾기 위해 TRUE 또는 1을 입력한다. 이후 동일한 수식을 적용하기 위해 채우기 핸들을 이용한다.

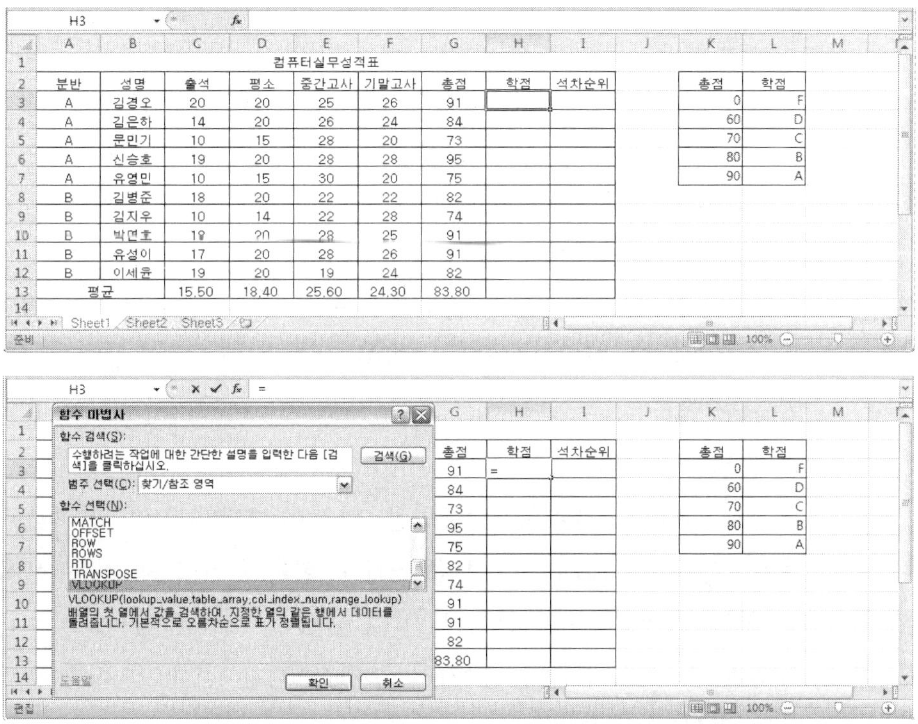


[그림 4-25] VLOOKUP 함수를 이용한 학점 부여(1)

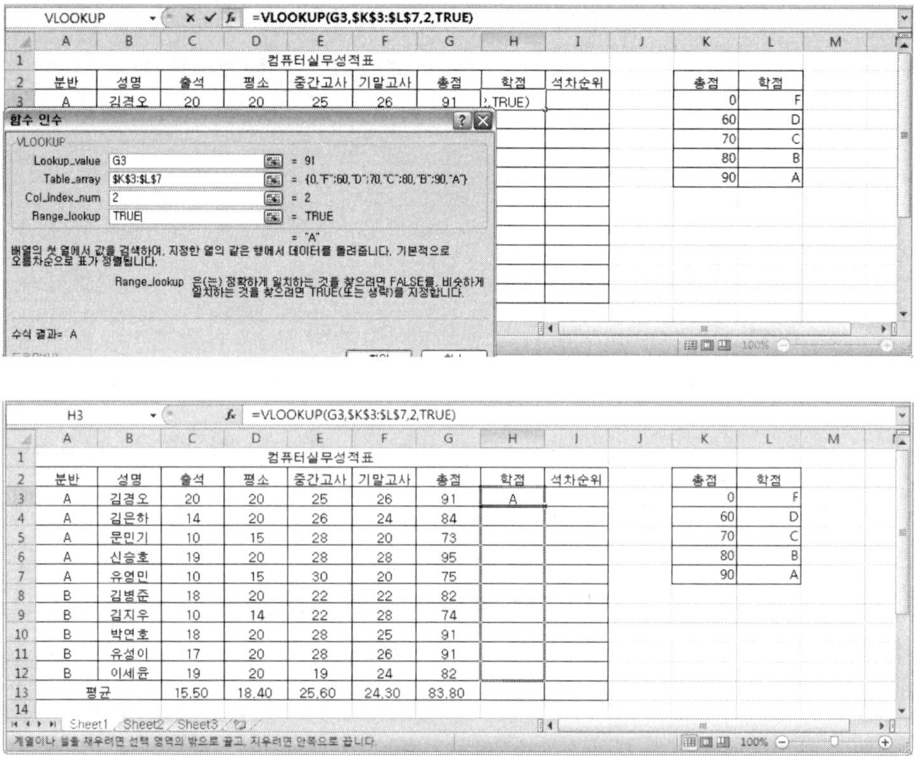


[그림 4-26] VLOOKUP 함수를 이용한 학점 부여(2)

총점을 기준으로 석차 순위를 구하기 위해서는 수의 목록에서 어떤 수의 순위를 구하는 RANK 함수를 사용한다.

일반적인 형식은 RANK(순위를 구하려는 수, 수 목록의 배열이나 참조 영역, 순위 결정 방법을 정의하는 수)이며, 여기에서 순위 결정 방법을 정의하는 수가 '0'이거나 생략되면 내림차순으로 정렬된 목록처럼 순위를 부여한다.

석차 순위를 부여하는 방법은 학점이 부여될 셀 영역을 선택하고 통계 함수에서 RANK를 선택한 뒤 순위를 구하고자 하는 셀을 선택하고 참조 영역과 순위 결정 방법을 선택한 다음 Ctrl 키를 누른 상태에서 Enter↵ 키를 누른다. 여기서 주의할 점은 절대 참조를 수행해야 된다는 것이다.

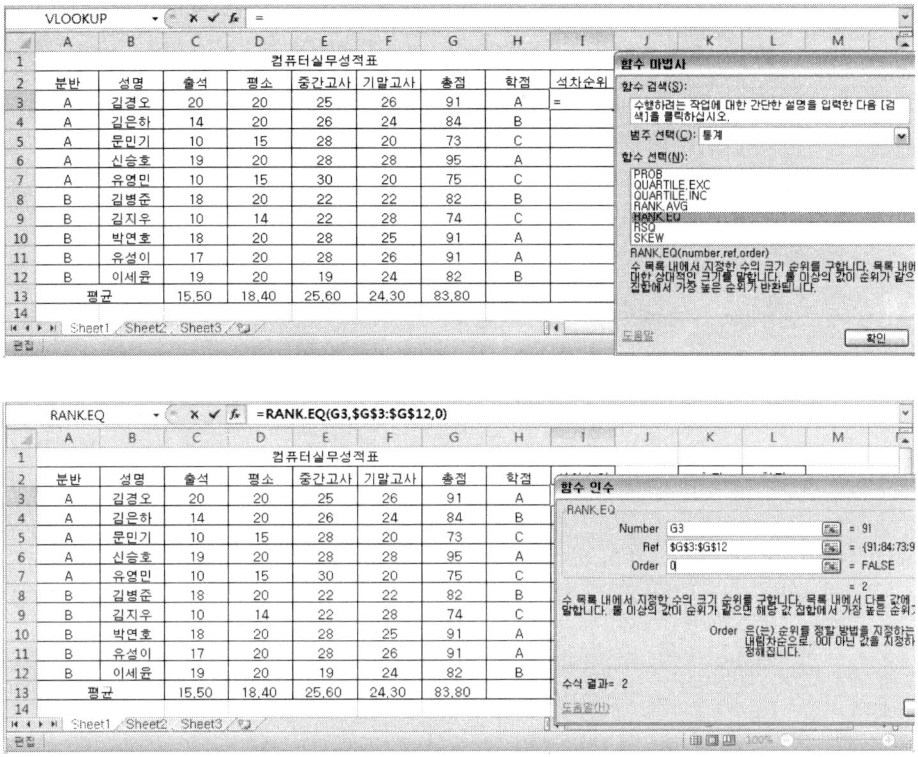


[그림 4-27] 석차 순위

컴퓨터 실무 성적표에서 각각 'A~F'에 해당되는 인원수를 구하고자 하는 경우 엑셀의 함수 중 COUNTIF 함수가 사용된나.

Sheet2에서 컴퓨터실무성적표 시트를 참조하여 해당 인원수를 구하는 방법은 우선 해당 인원수 시트를 작성한 다음 해당 인원수 시트에서 값을 구할 셀의 영역 D3를 선택하고, 함수 *fx*를 클릭하여 통계함수의 COUNTIF를 택한다.

다음으로 셀의 범위 '컴퓨터실무성적표' 시트의 $H$3에서 $H$12 영역과 찾을 조건 "C3"를 입력하여 구한 다음 채우기 핸들을 이용하여 동일한 수식을 적용한다. 이때, 참조영역은 절대 참조가 되어야 한다.

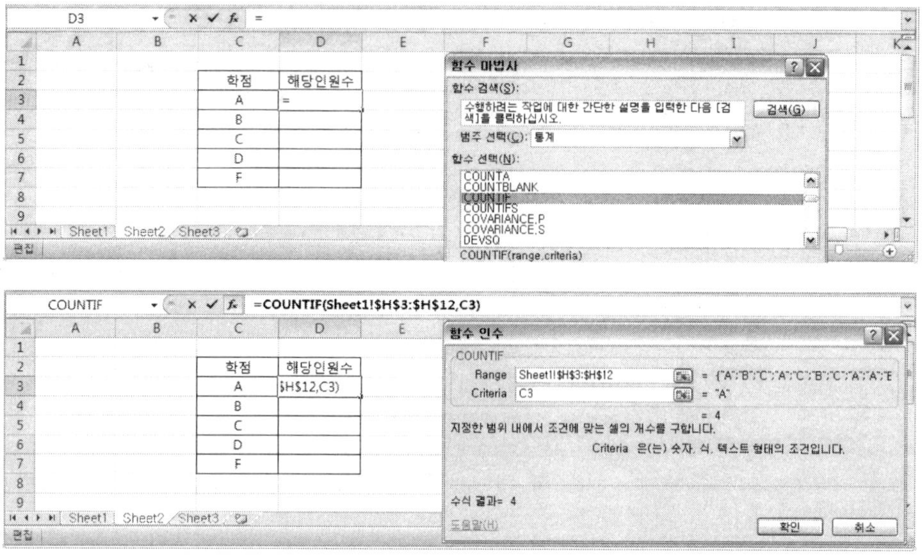

[그림 4-28] 학점 해당 인원수

## 4.5 차 트

차트의 용도는 보다 효과적으로 데이터의 추세나 유형을 살피고, 비교하기 위해 사용한다. 엑셀에서는 용도별로 표준 및 사용자 지정 종류의 다양한 차트를 제공하며 가로 막대형과 세로 막대형에는 항목 간의 값을 비교하는 묶은 막대형, 전체 항목 중에서 각 값의 기여도를 비교하는 누적 막대형, 전체 항목 중에서 각 값의 백분율을 비교하는 100% 기준 누적 막대형 그리고 각종 3차원 효과의 막대형이 있다.

꺾은선형에는 시간이나 항목에 따른 추세를 보여주는 꺾은선형, 각 값의 기여도 추세를 보여주는 누적 꺾은선형, 각 값의 백분율 추세를 보여주는 100% 기준 누적 꺾은 데이터 표식이 있는 꺾은선형과 100% 기준 누적 꺾은선형 그리고 3차원 효과의 꺾은선형이 있다.

원형에는 전체에 대한 각 값의 기여도를 보여주는 원형과 3차원 효과의 원형이 있다. 3차원 효과의 원형에는 원하는 값을 추출하여 다시 원형 차트로 나타내는 원형 대 원형, 전체에 대한 각 값의 기여도를 보여주면서 각 값을 강조하는 쪼개진 원형, 3차원 효과의 쪼개진 원형 그리고 원하는 값을 추출하여 다시 누적 막대형 차트로 나타내는 원형 대 가로 원형이 있다.

분산형에는 값을 점으로 비교하는 분산형, 곡선으로 연결된 분산형, 데이터 표식 없이 곡선으로 연결된 분산형, 꺾은선으로 연결된 분산형, 데이터 표식 없는 꺾은선으로 연결된 분산형이 있다.

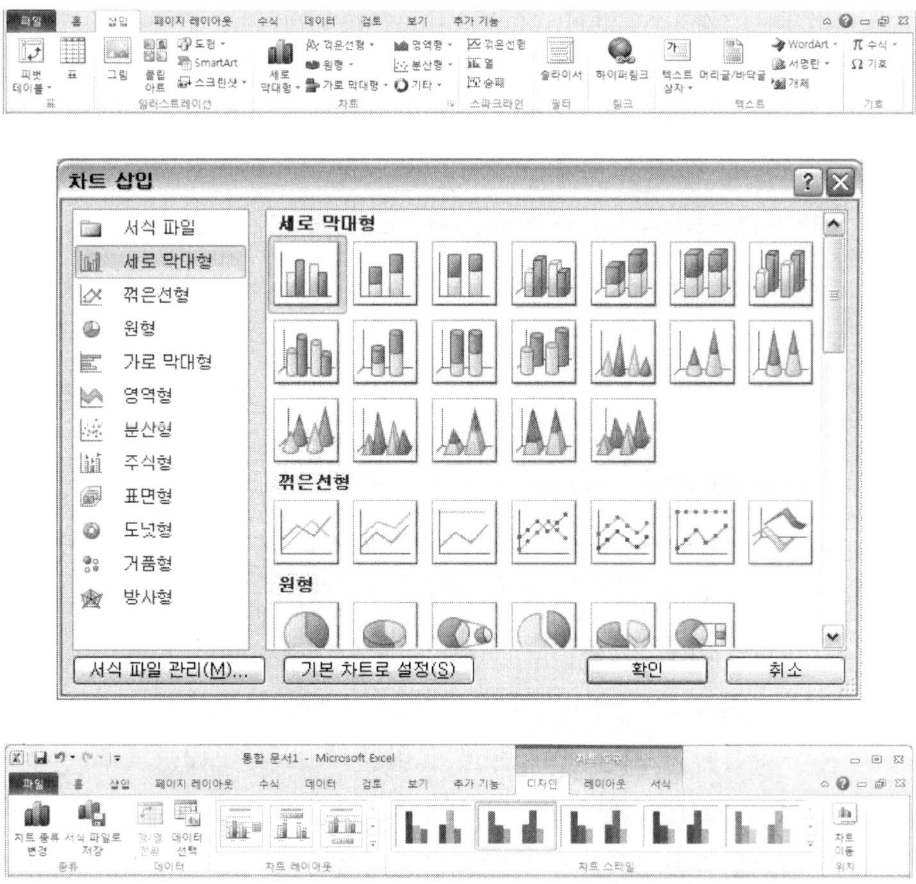


[그림 4-29] 차트의 유형

영역형에는 시간이나 항목에 따른 값의 추세를 보여주는 영역형, 시간이나 항목에 따른 각 값의 기여도 추세를 보여주는 누적 영역형, 시간이나 항목에 따른 각 값의 백분율 추세를 보여주는 100% 기준 누적 영역형 그리고 3차원 효과를 고려한 영역형이 있다.

도넛형에는 원형 차트와 비슷하지만 다중 계열을 넣을 수 있는 도넛형과 쪼개진 원형 차트와 비슷하지만 여러 개의 계열을 넣을 수 있는 쪼개진 도넛형이 있으며, 방사형에는 중간 지점에 대한 값의 변화를 보여주는 방사형, 데이터 표식이 있는 방사형 그리고 데이터 계열이 색으로 채워져서 나타나는 채워진 방사형이 있다.

표면형에는 2차원을 교차하는 값의 추세를 연속되는 곡선으로 나타내는 3차원 표면형, 색으로 채워져 있지 않은 3차원 표면형 차트인 3차원 표면형(골격형), 위에서 내려다본 표면형 차트로 값 범위는 색으로 구분되는 표면형(조감도) 그리고 색으로 채워져 있지 않은 조감도 차트인 표면형(골격형 조감도)이 있다.

거품형에는 세 값의 집합을 비교하고 세 값이 각기 다른 크기의 거품으로 나타나는 거품형과 3차원 효과의 거품형이 있으며, 주식형에는 세 계열이 필요한 고가-저가-종가, 네 계열이 필요한 시가-고가-종가, 네 계열이 필요한 거래량-고가-저가-종가 그리고 다섯 계열이 필요한 거래량-시가-고가-저가-종가가 있다.

이 이외에도 원통형, 원뿔형, 피라미드형이 있으며 각각에 대해 막대형, 누적 막대형, 100% 기준 누적 막대형, 3차원 세로 막대형이 있다.

차트의 작성은 차트용 데이터를 워크시트에 입력한 다음 차트를 작성할 데이터의 범위를 선택하고 차트 마법사를 사용하여 각 단계에서 차트 종류와 다양한 차트 옵션을 선택하여 차트를 작성한다.

작성된 차트는 차트가 만들어진 워크시트 데이터에 연결되어 있으며 워크시트 데이터를 변경하면 자동으로 업데이트된다. 차트 작성에서 축 값은 워크시트 데이터를 사용하여 만들고, 범주와 계열 이름은 워크시트 데이터의 열이나 행의 머리글을 사용한다.

차트 도구의 디자인 탭은 다른 종류의 차트로 변경하거나 서식 및 레이아웃을 서식 파일로 저장하기 위한 종류 그룹, 행/열 전환이나 차트에 포함된 데이터의 영역을 변경하는 데이터 그룹, 차트의 전체 레이아웃이나 표시 스타일을 변경하기 위한 그룹, 차트를 다른 통합 문서의 다른 시트나 탭으로 이동하기 위한 차트 이동 그룹으로 구성되어 있다.

## 4.6 차트 실무 예제

영업 이익에 대한 데이터들을 이용하여 차트를 작성하는 과정을 살펴보도록 하자.

차트를 작성하기 위해 데이터 범위 B3에서 F6 영역을 선택하고 [삽입] 탭의 차트 그룹에서 묶은 세로 막대형을 클릭한다.

다음과정으로 데이터 선택을 클릭하여 차트를 작성할 데이터 범위를 'Sheet1!$B$3:$F$6'과 '행'으로 설정하고, 차트 레이아웃에서 레이아웃 9를 지정하여 [차트 제목]과 [X축] 그리고 [Y축]을 각각 "지역에 따른 분기별 영업현황", "분기", "실적"으로 입력하여 차트를 작성한다.

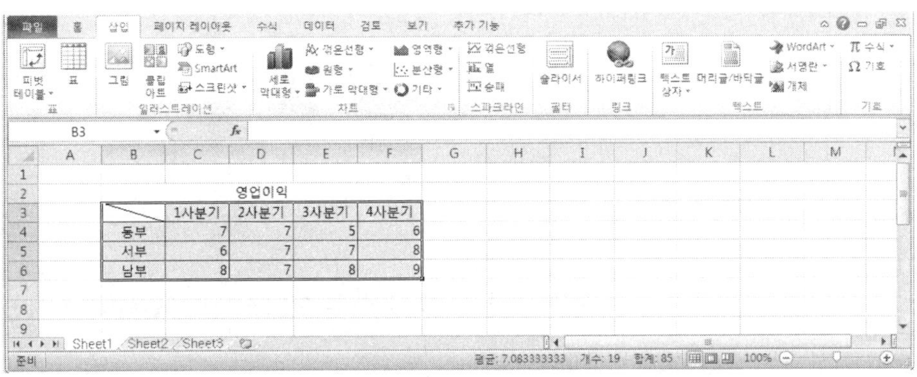


**[그림 4-30] 지역에 따른 분기별 영업 현황(1)**

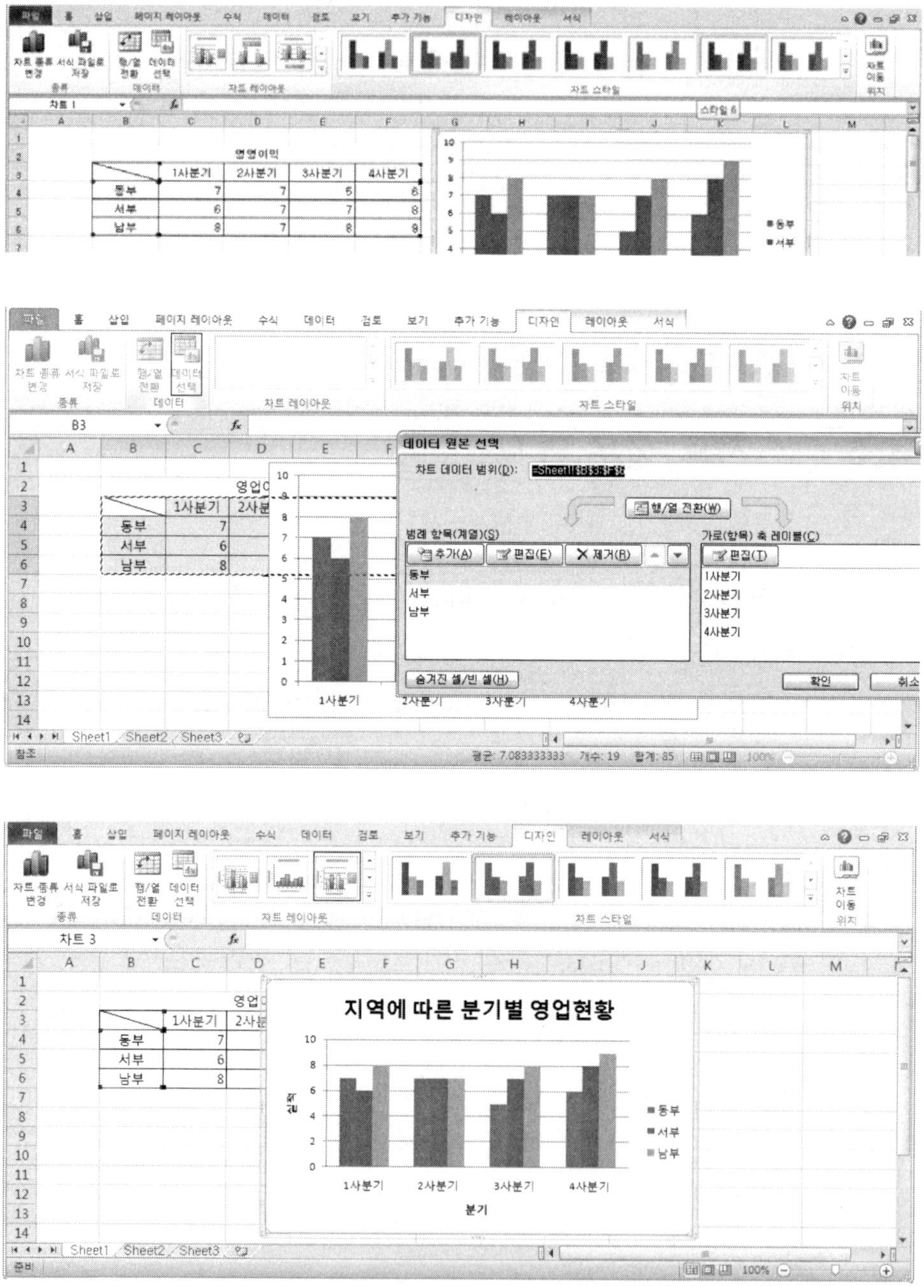


[그림 4-31] 지역에 따른 분기별 영업 현황(2)

작성된 차트에서 축의 값은 워크시트의 데이터들이 모두 포함되는 0에서 10 사이의 값으로 설정되어 있으며, 축 이름은 워크시트의 행 머리글인 1사분기, 2사분기, 3사분기, 4사분기로 설정되어 있다. 또한, 범례 서식에 나타나는 계열 이름은 열 머리글인 동부, 서부, 남부로 설정되어 있다.

차트 제목이나 범례 서식의 변경은 수정하고자 하는 제목이나 범례 부분을 클릭하고 오른쪽 마우스 버튼을 이용하여 [차트 제목 서식] 또는 [범례 서식]에서 변경할 수 있으며, 여기서는 범례 위치를 오른쪽으로 지정한다.

다음과정으로 변경하고자 하는 축을 클릭하여 선택하고 오른쪽 마우스 버튼을 이용하여 [축 서식]에서 주 눈금, 보조 눈금, 축 레이블을 바깥쪽, 없음 그리고 축의 옆으로 각각 설정한다. 또한, 축 옵션의 [최소값] '0', [최대값] '10', [주 단위] '2', [보조 단위] '1'로 각각 지정하고 [교점]을 '0'으로 지정한 다음 눈금선과 그림 영역을 각각 더블 클릭하여 무늬를 설정한다.

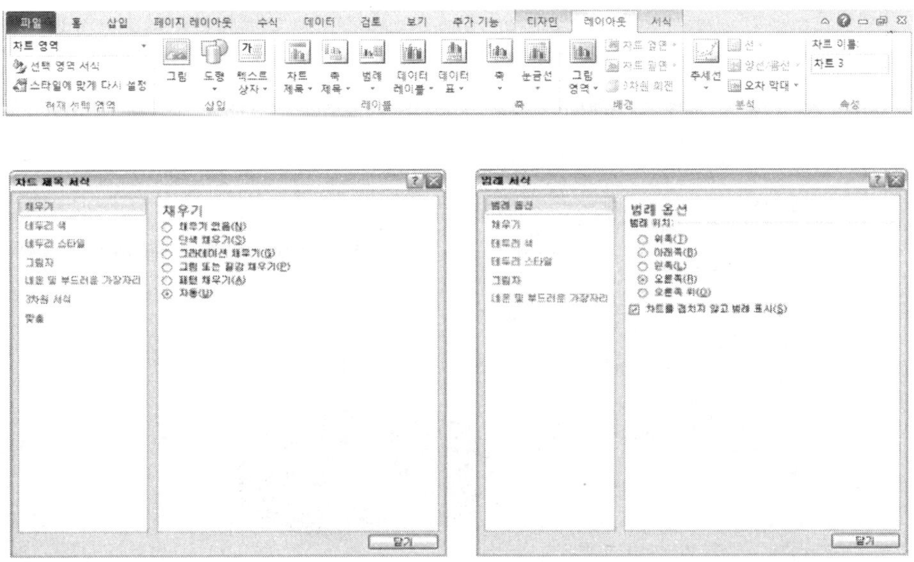

**[그림 4-32] 차트 영역 서식(1)**

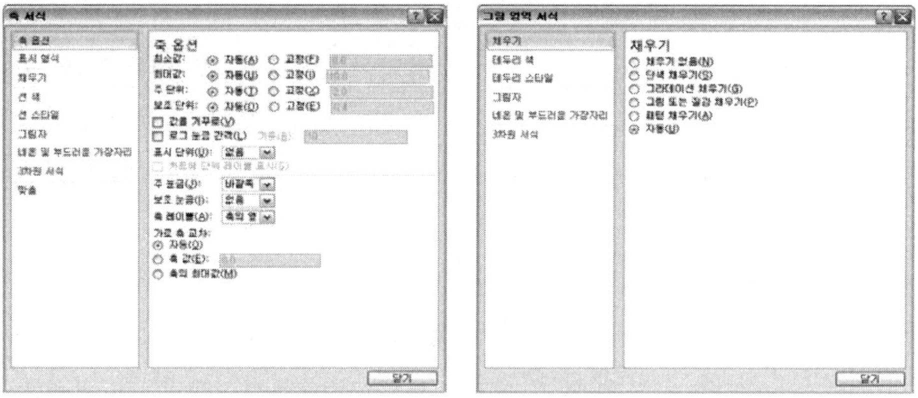


[그림 4-33] 차트 영역 서식(2)

남부 지역의 분기별 영업 현황에 대한 3차원 효과 원형으로 하여 데이터를 백분율로 표시하고자 하는 경우 삽입 리본의 차트에서 3차원 원형을 선택하고 데이터 레이블 추가 후 데이터 레이블 서식을 백분율로 지정한다.

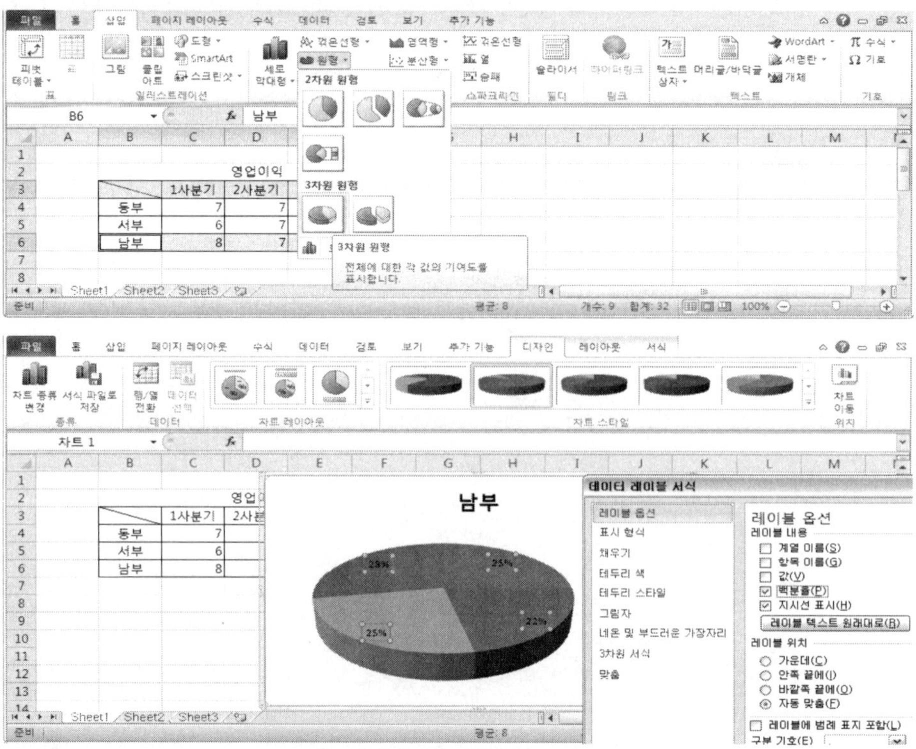


[그림 4-34] 3차원 원형 차트

MEMO

MEMO

C.H.A.P.T.E.R 5

# 데이터베이스

## 5.1 데이터 정렬

데이터베이스란 여러 사람에 의해 공유되어 사용될 목적으로 통합 관리되는 정보의 집합을 의미하며, 엑셀에는 이러한 데이터베이스를 분석하고 관리하기 위한 기본적인 기능을 갖고 있다.

정렬이란 특정 순서로 데이터의 값에 따라 오름차순 또는 내림차순으로 재배열하는 것을 의미하며, 빈 셀의 정렬 순서는 항상 마지막이다. 오름차순 정렬에서 숫자는 가장 작은 음수에서 가장 큰 양수로 정렬되고, 영숫자 텍스트는 왼쪽에서 오른쪽으로 정렬된다. 텍스트와 숫자가 함께 들어 있으면 다음 순서로 정렬된다.

"0 1 2 3 4 5 6 7 8 9 (공백) ! " # $ % & ( ) * , . / : ; ? @ [ ₩ ] ^ _ ` { | } ~ + 〈 = 〉 A B C D E F G H I J K L M N O P Q R S T U V W X Y Z"

여러 열의 내용으로 행을 정렬하는 방법은 정렬할 영역 범위를 지정하고, [데이터] 탭의 [정렬]을 선택하여 정렬을 하기 위한 열, 정렬 기준 그리고 정렬 사항을 지정한다. 이때 정렬에서 오름차순이나 내림차순 외에 [사용자 지정 목록]을 기준으로 정렬도 가능하다.

컴퓨터 실무 성적표에 관련된 데이터를 석차 순위와 분반 그리고 성명을 기준으로 오름차순으로 정렬하는 과정은 다음과 같다.

우선, 정렬할 데이터 영역 범위를 A2에서 I12 영역 범위를 설정하고 [데이터] 탭에서 정렬을 클릭한다.

데이터를 정렬하기 위한 기준이 되는 항목들을 지정하기 위해 [정렬]의 열을 석차 순위, 분반, 성명 순으로 지정하고 정렬 기준과 정렬을 각각 값과 오름차순으로 설정한 다음 [확인]을 클릭한다.

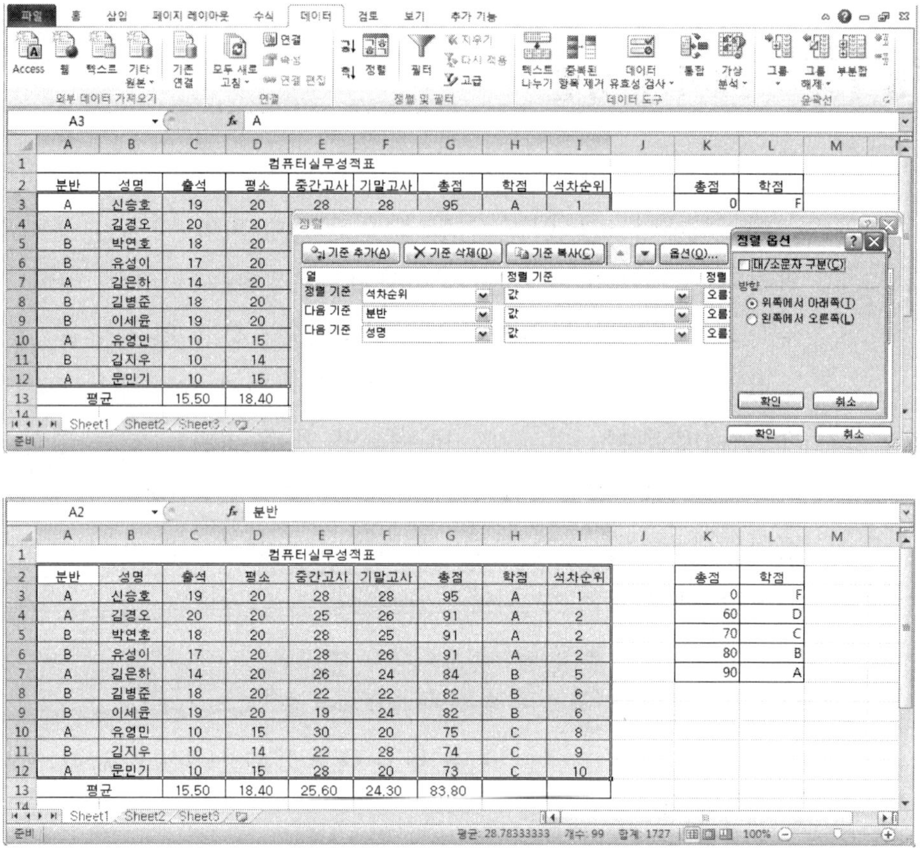


[그림 5-1] 데이터 정렬

## 5.2 필 터

필터는 원하는 데이터를 검색하여 추출하는 기능으로, 사용자가 열에 대해 지정한 찾을 조건에 맞는 행만을 표시한다. 필터를 적용할 수 있는 방법에는 필터와 고급 필터 명령이 있다.

## 5.2.1 필 터

필터는 화살표(▼)가 각 항목의 오른쪽에 나타나며, 이때 특정 항목을 선택하고 조건을 부여하여 선택 값과 일치하는 값을 포함하는 행을 표시한다.

컴퓨터 실무 성적표에서 필터를 이용하여, '김'씨 또는 '이'씨 성을 갖는 학생 중에서 총점이 80점에서 85점 사이인 학생을 추출하는 과정은 다음과 같다.

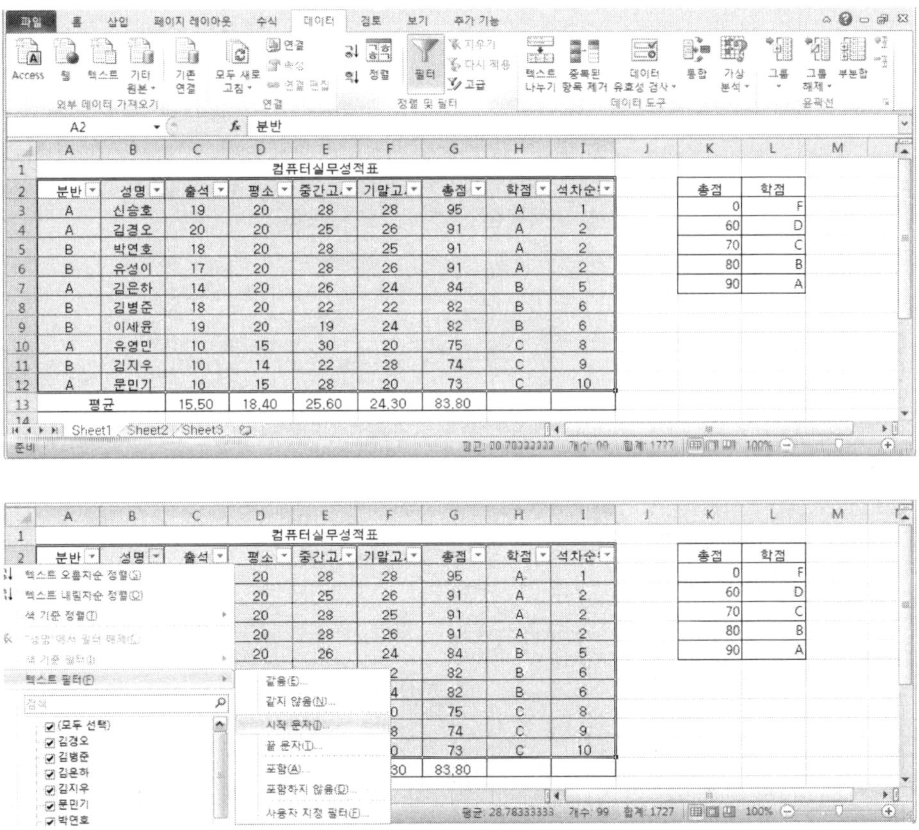


**[그림 5-2] 필터(1)**

**[그림 5-3] 필터(2)**

데이터의 영역 A2에서 I12를 설정한 다음 [데이터] 그룹에서 [필터]를 클릭하고, '김'씨 또는 '이'씨 성을 가진 학생을 찾기 위해 사용자 정의 자동 필터에서 찾을 조건에서 성명에 "=", "김*", "또는", "=", "이*"를 입력한다.

다음과정으로 총점이 80점에서 85점 사이인 학생을 추출하기 위해 우선, 총점 옆의 화살표를 클릭하여 사용자 정의를 선택하고 조건을 입력한다.

### 5.2.2 고급 필터

정렬 및 필터 그룹의 고급은 여러 가지의 조건을 한 열 또는 여러 열에 적용하거나, 수식으로부터 조건을 만들 수 있다.

고급 필터를 사용하여 원하는 데이터를 추출하기 위해서는 우선 워크시트의 찾을 조건 범위에 조건을 입력하고, 데이터에 고급 필터를 적용한다.

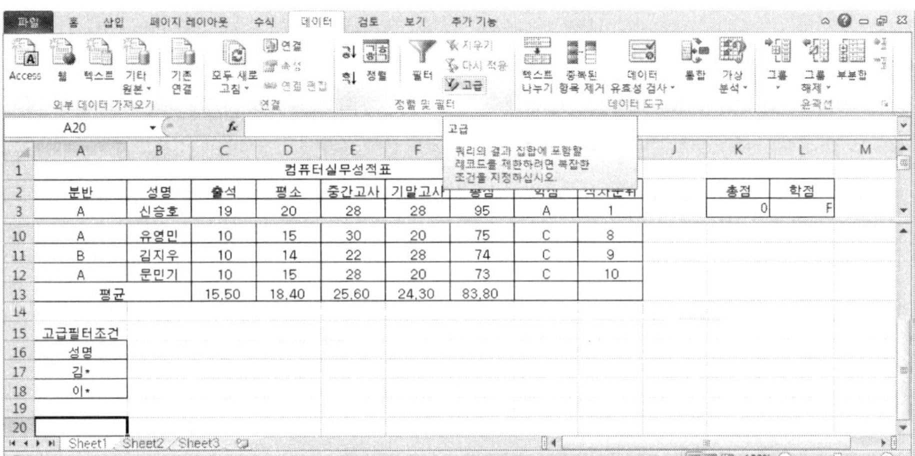

[그림 5-4] 고급 필터(1)

고급 필터를 이용한 '김'씨 또는 '이'씨 성을 가진 학생의 추출은 조건 항목명에 해당하는 "성명"과 필터링 조건인 "김*"와 "이*"를 입력하고 [데이터] 탭의 [정렬 및 필터]에서 [고급]을 선택하여 데이터 범위와 조건 범위 그리고 복사 위치를 지정한 후 [확인]을 클릭하여 수행한다.

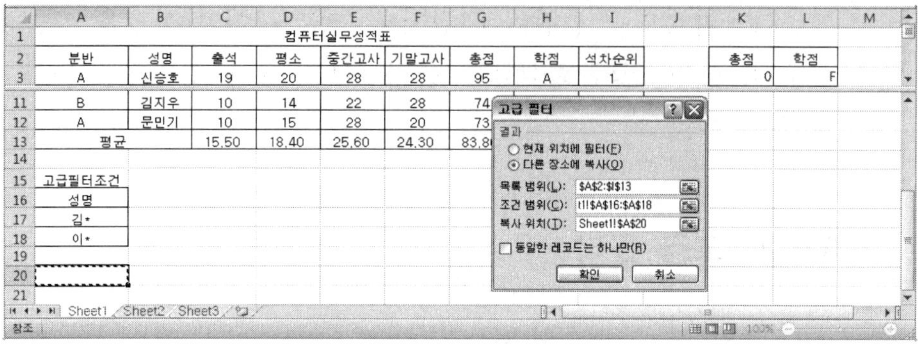
컴퓨터실무성적표
분반 성명 출석 평소 중간고사 기말고사 총점 학점 석차순위
A 신승호 19 20 28 28 95 A 1
B 김지우 10 14 22 28 74
A 문민기 10 15 28 20 73
평균 15.50 18.40 25.60 24.30
고급필터조건
성명
김*
이*
고급 필터
결과
현재 위치에 필터(F)
다른 장소에 복사(O)
목록 범위(L): $A$2:$I$13
조건 범위(C): t1!$A$16:$A$18
복사 위치(T): Sheet1!$A$20
동일한 레코드는 하나만(R)
확인
취소

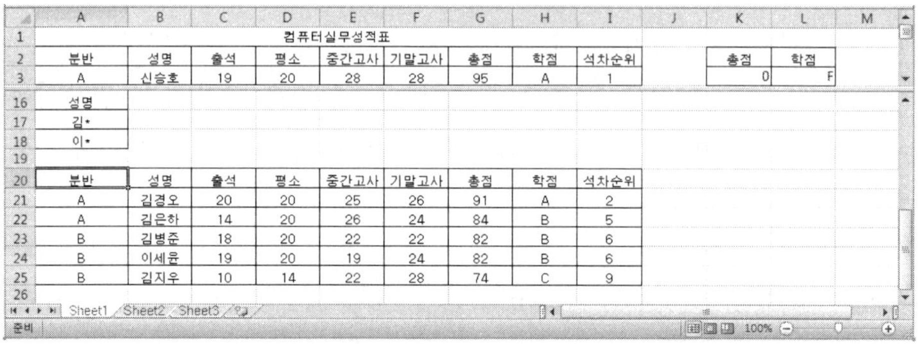
컴퓨터실무성적표
분반 성명 출석 평소 중간고사 기말고사 총점 학점 석차순위
A 신승호 19 20 28 28 95 A 1
성명
김*
이*
분반 성명 출석 평소 중간고사 기말고사 총점 학점 석차순위
A 김경오 20 20 25 26 91 A 2
A 김은하 14 20 26 24 84 B 5
B 김병준 18 20 22 22 82 B 6
B 이세윤 19 20 19 24 82 B 6
B 김지우 10 14 22 28 74 C 9

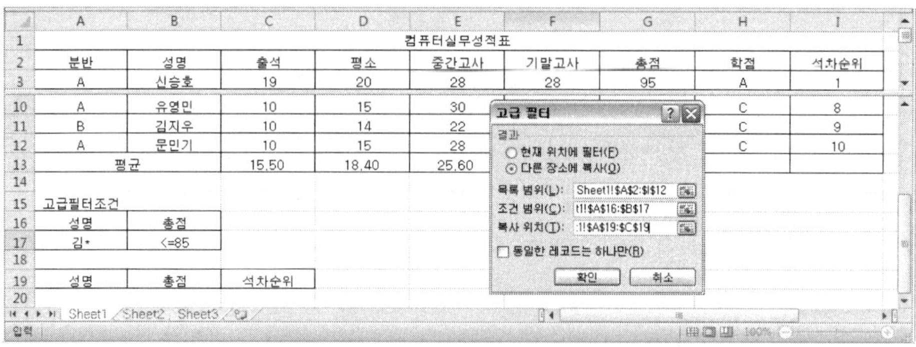
컴퓨터실무성적표
분반 성명 출석 평소 중간고사 기말고사 총점 학점 석차순위
A 신승호 19 20 28 28 95 A 1
A 유영민 10 15 30 C 8
B 김지우 10 14 22 C 9
A 문민기 10 15 28 C 10
평균 15.50 18.40 25.60
고급필터조건
성명 총점
김* <=85
성명 총점 석차순위
고급 필터
결과
현재 위치에 필터(F)
다른 장소에 복사(O)
목록 범위(L): Sheet1!$A$2:$I$12
조건 범위(C): t1!$A$16:$B$17
복사 위치(T): 1!$A$19:$C$19
동일한 레코드는 하나만(R)
확인
취소

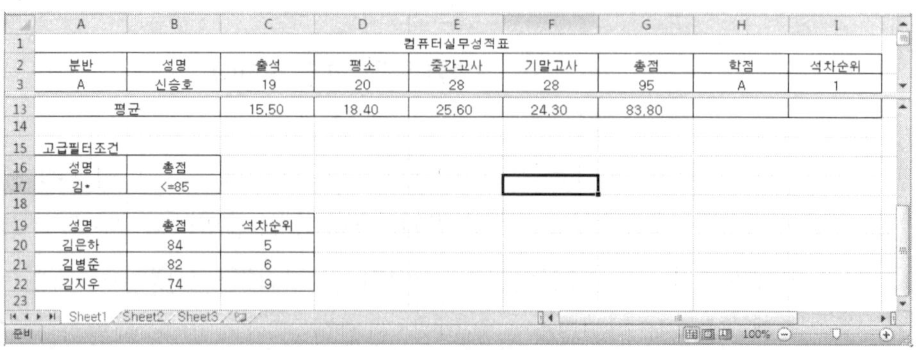
컴퓨터실무성적표
분반 성명 출석 평소 중간고사 기말고사 총점 학점 석차순위
A 신승호 19 20 28 28 95 A 1
평균 15.50 18.40 25.60 24.30 83.80
고급필터조건
성명 총점
김* <=85
성명 총점 석차순위
김은하 84 5
김병준 82 6
김지우 74 9

**[그림 5-5] 고급 필터(2)**

또한, 고급 필터를 이용하여 검색할 때 원하는 항목만 표시할 수 있다. 예를 들어 '김'씨 중 총점이 85점 이하인 학생에 대해 성명, 총점, 석차 순위에 대한 항목만 표시하고자 할 때, 고급 필터 조건을 입력하고 추출 항목을 먼저 기재한다.

다음과정으로 [데이터] 메뉴에서 [필터]를 클릭한 후 [고급 필터]를 선택하여 데이터 범위와 조건 범위 그리고 표시하고자 하는 항목 영역을 복사 위치로 설정하고 [확인]을 클릭한다.

## 5.3 부 분 합

엑셀에서 부분합 명령이란 목록의 부분합과 총계를 계산하여 자동으로 데이터를 요약할 수 있는 기능이다. 자동 부분합을 사용하려면 우선 부분합을 계산하려는 항목을 기준으로 [정렬]하고, [데이터] 탭의 윤곽선 그룹에서 [부분합]을 클릭하여 그룹화할 항목을 클릭한다. 이후, [사용할 함수 상자]에서 부분합을 구할 때 사용할 요약 함수를 선택하고 [확인]을 클릭한다.

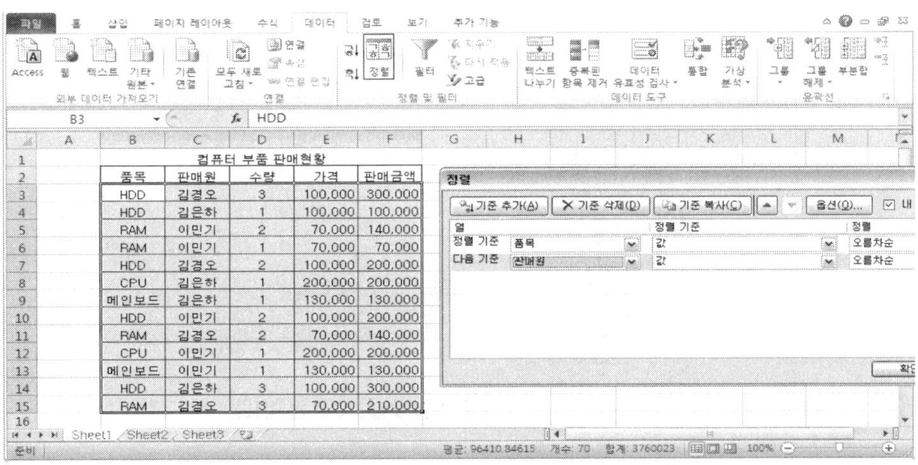

[그림 5-6] 부분합(1)

컴퓨터 부품 판매현황
품목 판매원 수량 가격 판매금액
메인보드 김은하 1 130,000 130,000
메인보드 이민기 1 130,000 130,000
CPU 김은하 1 200,000 200,000
CPU 이민기 1 200,000 200,000
HDD 김경오 3 100,000 300,000
HDD 김경오 2 100,000 200,000
HDD 김은하 1 100,000 100,000
HDD 김은하 3 100,000 300,000
HDD 이민기 2 100,000 200,000
RAM 김경오 2 70,000 140,000
RAM 김경오 3 70,000 210,000
RAM 이민기 2 70,000 140,000
RAM 이민기 1 70,000 70,000
부분합
그룹화할 항목(A):
품목
사용할 함수(U):
합계
부분합 계산 항목(D):
품목
판매원
수량
가격
판매금액
새로운 값으로 대치(C)
그룹 사이에서 페이지 나누기(P)
데이터 아래에 요약 표시(S)
모두 제거(R)
확인
취소

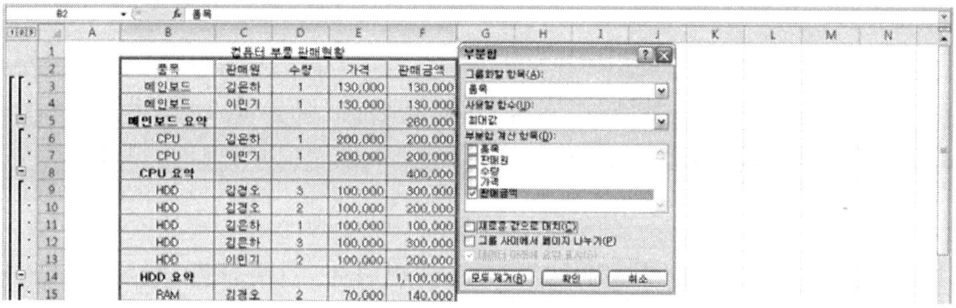
컴퓨터 부품 판매현황
메인보드 요약 260,000
CPU 요약 400,000
HDD 요약 1,100,000
부분합
그룹화할 항목(A):
품목
사용할 함수(U):
최대값
새로운 값으로 대치(C)
그룹 사이에서 페이지 나누기(P)
모두 제거(R)
확인
취소

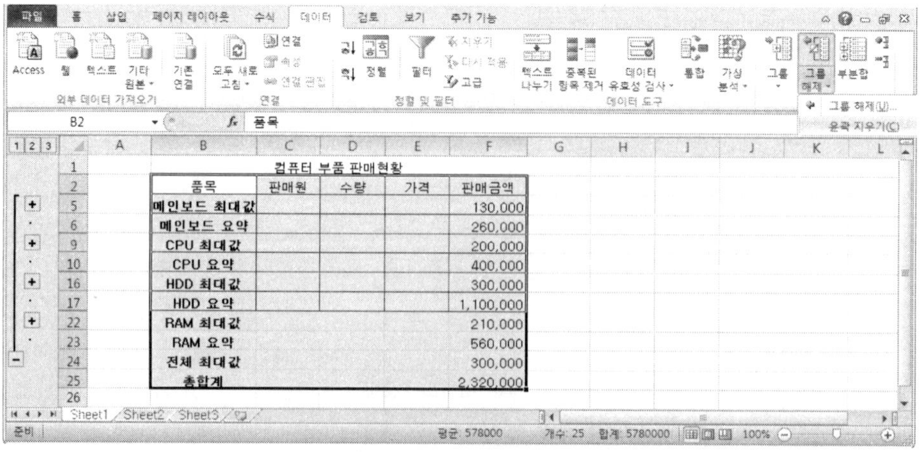
컴퓨터 부품 판매현황
품목 판매원 수량 가격 판매금액
메인보드 최대값 130,000
메인보드 요약 260,000
CPU 최대값 200,000
CPU 요약 400,000
HDD 최대값 300,000
HDD 요약 1,100,000
RAM 최대값 210,000
RAM 요약 560,000
전체 최대값 300,000
총합계 2,320,000
그룹 해제(U)...
윤곽 지우기(C)

[그림 5-7] 부분합(2)

컴퓨터 부품 판매 현황에서 품목별 부분합을 구하기 위한 과정은 부분합을 구할 영역을 지정하고, 품목을 기준으로 정렬한 다음 [데이터] 탭의 윤곽선 그룹의 [부분합]을 클릭하고 [확인]을 클릭하여 수행한다.

## 5.4 피벗 테이블/피벗 차트 보고서

피벗 테이블/피벗 차트 보고서는 기존 목록과 테이블의 복잡한 데이터를 쉽게 정렬 및 요약하고 분석하는 대화형 테이블이다.

[그림 5-8] 피벗 테이블

피벗 테이블 보고서를 사용하면 데이터를 요약, 분석 및 탐색이 가능하고 요약 데이터를 제공할 수 있으며, 이러한 요약 데이터를 시각화하고 데이터의 패턴과 추세를 볼 수 있도록 하는 기능이 피벗 차트 보고서이다.

이때, 관련된 피벗 테이블 보고서의 레이아웃을 변경하여 피벗 차트 보고서에 표시되는 레이아웃 및 데이터를 변경할 수 있으며, 피벗 차트 보고서의 차트 종류를 비롯한 각종 옵션을 변경할 수 있다.

컴퓨터 부품 판매 현황 데이터를 이용하여 피벗 테이블을 작성하는 과정은 다음과 같다.

우선, 삽입 탭의 표 그룹에서 [피벗 테이블]을 클릭하면 피벗 차트 마법사 화면이 나타난다. 이때, 엑셀 데이터를 이용하고 있으므로 엑셀 목록이나 데이터베이스를 선택하고 사용할 데이터의 범위 영역을 선택하면 피벗 테이블 필드 목록이 나타난다.

다음과정으로 보고서에 추가할 필드 선택 영역에서 사용할 필드인 품목, 판매원 그리고 판매 금액을 각각 보고서 필터, 행 레이블 그리고 Σ값 영역으로 왼쪽 마우스 버튼을 누른 상태에서 끌어 놓으면 피벗 테이블 보고서가 작성되며, 여기서 Σ값 영역의 '합계:판매금액'을 클릭하고 필드 설정을 변경하여 사용할 함수를 변경할 수도 있다.

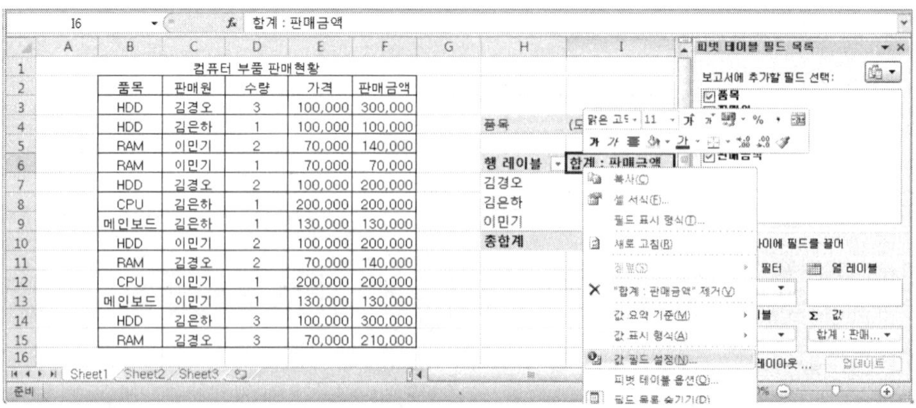

**[그림 5-9] 피벗 테이블/피벗 차트 보고서(1)**

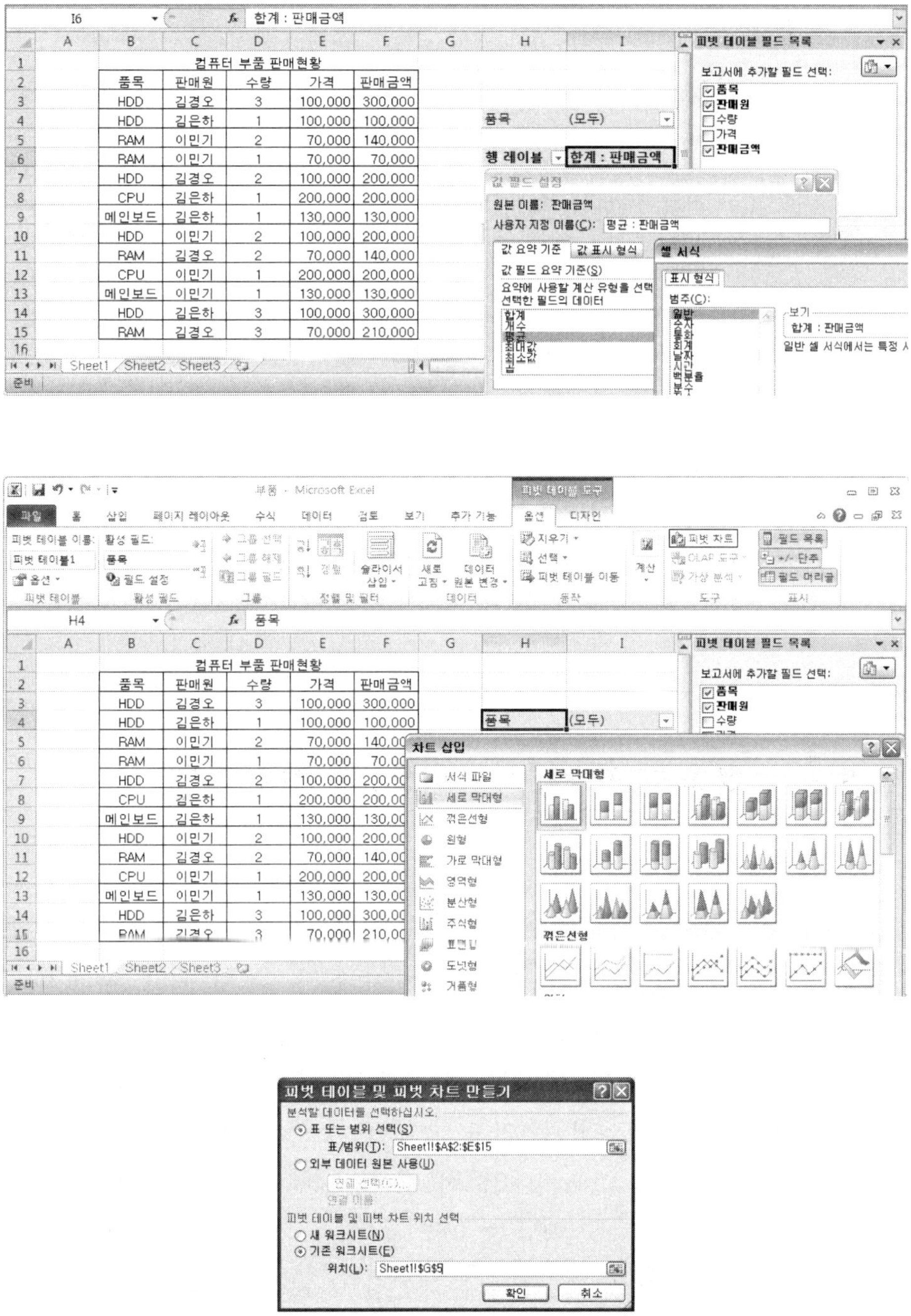


[그림 5-10] 피벗 테이블/피벗 차트 보고서(2)

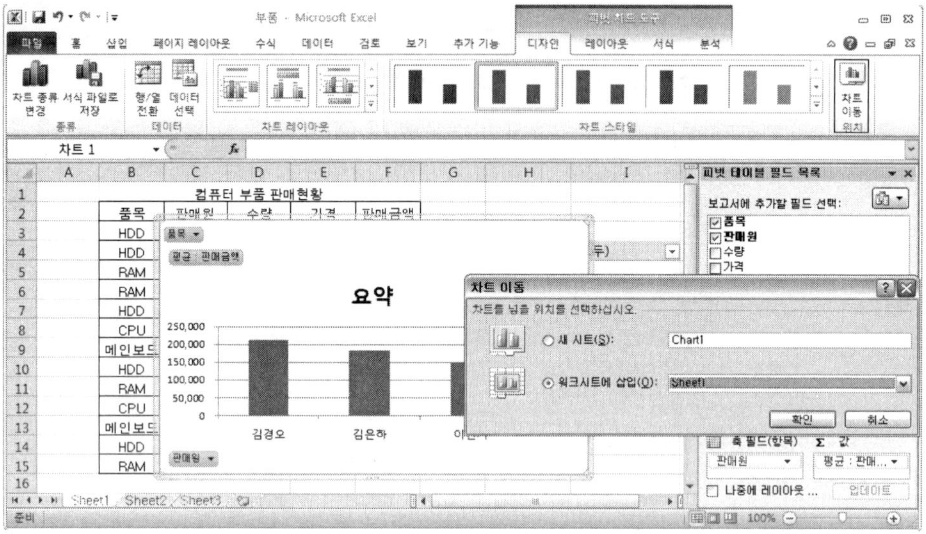


**[그림 5-11] 피벗 테이블/피벗 차트 보고서(3)**

## 5.5 목표값 찾기/시나리오/데이터 통합

엑셀에는 셀 값의 변경으로 워크시트의 수식 결과에 어떤 영향을 줄지 확인하기 위한 목표값 찾기, 시나리오와 같은 what-if 분석 도구 기능이 포함되어 있다.

목표값 찾기는 셀 값의 변경으로 워크시트의 수식 결과에 어떤 영향을 줄지 확인하기 위한 과정에 속하는 명령군의 일부로 수식에서 다른 한 셀의 값을 조정하여 셀에 대한 특정 값을 찾는 도구이다.

사용법은 [데이터]-[데이터 도구]의 구상 분석에서 목표값 찾기를 클릭하고, 수식 셀 상자에 해결할 수식이 들어 있는 셀에 대한 참조를 입력한 다음, 찾는 값 상자에 원하는 결과를 입력한다. 이때, 값을 바꿀 셀 상자에 조정할 값이 들어 있는 셀에 대한 참조를 입력하며, 이 셀은 수식 셀 상자에 지정한 셀의 수식으로 참조되어야 한다.

예를 들어, B5 셀의 값이 B2+B3*B4인 경우 B5가 40이 되기 위한 B3 셀 값의 값은 목표값 찾기 기능을 이용하여 다음과 같이 구할 수 있다.

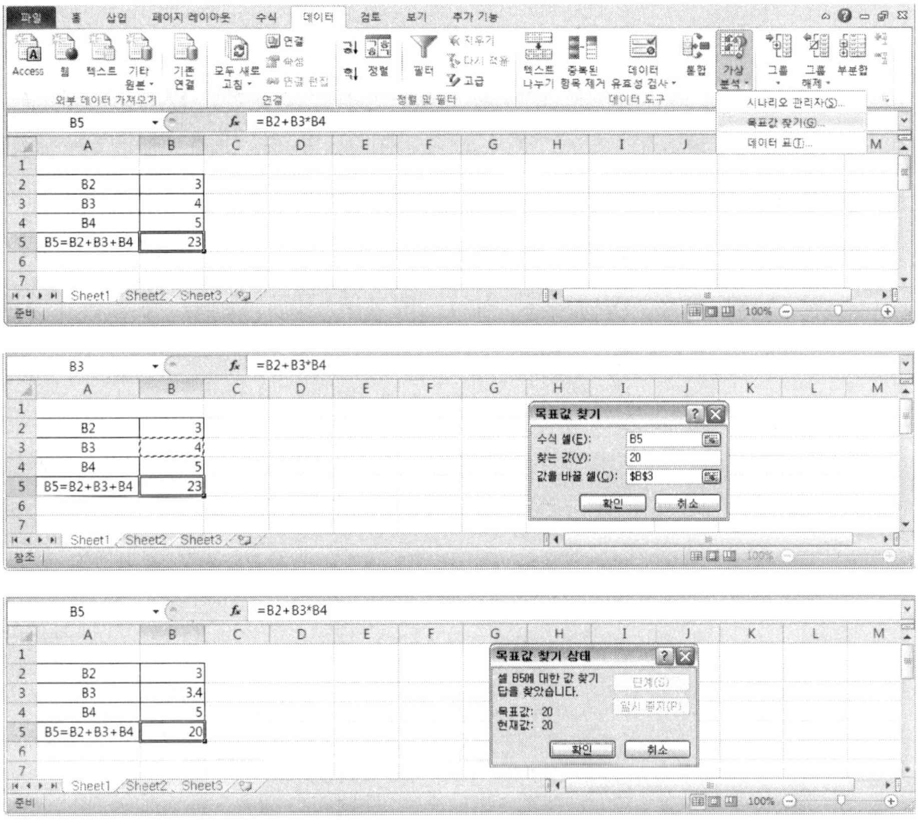


[그림 5-12] 목표값 찾기

시나리오는 워크시트에서 저장하고 자동으로 바꿀 수 있는 값의 집합으로, 워크시트 모델의 결과를 예측할 수 있다. 여러 가지 값의 그룹을 만들어 워크시트에 저장한 다음, 새로운 시나리오로 전환하여 다른 결과를 볼 수 있다.

매출액과 제조원가가 매출액이 5% 감소, 제조원가 10% 증가할 경우와 매출액이 10% 증가, 제조원가 5% 감소할 경우 영업이익률에 미치는 영향에 대한 시나리오는 다음과 같다.

우선, 수식의 이름 정의에서 B2, B3, B4, B5 셀의 이름을 각각 매출액, 제조원가, 영업이익, 영업이익률로 정의하고, 시나리오에서 사용할 매출액과 제조원가의 증가와 감소에 대한 데이터 값을 구한다.

다음으로 [데이터]-[데이터 도구]의 가상 분석-시나리오 관리자의 시나리오 편집 대화 상자가 나타나면 시나리오 이름 "매출액 5% 감소, 제조원가 10% 증가"를 입력하고, 변경할 셀을 매출액과 제조원가 영역인 $B$2:$B$3로 설정한다. 이후, 변경 셀에 해당하는 시나리오 값 142500000과 82500000을 각각 입력한다.

다음과정으로 시나리오 관리자 대화 상자가 나타나면 추가 단추를 선택한 다음 시나리오 이름 "매출액 10% 증가, 제조원가 5% 감소"를 입력하고, 변경할 셀을 $B$2:$B$3로 설정한다. 이후, 변경 셀에 해당하는 시나리오 값 165000000과 71250000을 각각 입력한다.

마지막 과정으로 시나리오 관리자에서 요약을 선택하고 보고서의 종류를 시나리오 요약으로 선택하고 결과 셀을 $B$5로 설정하여 시나리오를 작성한다.

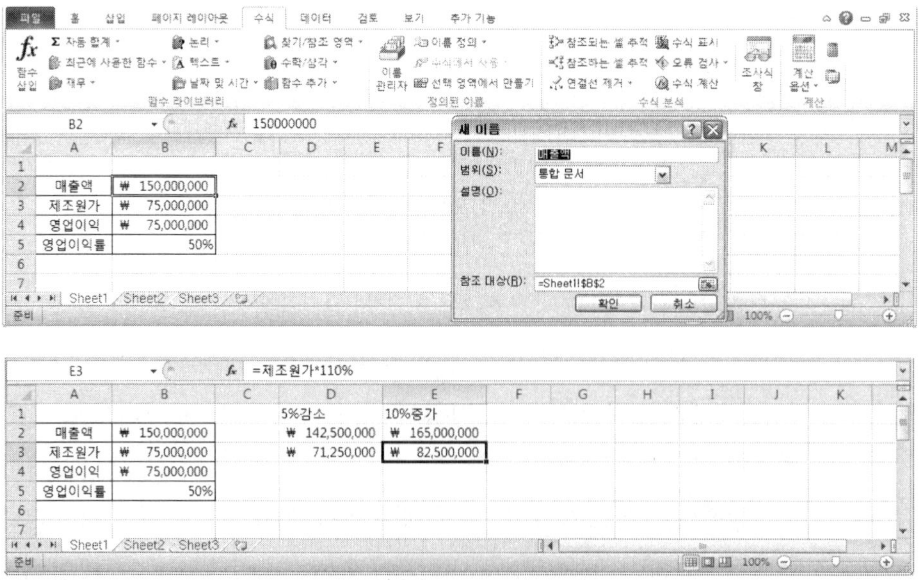


**[그림 5-13] 시나리오(1)**

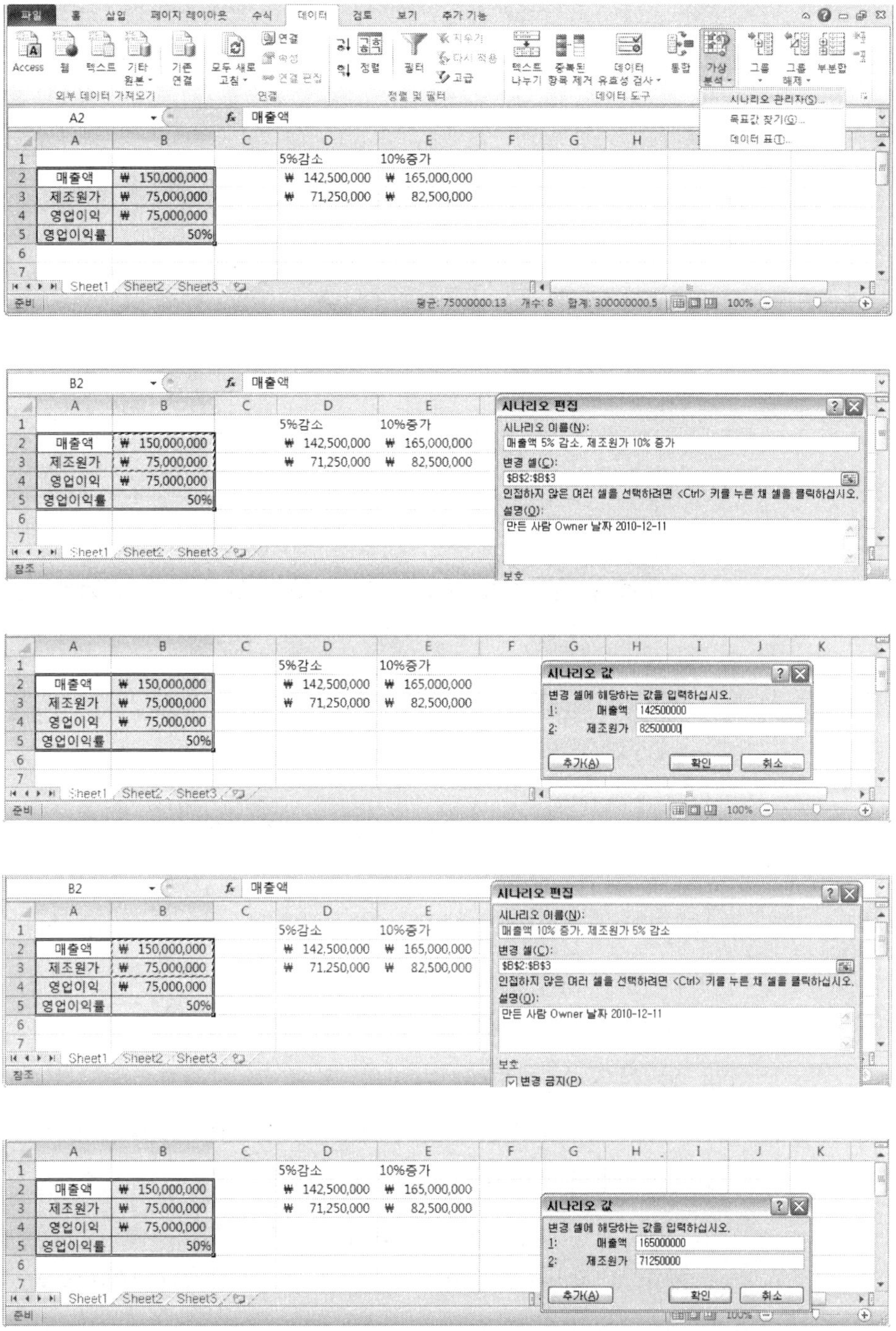
시나리오 관리자(S)...
목표값 찾기(G)...
데이터 표(T)...
매출액
5%감소
10%증가
매출액 ₩ 150,000,000 ₩ 142,500,000 ₩ 165,000,000
제조원가 ₩ 75,000,000 ₩ 71,250,000 ₩ 82,500,000
영업이익 ₩ 75,000,000
영업이익률 50%
시나리오 편집
시나리오 이름(N):
매출액 5% 감소, 제조원가 10% 증가
변경 셀(C):
$B$2:$B$3
인접하지 않은 여러 셀을 선택하려면 <Ctrl> 키를 누른 채 셀을 클릭하십시오.
설명(O):
만든 사람 Owner 날짜 2010-12-11
시나리오 값
변경 셀에 해당하는 값을 입력하십시오.
1: 매출액 142500000
2: 제조원가 82500000
추가(A)
확인
취소
매출액 10% 증가, 제조원가 5% 감소
변경 금지(P)
1: 매출액 165000000
2: 제조원가 71250000

[그림 5-14] 시나리오(2)

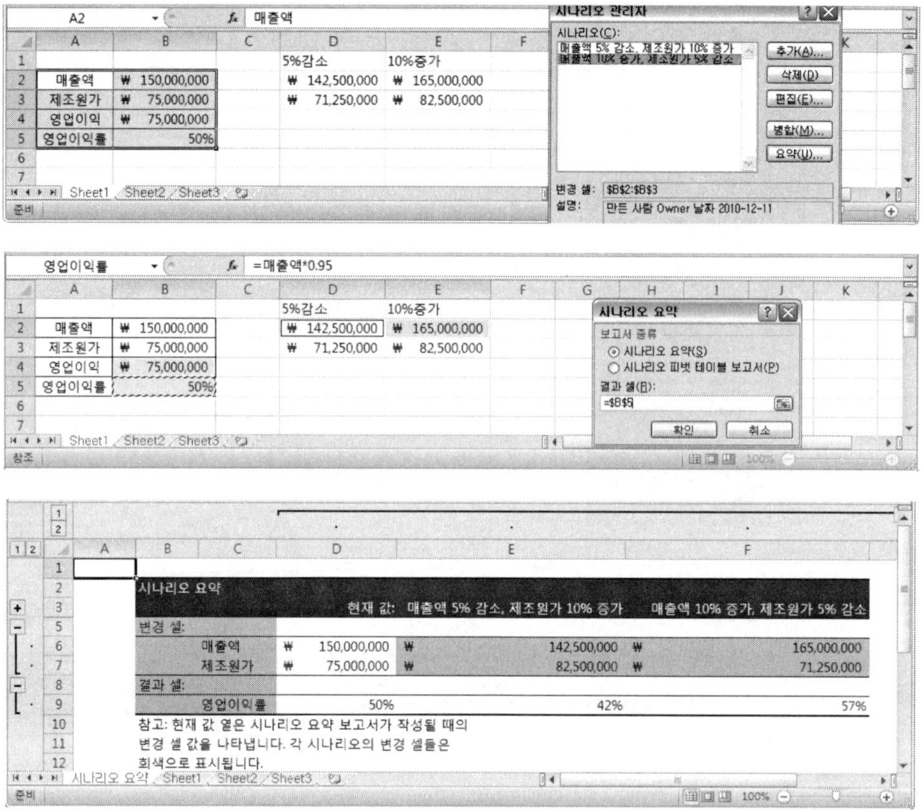


**[그림 5-15] 시나리오(3)**

데이터 표는 수식에서 한두 개의 변수를 변경할 경우 한 번의 연산으로 모든 변수 값의 변화에 따라 수식 결과에 미치는 영향을 워크시트에서 한 번에 보고 비교할 수 있는 기능이다.

1,000,000원을 대출하여 24개월 동안 정기적으로 지불하고 일정한 이율이 적용되는 대출금의 상환액을 '=PMT(B3/12,B4, -B5)' 수식을 적용하여 구하는 과정은 다음과 같다.

우선, 이자율의 변동(6%~9%)에 따른 월별 대출 상환액에 미치는 영향을 데이터 표를 이용하여 구하기 위해 C2:D5 영역을 블록으로 설정하고, 열 입력 셀을 $B$3으로 설정하여 구한다.

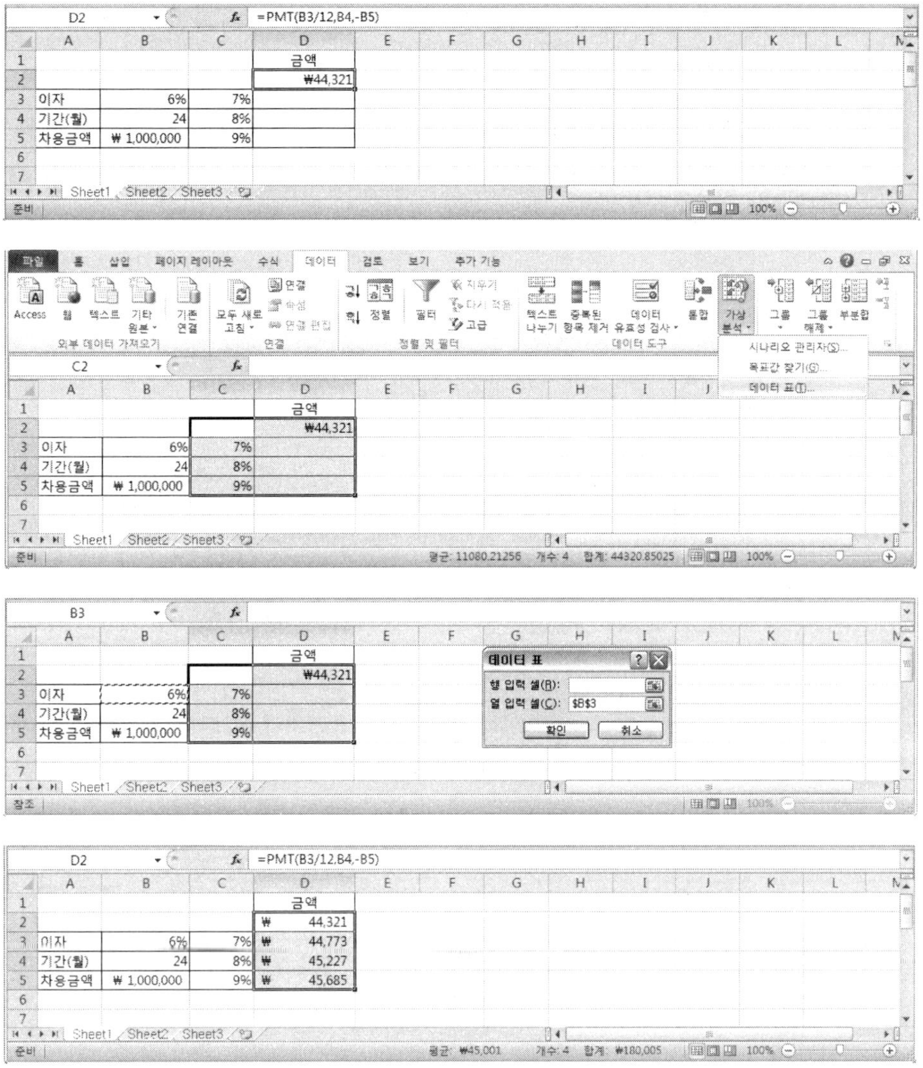


**[그림 5-16] 데이터 표**

데이터 통합이란 여러 범위의 데이터 값을 하나의 새 범위로 결합하는 기능으로 Excel에서 데이터를 통합할 수 있는 방법에는 여러 가지가 있으며, 가장 융통성 있는 방법은 통합할 각 데이터 범위의 셀을 참조하는 수식을 만드는 것으로 여러 워크시트의 셀을 참조하는 수식을 3차원 수식이라고 한다.

품목과 지역별로 1사분기매출과 2사분기매출을 통합하고자 하는 경우, [데이터]−[데이터 도구]를 선택하여 통합 대화 상자가 나타나면, 함수를 합계로 선택하고 참조 영역을 1사분기매출의 $A$2:$C$6과 2사분기매출의 $A$2:$C$6을 추가한 후, 사용할 레이블을 첫 행과 왼쪽 열을 선택한다.

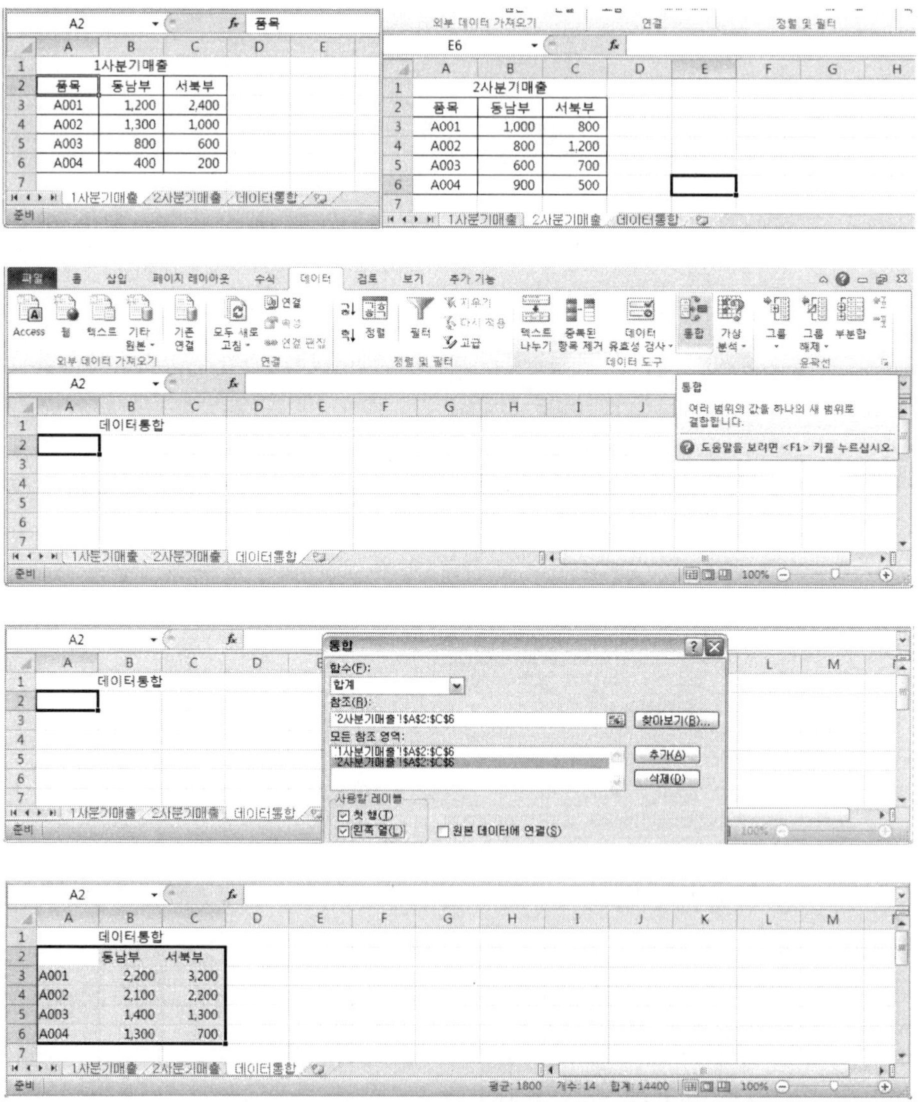


[그림 5-17] 데이터 통합

MEMO

MEMO

C.H.A.P.T.E.R 6

# 매 크 로

6.1 매크로 기능

## 6.1 매크로 기능

매크로 기능이란 일련의 명령어를 반복하여 자주 사용할 때, 개개의 명령어를 매번 입력하지 않고 여러 명령어의 조작 순서를 기록하여 하나의 키 입력으로 새로 정의하여 자동으로 실행시키는 기능이다.

매크로를 기록하는 방법은 [보기] 리본의 [매크로]를 클릭하고 [매크로 기록]을 선택하여 매크로 이름 입력, 매크로를 바로 가는 키 설정, 매크로를 저장할 위치 선택, 매크로에 대한 설명 입력 과정을 거쳐 [확인]을 클릭한다.

다음과정으로 기록할 동작을 수행하여 명령어의 조작 순서를 기록한 후 [매크로]에서 [기록 중지]를 클릭하여 매크로 기록을 마친다.

선택된 셀 데이터의 글자 크기는 15 포인트로 하고 글자 모양은 굵게, 기울임꼴로 표시하는 일련의 명령을 'Ctrl+a'라는 이름의 매크로로 기록하는 과정은 다음과 같다.

우선, [보기]−[매크로]에서 [매크로 기록]을 선택하고 매크로 이름, 바로가기 키와 매크로 저장 위치를 각각 글자매크로, ctrl+a 그리고 현재 통합 문서로 지정한다.

다음과정으로 글자 매크로에 기록할 일련의 명령 즉, 15 ▾ 가 가 를 클릭하여 매크로를 기록하고, [기록 중지]를 클릭하여 매크로를 작성한다. 작성된 매크로의 실행은 매크로 키 'Ctrl+a'를 이용하여 실행하거나 [보기]−[매크로]의 [매크로 보기]를 선택하고 '글자 매크로'를 선택하여 실행한다.

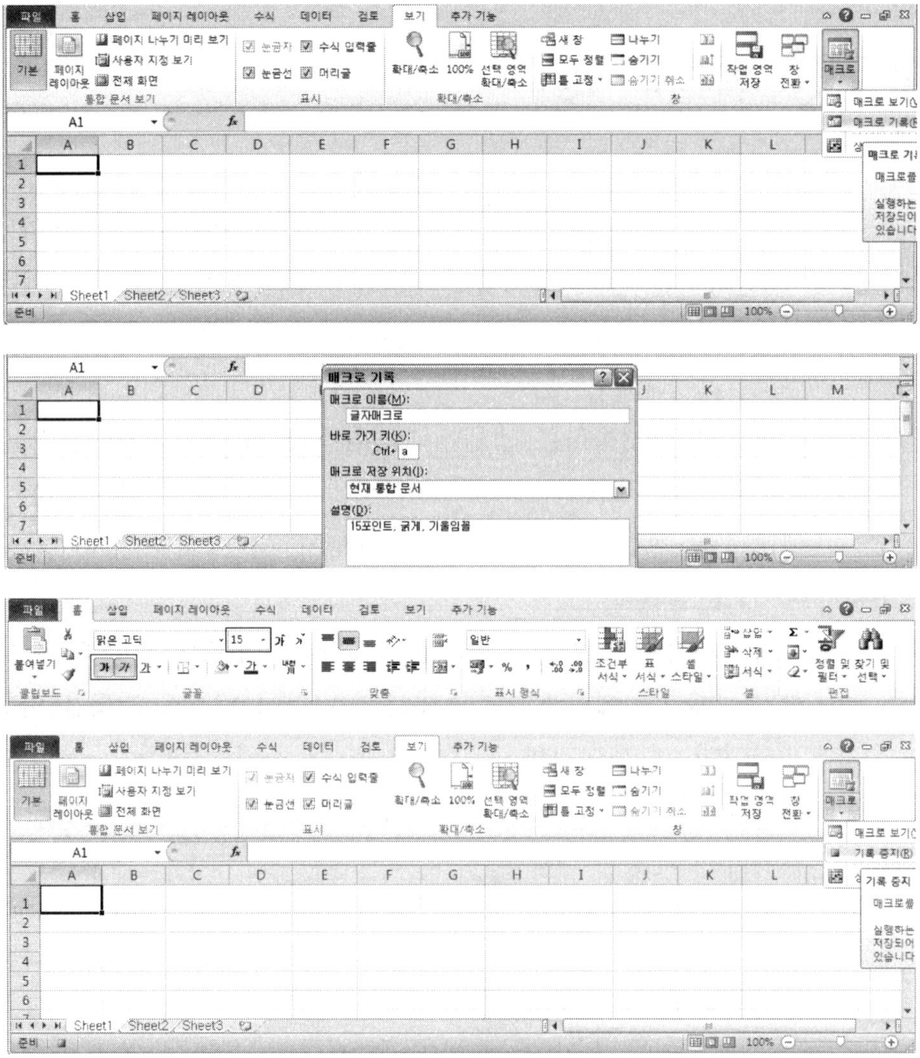


**[그림 6-1] 매크로 작성**

또한, 작성된 매크로를 실행하는 방법에는 매크로 키와 [보기]－[매크로]의 [매크로 보기]에서 선택하여 실행하는 방법 외에도 양식 단추를 작성하여 매크로를 실행하는 방법이 있다.

매크로 단추 작성은 삽입 탭의 도형을 이용하여 적당한 크기로 단추를 만들고, 오른쪽 마우스 버튼을 이용하여 매크로 지정에서 글자매크로를 지정한다. 이후, 도형을 선택하고 오른쪽 마우스 버튼을 이용하여 텍스트 입력에서 단추 이름을 알아보기 쉽게 변경한다. 작성된 매크로 단추 기능은 임의의 셀에 “글자매크로연습”이라는 글자를 입력하고 [글자매크로] 단추를 클릭하여 확인할 수 있다.

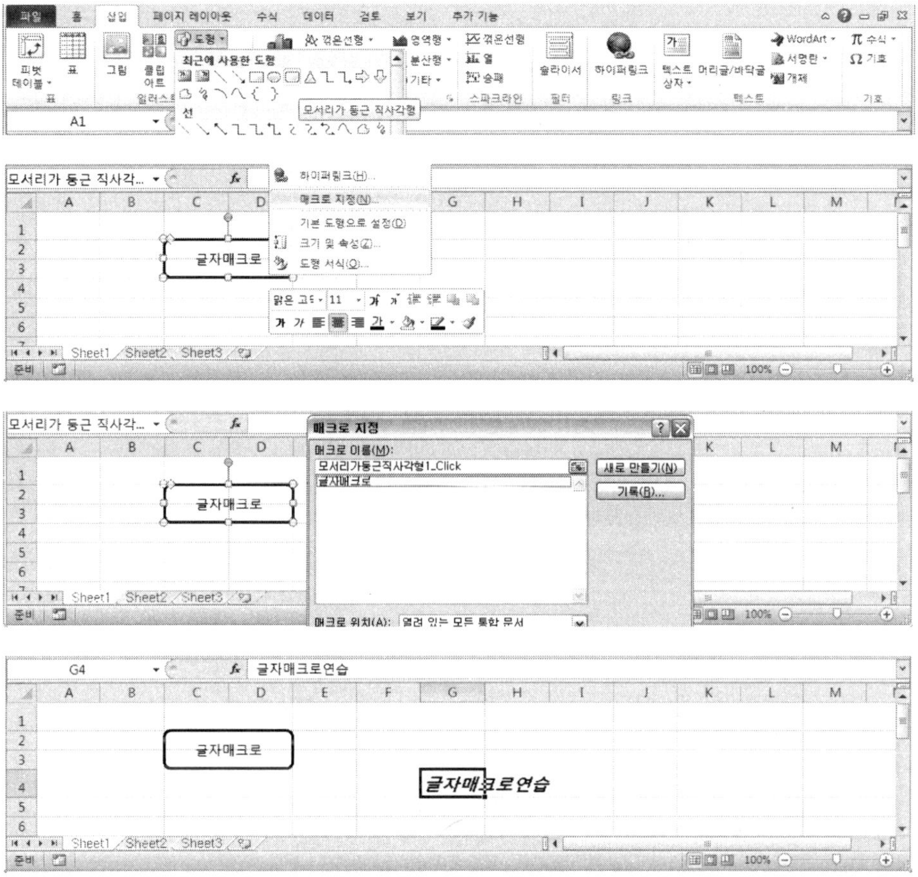


**[그림 6-2] 매크로 단추 작성**

MEMO

C.H.A.P.T.E.R

7

# ITQ
## (Information Technology Qualification)

정보기술자격(ITQ)시험은 Information Technology Qualification의 약자로 정보화시대의 기업, 기관, 단체 구성원들에 대학 정보기술능력 또는 정보기술활용능력을 객관적으로 평가하여 정보기술관리 및 실무능력 수준을 지수화 및 등급화하여 국가에서 공식적으로 인증하는 시험으로, 산업인력의 정보경쟁력 강화를 통한 산업의 정보화를 추구하며 나아가서는 국가의 정보화를 촉진시키기 위한 목적으로 시행하는 국가공인자격이다.

## 7.1 ITQ 엑셀 2007/2010 버전

엑셀 2003 버전에 비해 상위 버전인 2007/2010 버전에서의 전체적인 변경 사항으로는 조건부 서식(1종류 추가), 이름 정의/절대 참조, 중복 데이터 제거, 차트 서식 활용 기능이 있으며 내문서\ITQ\Picture 폴더 아래의 첨부 파일이 버전에 따라 변경되었다.

| 엑셀 2007/2010 |  그림4, 그림5, 동영상, 로고1, 로고2, 로고3 |
| --- | --- |

제1작업에서는 이름 정의와 함수식에서의 활용, 그림자 설정 방법 변경, 조건부 서식 유형 추가하는 부분이 변경되었다.

제2작업에서는 고급 필터 결과 값에 조건으로 주어진 표 서식을 적용하여 추가하는 부분과 중복된 데이터를 제거한 결과 값에 자동 필터를 이용하여 추출한 값을 복사한 후 붙여넣기를 수행하는 부분이 포함되어 있다.

또한, 제4작업에서는 차트 종류 중 꺾은선형, 세로 막대형, 원형 차트 범위 내에서 문제 조건으로 주어진 다양한 디자인을 활용하여 작성하는 부분과 서식 적용에 있어 MS-OFFICE 프로그램에서 기본으로 적용하는 레이아웃, 디자인 서식을 선택하여 작성하도록 조건이 주어지는 부분이 변경되었다.

## ■ 엑셀 2007/2010 시험 출제 기준

| 전 체 | |
|---|---|
| 문서 작업 | 새 문서 열고/닫기<br>내문서/ITQ 폴더에 정확한 파일명 저장하기<br>(C:\내문서/ITQ/12345678-홍길동.pptx).<br>답안 파일을 제외한 불필요한 파일 열고 지우기<br>내문서/ITQ 폴더에 다른 이름으로 저장하기 |
| 기본 기능 | 도움말 기능<br>되돌리기/다시 실행<br>눈금선 표시/감추기<br>특별한 단어나 문구 찾기/찾아 바꾸기<br>모든 페이지에 맞춤법 검사<br>미리보기 기능 |
| 환경 설정 | 편집 용지 크기/방향<br>문서 여백 조정<br>도구 모음 표시/감추기<br>화면 확대/축소<br>화면 보기 모드 변경 |

<table>
<tr><td>셀</td><td>셀에 텍스트 삽입/삭제/수정/복사/이동<br>한 셀에서 줄 바꿈, 특정 셀 선택 및 셀 병합<br>텍스트 글꼴 설정<br>출력 형태와 동일한 맞춤 설정<br>선 모양/ 셀 음영색/ 셀 형식 변경<br>채우기 핸들 이용 및 서식 복사</td></tr>
<tr><td>행/열</td><td>행/열의 개념 이해<br>행/열의 삽입/삭제/선택<br>행/열의 크기 변경<br>행/열의 복사/이동<br>행/열의 숨기기/보이기</td></tr>
<tr><td>워크시트</td><td>워크시트의 삽입/삭제/이동<br>워크시트의 이름 변경<br>워크시트의 복사/이동</td></tr>
<tr><td>기타</td><td>페이지 자동 맞춤<br>인쇄</td></tr>
<tr><td colspan="2">개 체</td></tr>
<tr><td>개체 삽입</td><td>그림/워드아트/도형 삽입/삭제<br>그림/워드아트/도형 크기 변경<br>도형 안에 텍스트 입력<br>그림/워드아트/도형 복사/이동/회전/대칭<br>도형 선 스타일/색상/그림자 설정</td></tr>
<tr><td>다른 기능 사용</td><td>그림 복사/카메라 기능<br>특정 범위 이름 정의 및 이용<br>특정 위치 메모 삽입/수정<br>유효성 검사<br>사용자 정의를 이용한 특정 범위 셀 서식 변경</td></tr>
<tr><td colspan="2">함 수</td></tr>
<tr><td>함수</td><td>계산을 위해 1개 또는 복수 함수를 이용한 함수식 삽입<br>조건부 서식</td></tr>
<tr><td colspan="2">분 석</td></tr>
<tr><td>필터</td><td>고급/자동 필터(다양한 조건 사용:OR, AND, Like,〉,〈, =,*,? 등)<br>고급 필터의 결과를 특정한 위치에 도출</td></tr>
<tr><td>자동 서식</td><td>자동 서식 이용</td></tr>
</table>

| 중복 데이터 제거 | 중복 데이터 제거 기능 이해/사용 |
|---|---|
| 피벗 테이블 | 특정 위치에 피벗 테이블을 삽입/삭제<br>피벗 테이블의 레이아웃(페이지/행/열/데이터) 변경 및 다양한 함수식 부여<br>피벗 테이블 필드 정렬(오름/내림/사용자정의 정렬)<br>피벗 테이블 옵션 수정 |
| 부분합 | 부분합 결과를 출력 형태와 동일하게 정렬/셀 서식 적용(left/right/center, 통화/천 단위 구분/백분율 등)<br>다양한 부분합 이용<br>필드에 그룹화<br>부분합의 윤곽 보이기/감추기 |
| 차 트 | |
| 차트 | 차트 생성/제거/선택 변경<br>차트 크기 변경<br>차트에 적용된 원본 데이터 삽입/삭제/수정<br>차트의 종류 변경<br>차트 제목 생성/수정/삭제<br>눈금선 삽입/수정/삭제<br>차트 범례 삽입/수정/삭제<br>차트 데이터 레이블/데이터 테이블<br>차트 영역/그림 영역 배경 변경<br>데이터 계열/축 서식 |

| 엑셀 함수 출제 범위 | |
|---|---|
| 날짜/시간 | DATE, HOUR, MONTH, TODAY, WEEKDAY, YEAR, DAY, MINUTE, NOW, SECOND, TIME |
| 수학/삼각 | MOD, PRODUCT, ROUND, ROUNDDOWN, ROUNDUP, SUM, SUMPRODUCT, SUMIF |
| 통계 | AVERAGE, COUNT, COUNTA, COUNTIF, LARGE, MAX, MEDIAN, MIN, RANK, SMALL |
| 찾기/참조 | CHOOSE, HLOOKUP, VLOOKUP, INDEX, MATCH |
| 데이터베이스 | DAVERAGE, DCOUNT, DGET, DMAX, DMIN, DSUM, DCOUNTA |
| 텍스트 | LEFT, MID, RIGHT, VALUE, REPT |
| 정보 | ISERROR |
| 논리 | AND, IF, OR, NOT, TRUE, FALSE |

## 7.2 ITQ 엑셀 2007/2010 버전용 sample 풀이

오피스
2007/2010버전용

### 정보기술자격(ITQ) 시험

| 과 목 | 코드 | 문제유형 | 시험시간 | 수험번호 | 성 명 |
|---|---|---|---|---|---|
| 한글엑셀 | 1122 | Sample | 60분 | | |

**수험자 유의사항**

- 수험자는 문제지를 받는 즉시 응시하고자 하는 과목의 문제지가 맞는지 확인하여야 합니다.
- 파일명은 본인의 "수험번호-성명"으로 입력하여 답안폴더(내문서₩ITQ₩)에 하나의 파일로 저장해야 하며, 답안문서 파일명이 "수험번호-성명"과 일치하지 않거나, 답안파일을 전송하지 않아 미제출로 처리될 경우 실격입니다(예 : 내문서₩ITQ₩12345678-홍길동.xlsx).
- 답안 작성을 마치면 파일을 저장하고, '답안 전송' 버튼을 선택하여 감독위원 PC로 답안을 전송하십시오(단, 지정된 용량 초과 시 실격 처리됨). 수험생 정보와 저장한 파일명이 다를 경우 전송되지 않으므로 주의하시기 바랍니다.
- 답안 작성 중에도 주기적으로 저장하고 답안을 전송하여야 문제 발생을 줄일 수 있습니다. 작업한 내용을 저장하지 않고 전송할 경우 이전에 저장된 내용이 전송되오니 이점 유의하시기 바랍니다.
- 답안문서는 지정된 경로 외의 다른 보조기억장치에 저장하는 경우, 지정된 시험 시간 외에 작성된 파일을 활용할 경우, 기타 통신수단(이메일, 메신저, 네트워크 등)을 이용하여 타인에게 전달 또는 외부 반출하는 경우는 부정 처리합니다.
- 시험 중 부주의 또는 고의로 시스템을 파손한 경우는 수험자가 변상해야 하며, <수험자 유의사항>에 기재된 방법대로 이행하지 않아 생기는 불이익은 수험생 당사자의 책임임을 알려 드립니다.
- 문제의 조건은 MS-Office 2007/2010버전으로 설정되어 있으니 유의하시기 바랍니다.
- 시험을 완료한 수험자는 답안파일이 전송되었는지 확인한 후 감독위원의 지시에 따라 문제지를 제출하고 퇴실합니다.

**답안 작성요령**

- 온라인 답안 작성 절차
  수험자 등록 → 시험 시작 → 답안파일 저장 → 답안 전송 → 시험 종료
- 문제는 총 4단계, 즉 제1작업부터 제4작업까지 구성되어 있으며 반드시 제1작업부터 순서대로 작성하고 조건대로 작업하시오.
- 모든 작업시트의 A열은 열 너비 '1'로, 나머지 열은 적당하게 조절하시오.
- 모든 작업시트의 테두리는 ≪출력형태≫와 같이 작업하시오.
- 해당 작업란에서는 각각 제시된 조건에 따라 ≪출력형태≫와 같이 작업하시오.
- 답안 시트 이름은 "제1작업", "제2작업", "제3작업", "제4작업"이어야 하며 답안 시트 이외의 것은 감점 처리됩니다.
- 각 시트를 파일로 나누어 작업해서 저장할 경우 실격 처리됩니다.
- 그림 삽입 문제의 경우 반드시 「내문서₩ITQ₩Picture」 폴더에서 정확한 파일을 선택하여 삽입하십시오.

한국생산성본부
KOREA PRODUCTIVITY CENTER

## ■ 공통 작업

**1.** 전체적인 데이터의 기본 서식을 지정하기 위해 Office 단추를 클릭하고, Excel 옵션의 새 통합 문서 만들기에서 글꼴을 돋움으로 글꼴 크기를 10pt로 각각 설정한다.

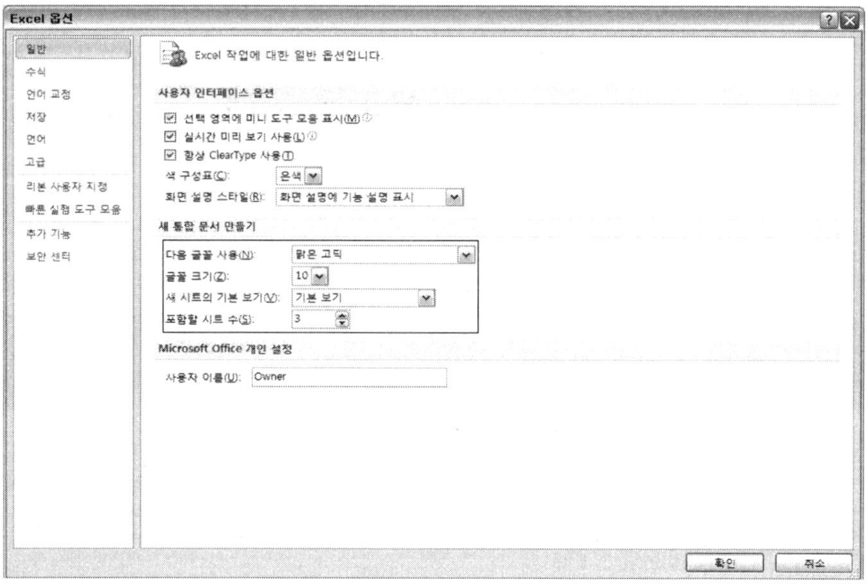


**2.** 오른쪽 마우스 버튼을 이용하여 이름 바꾸기에서 'sheet1', 'sheet2', 'sheet3' 시트의 이름을 '제1작업', '제2작업', '제3작업'으로 변경하고, Ctrl을 누른 상태에서 모든 시트 탭을 클릭하여 그룹으로 형성한 후, A열의 너비를 1로 조절하고 그룹을 해제한다.

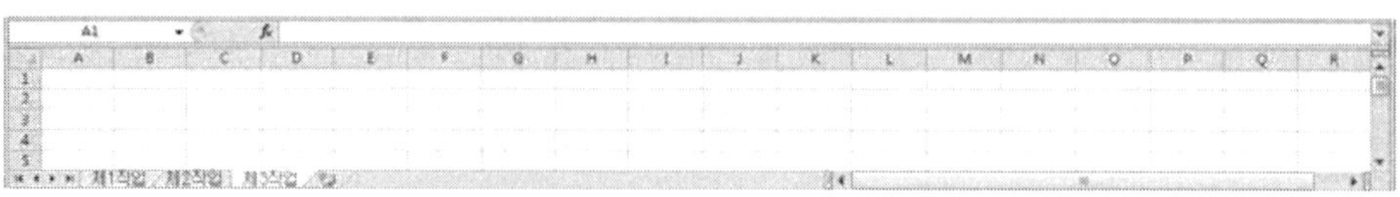

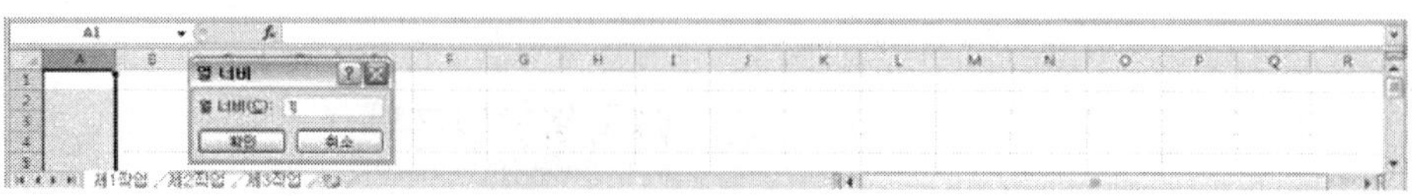

**3.** 파일명을 내문서\ITQ 폴더에 '수험번호-성명' 형태 즉, 수험번호가 12345678이고 성명이 홍길동인 경우 '1234578-홍길동.xlsx'로 저장한다.

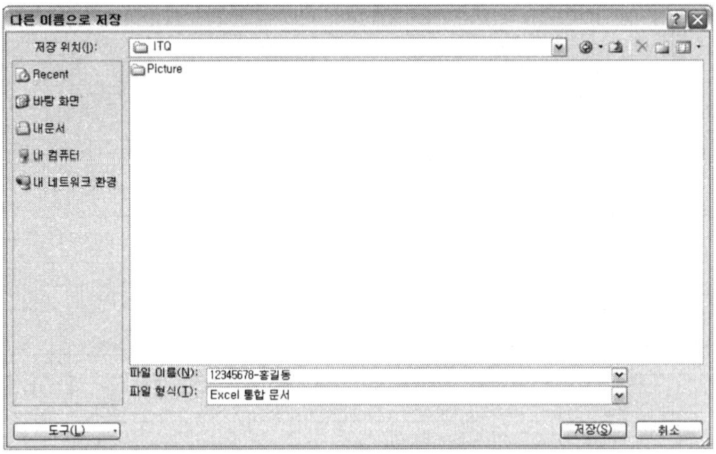

## [제 1 작업] 표 서식 작성 및 값 계산 (240점)

☞ 다음은 '스마트폰 예약, 판매현황'에 대한 자료이다. 자료를 입력하고 조건에 맞도록 작업하시오.

≪출력형태≫

스마트폰 예약, 판매현황

| 결재 | 팀장 | 부서장 | 대표 |
|---|---|---|---|
| | | | |

| 할인적용 | 0.8 | | | | | | | |
|---|---|---|---|---|---|---|---|---|
| 모델명 | 제조자 | 운영체제 | 카메라(화소수) | 액정크기(인치) | 가격(원) | 수량 | 할부금(24개월) | VIP할인액 |
| H200-B | 한국콜 | 안드로 | 300 | 3.5 | 622,300 | 27 | (1) | (2) |
| M500-A | 모토사 | 안드로 | 200 | 3.2 | 805,500 | 23 | (1) | (2) |
| P300-B | 아이폴 | 폰OS | 500 | 3 | 785,300 | 18 | (1) | (2) |
| P500-A | 현다 | 폰OS | 450 | 3.5 | 933,900 | 25 | (1) | (2) |
| F100-B | 미래텔 | 윈모바일 | 300 | 3.5 | 578,600 | 13 | (1) | (2) |
| F200-B | 엘지티 | 안드로 | 210 | 3.5 | 668,800 | 33 | (1) | (2) |
| H400-A | 일본통신 | 윈모바일 | 500 | 3.2 | 607,700 | 17 | (1) | (2) |
| M300-B | 도코모 | 안드로 | 300 | 3 | 599,700 | 20 | (1) | (2) |
| 카메라 화소수 평균 | | | (3) | | 최저가 스마트폰 제조자 | | 모델명 | 총판매금액 |
| 안드로 운영체제 모델 평균가격 | | | (4) | | (5) | | H200-B | (6) |

≪조건≫

- ○ 모든 데이터의 서식에는 글꼴(맑은고딕, 10pt), 맞춤은 ≪출력형태≫를 참조하시오.
- ○ 제 목 ➡ 그리기 도구모음의 모서리가 둥근 직사각형과 바깥쪽 그림자 스타일(오프셋 대각선 오른쪽 아래)을 이용하여 작성하고 "스마트폰 예약, 판매현황"을 입력한 후 다음 서식을 적용하시오(글꼴-맑은 고딕, 18pt, 굵게, 흰색).
- ○ 임의의 셀에 결재란을 작성하여 카메라 또는 그림복사 기능을 이용하여 붙이기 하시오(단, 원본 삭제).
- ○ 「B3, B4:J4, B13:D13, G13:J13」 영역은 '노랑'으로 채우기 하시오.
- ○ 유효성 검사를 이용하여 「I14」 셀에 '모델명(「B5:B12」 영역)'이 선택 표시되도록 하시오.
- ○ 셀 서식 ➡ 「E5:E12」 영역에 셀 서식을 이용하여 숫자 뒤에 '만'을 표시하시오(예 : 300 → 300만).
- ○ 카메라(화소수) 값(「E5:E12」 영역)에 대해 '화소수'로 이름정의하시오.

◉ (1)~(6) 셀은 반드시 **주어진 함수를 이용**하여 값을 구하시오(결과값을 직접 입력하면 해당 셀은 0점 처리됨).

(1) 할부금(24개월) ➡ [가격(원)/24]로 구하되, 십의 자리에서 반올림하여 통화형식으로 표시하시오(ROUND 함수).

(2) VIP할인액 ➡ 「C3」 셀의 '할인적용'과 가격(원)값을 이용하여 통화형식으로 표시하시오(PRODUCT 함수).

(3) 카메라 화소수 평균 ➡ 정의된 이름('화소수')을 사용하여 값을 구하시오(AVERAGE 함수).

(4) 안드로 운영체제 모델 평균가격 ➡ 조건은 입력된 데이터를 이용하시오(DAVERAGE 함수).

(5) 최저가 스마트폰 제조자 ➡ (INDEX, MATCH, MIN 함수)

(6) 총판매금액 ➡ 「I14」 셀에서 선택한 '모델명'의 [가격(원)×수량]값을 구하되, 백의 자리에서 반올림하여 통화형식으로 표시하시오(ROUND, VLOOKUP 함수).

(7) 조건부 서식을 이용하여 '수량' 셀에 데이터 막대 스타일을 최소값 및 최대값으로 적용하고, 수식을 이용하여 '수량'이 '25'이상이면 행 전체에 다음 서식을 적용하시오(데이터 막대 : 주황, 글꼴 : 파랑).

## [제1작업] 표 서식 작성 및 값 계산

○ 제목을 작성하기 위해 그리기 도구 모음의 모서리가 둥근 직사각형과 오프셋 대각선 오른쪽 아래 방향의 바깥쪽 그림자 스타일을 이용하여 작성한다. 이후, "스마트폰 예약, 판매현황"을 입력한 후 서식에서 글꼴을 맑은 고딕, 18pt, 굵게, 흰색으로 설정한다.

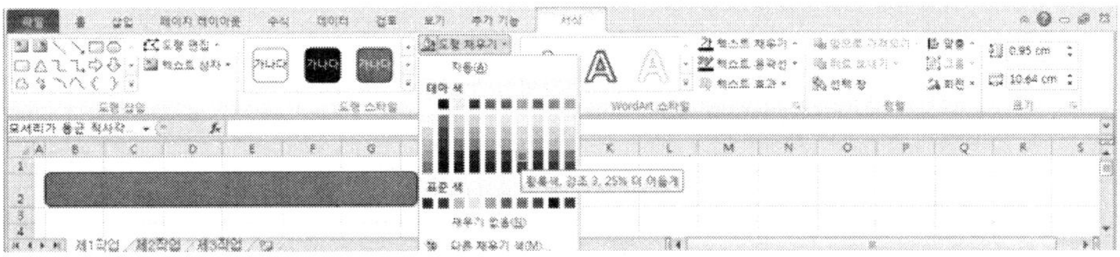

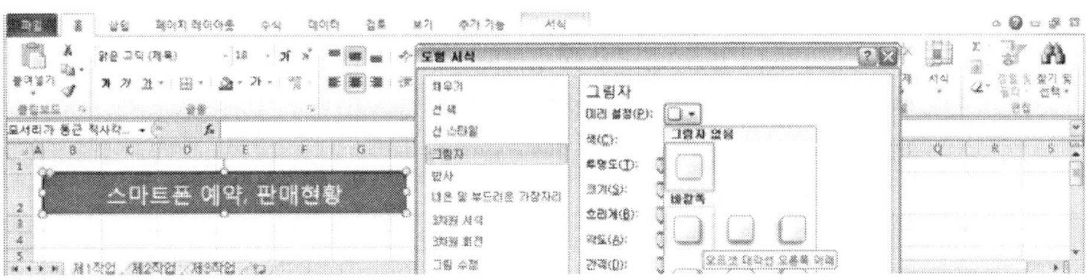


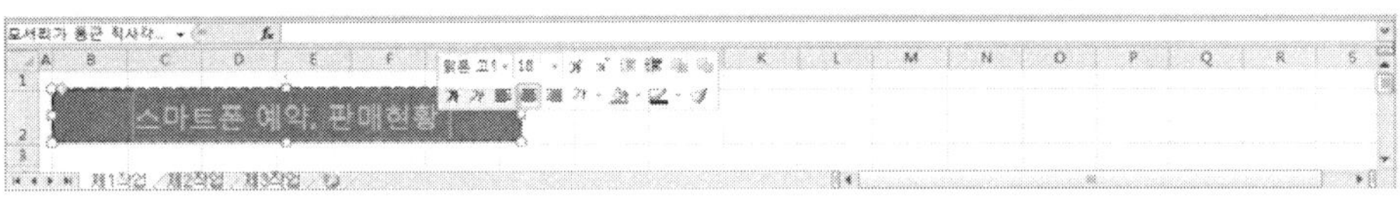


○ 셀 병합과 세로쓰기 기능을 이용하여 임의의 셀에 결재란을 작성하고, 그림으로 복사 기능을 이용하여 선택하여 붙이기를 수행한 후 원본을 삭제한다.

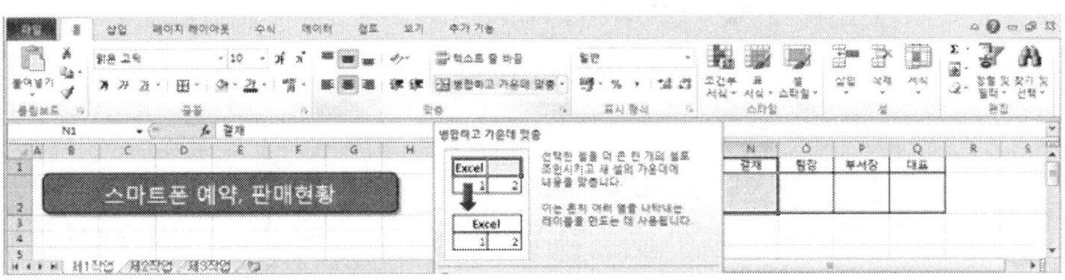

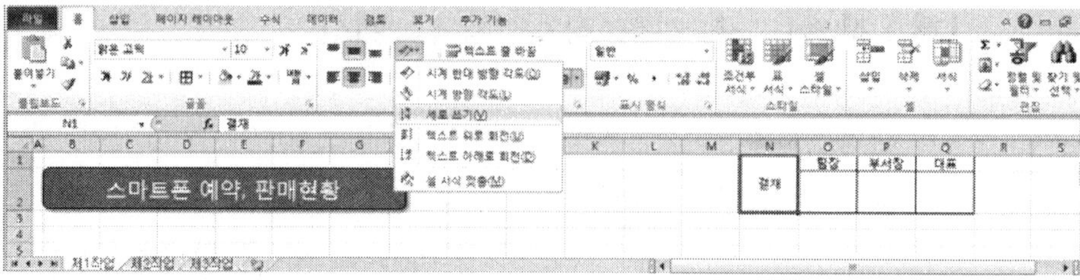

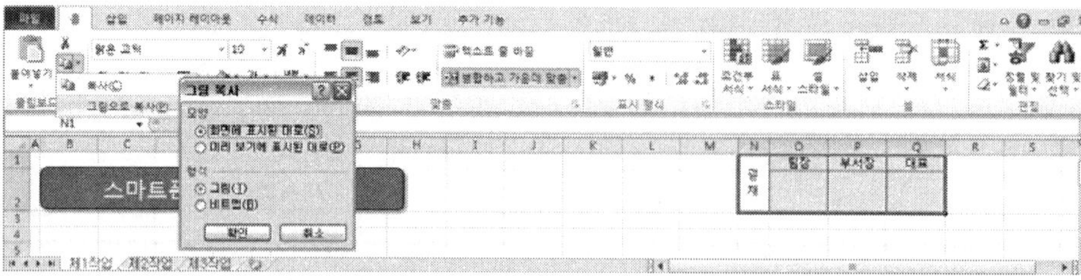

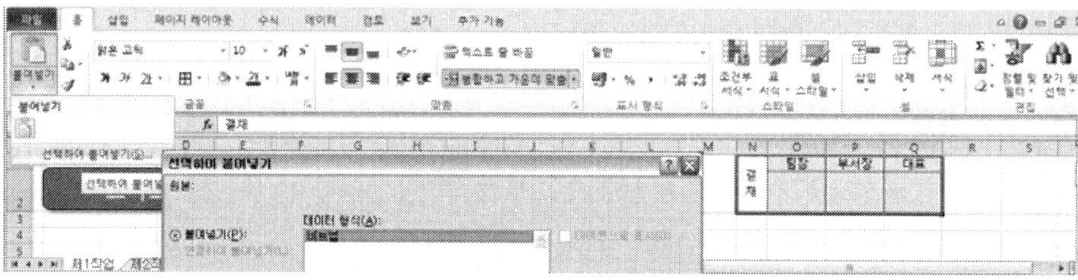

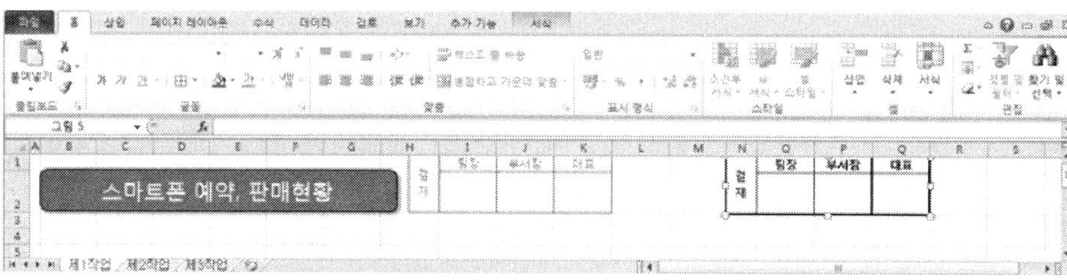

○ 기본 데이터를 입력하고 셀 합치기, 줄 바꾸기(Alt-Enter↵), 셀 병합, 정렬 그리고 셀 서식 기능을 이용하여 다음과 같은 표를 작성한다.

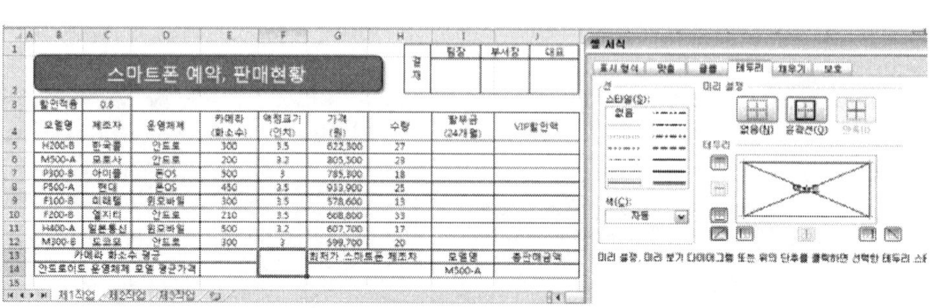

○ 「B3, B4:J4, B13:D13, G13:J13」 영역을 설정하여 홈 리본의 글꼴 그룹에서 '노랑' 채우기를 실시한다.

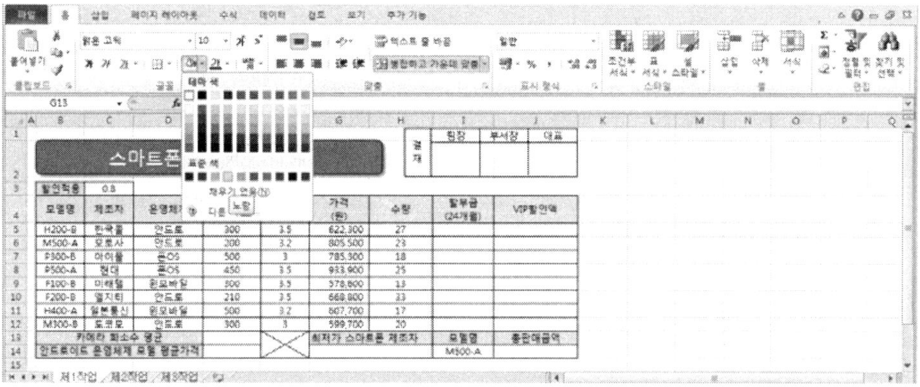

○ 데이터 리본의 데이터 도구 그룹에서 데이터 유효성 검사를 선택한 후 유효성 조건을 목록으로 설정하고, 원본으로 「B5:B12」 영역을 선택하여 모델명이 표시되도록 설정한다.

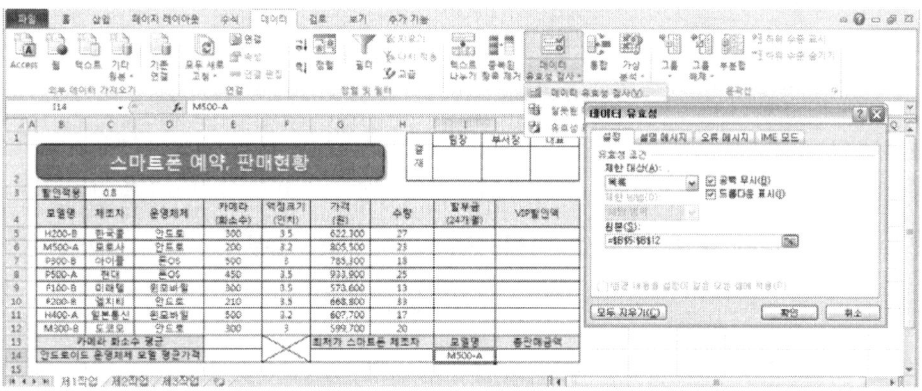

○ 「E5:E12」 영역을 설정하고 [셀 서식]-[표시 형식]의 [사용자 지정] 형식 영역 마지막 부분에 "만"을 입력하여 표시한다(예 : 300 → 300만).

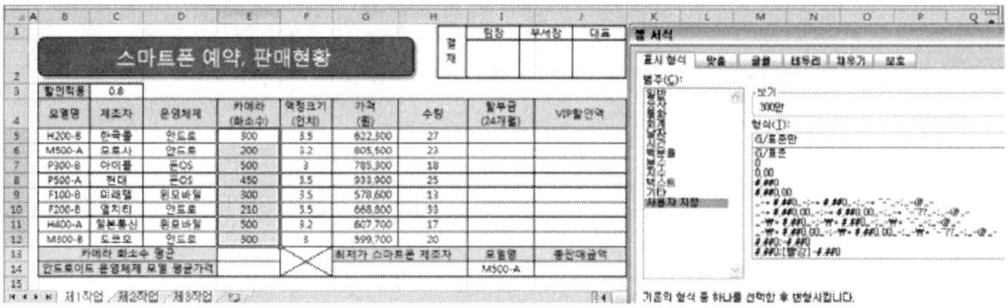

○ 카메라(화소수) 값(「E5:E12」 영역)에 대해 블록 영역을 설정한 후 [수식]-[정의된 이름] 그룹의 이름 정의에서 '화소수'로 이름을 정의한다.

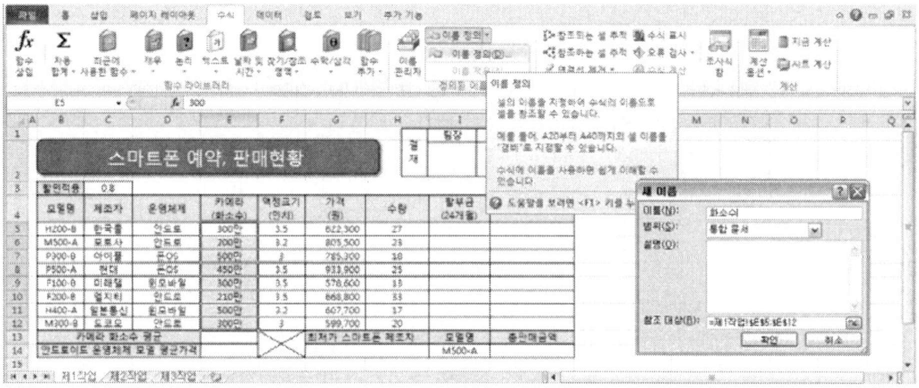

(1) 수학/삼각 범주의 ROUND 함수를 이용하여 반올림하려는 Number와 반올림하기 위한 자리 Num_digits를 각각 G5/24, -2로 지정한다. 이후 표시 형식을 한국어 통화 형식으로 지정한다.

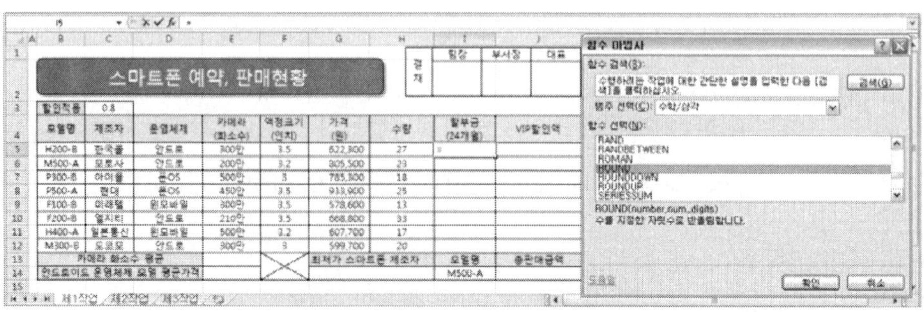

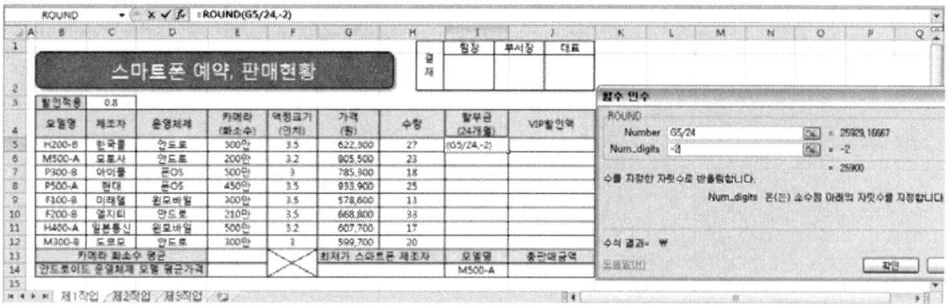

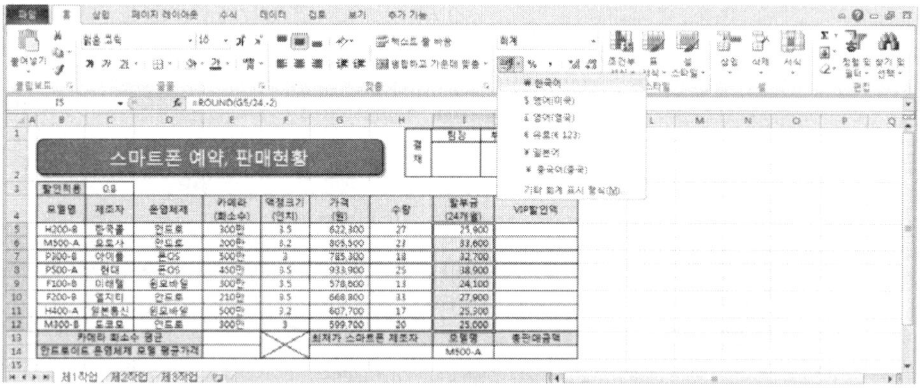

(2) VIP 할인액을 계산하기 위해 PRODUCT 함수의 인수로 「C3」 셀에서 F4를 눌러 '할인 적용'을 절대 참조한 값 「$C$3」과 가격(원) 값을 지정하여 값을 구한다. 이후 셀 표시 형식 그룹을 이용하여 천 단위로 표시하고 소수점 이하 자릿수를 0으로 지정한 다음, 한국어 통화 형식으로 설정한다.

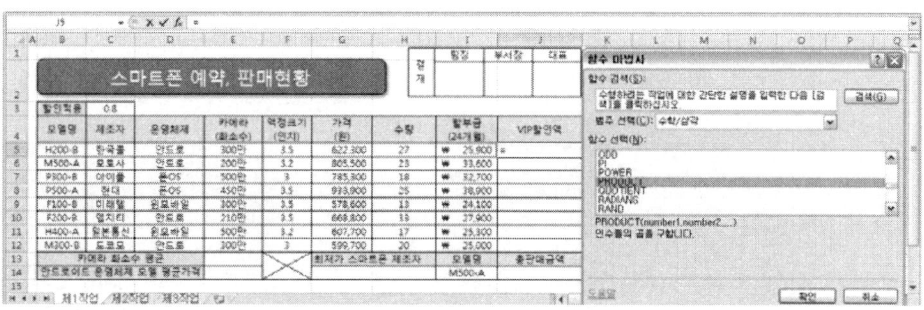

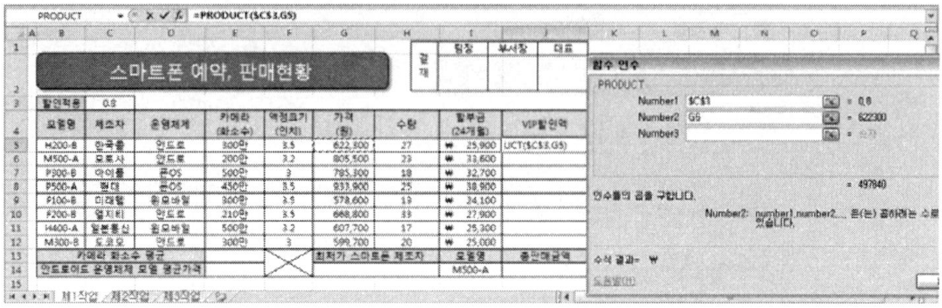


(3) 카메라 화소수 평균을 구하기 위해 통계 함수 범주의 AVERAGE 함수 인수를 이름 상자에서 정의된 이름 '화소수'로 하여 값을 구한다.

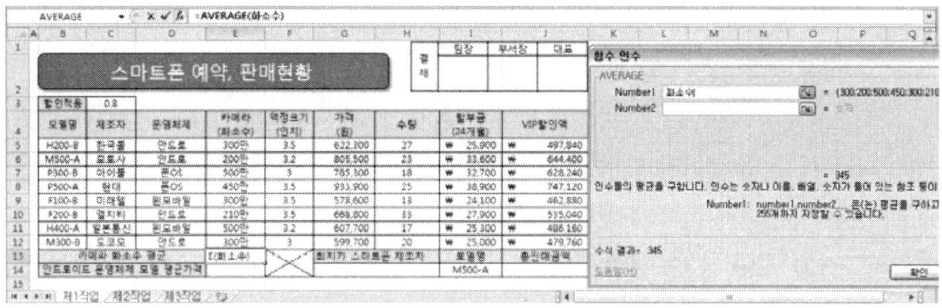


(4) 안드로이드 운영체제 모델 평균 가격을 구하기 위해 DAVERAGE 함수의 인수로 Database B4:H12, Field 6, Criteria D4:D5로 각각 지정하고, 셀 서식의 사용자지정 형식에서 형식의 뒷부분에 만을 입력한다.

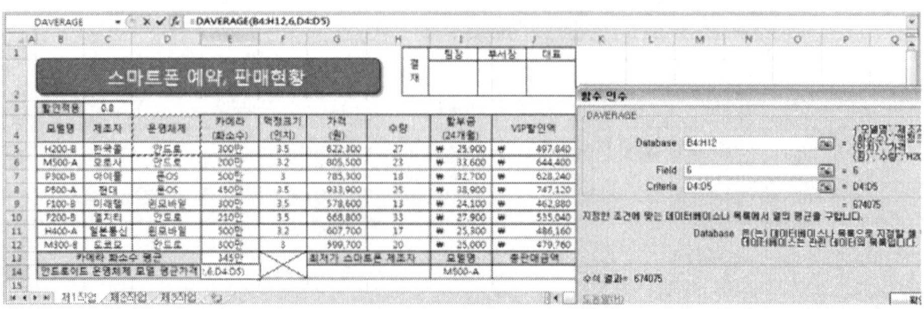

(5) 최저가 스마트폰 제조자를 찾기 위해 MIN 함수에서 최저가를 찾고, MATCH 함수를 이용하여 상대적 위치를 찾은 후, INDEX 함수를 이용하여 최저가에 해당하는 업체를 찾는다.

- INDEX 함수 마법사를 실행하고 인수에 있어 array를 제조사에서 가격 영역까지 즉, C5:G12까지 영역을 지정하고 Column_num을 1로 지정한다.

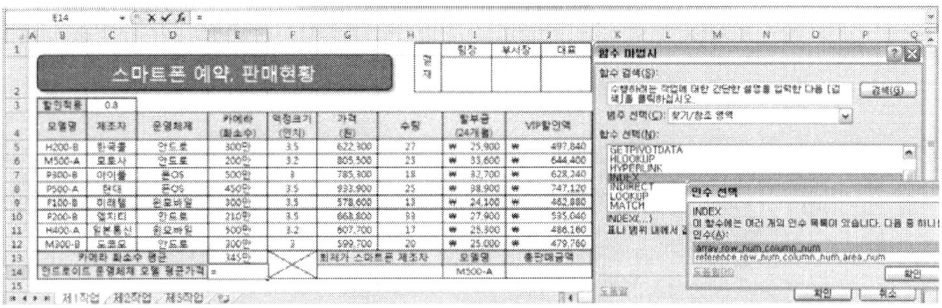


- Row_num을 최소값에 해당하는 상대적인 위치를 지정하기 위해 함수 추가에서 MATCH 함수를 선택한다.

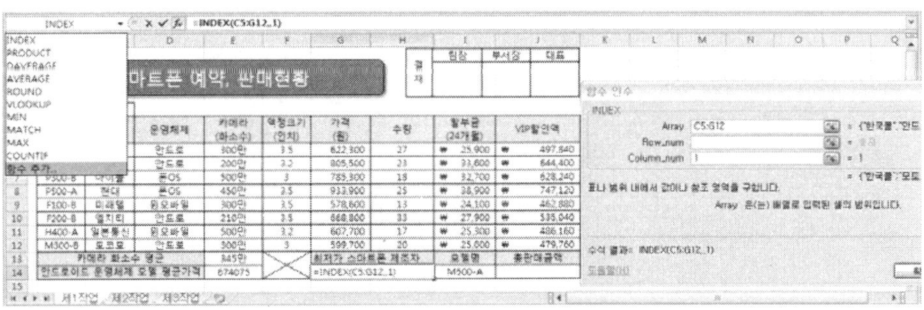


- MATCH 함수의 인수 Lookup_array와 Match_type을 동일한 영역 G5:G12으로 지정하고 정확히 일치하는 값을 찾기 위해 0으로 지정한다.

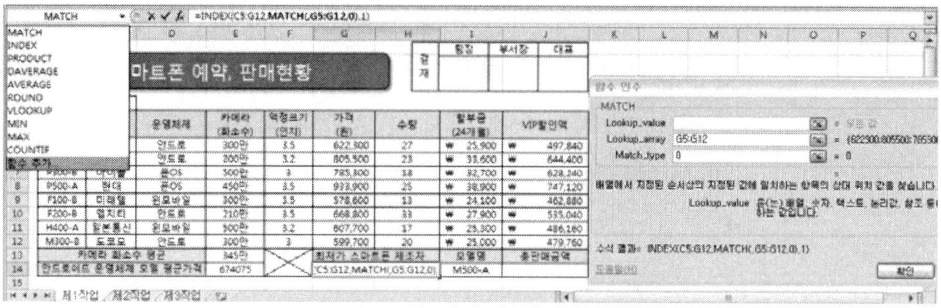

- Lookup_value를 최소값을 지정하기 위해 추가 함수에서 MIN 함수를 선택하고 가격에 해당하는 영역인 G5:G12를 지정한다.

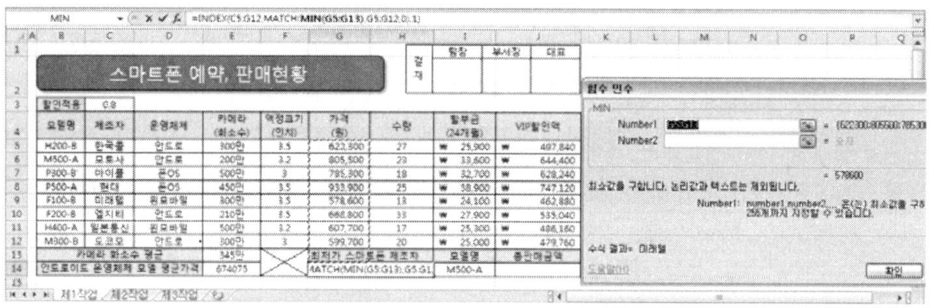

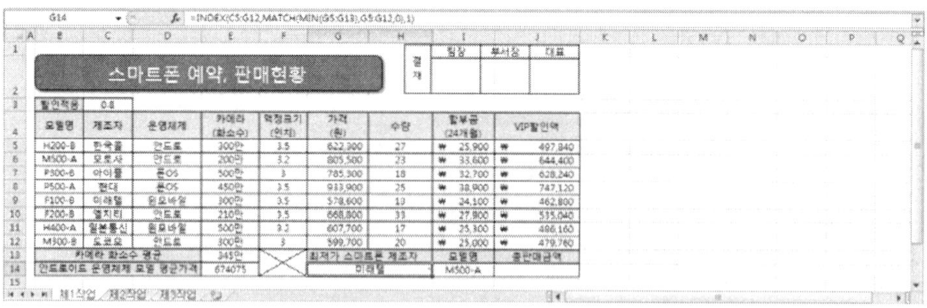

(6) 「I14」 셀에서 선택한 모델명의 가격과 수량을 찾아 참조하기 위해 VLOOKUP 함수를 이용하며, 가격×수량으로 구한 총판매액을 ROUND 함수로 반올림하여 통화 형식으로 표시한다.

- 총판매금액을 반올림하여 구하기 위해 ROUND 함수의 자릿수에 관련된 인수 Num_digits를 -3으로 지정하고, 「I14」 셀에서 선택

한 '모델명'의 [가격(원)×수량] 값을 구하기 위해 Number 인수에서 함수 추가를 한다.

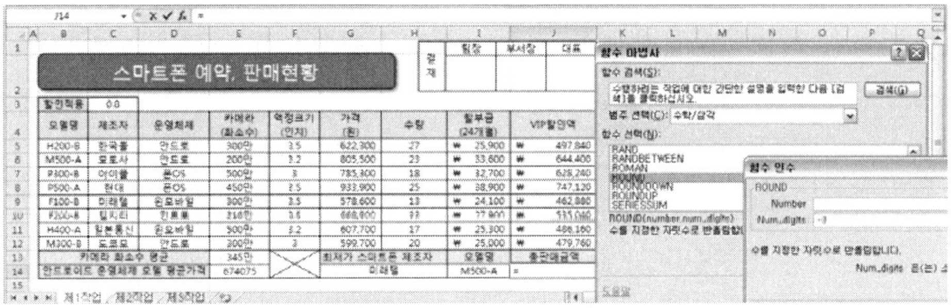

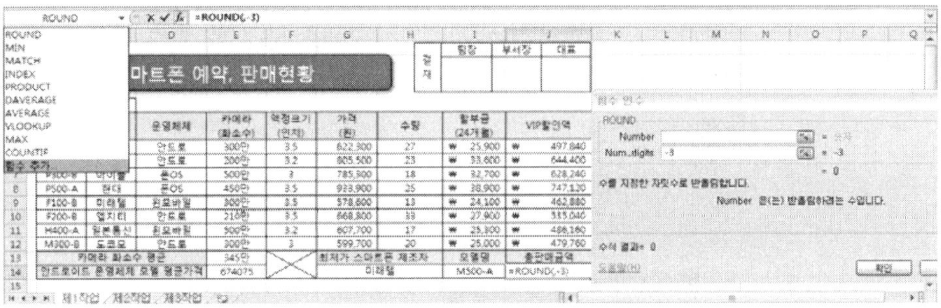

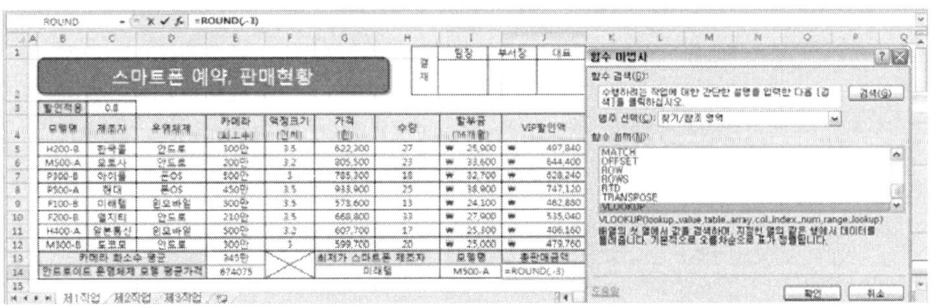

- 「I14」 셀에서 선택한 '모델명'의 수량을 구하기 위해 vlookup 함수를 추가하고 Lookup_value, Table_array, Column_num, Range_lookup를 각각 I14, B5:H12, 7, 0으로 각각 설정한다.

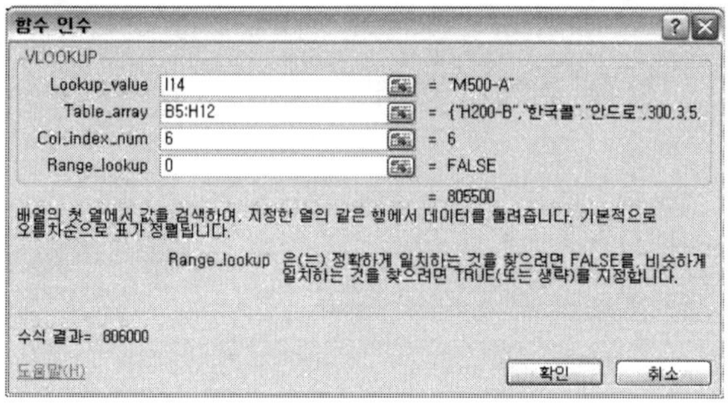


- PRODUCT에 해당하는 '*' 기호를 삽입하고 '모델명'의 가격을 구하기 위해 vlookup 함수를 추가하여 Lookup_value, Table_array, Column_ num, Range_lookup 인수를 I14, B5:H12, 6, 0으로 각각 설정한다. 마지막 과정으로 셀의 표시 형식을 통화 형식으로 설정한다.

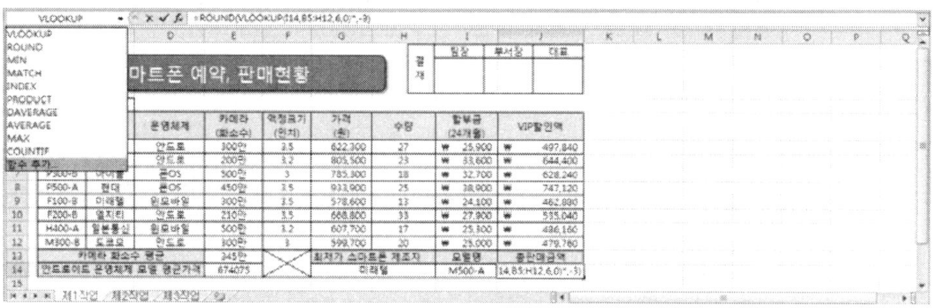

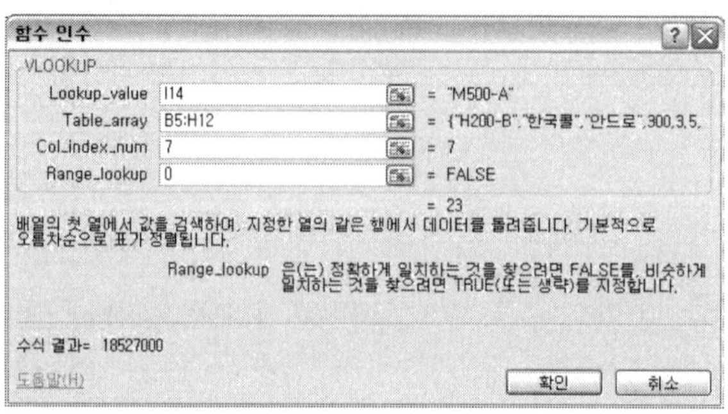

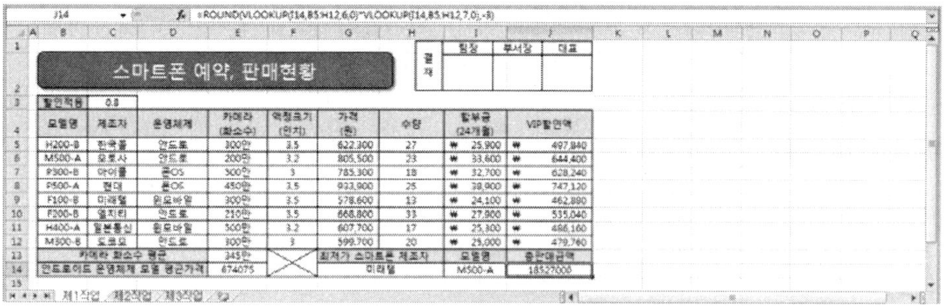

(7) 조건부 서식을 이용하여 '수량' 셀에 데이터 막대 스타일을 최소값과 최대값 그리고 주황색으로 적용하고, 수식을 이용하여 '수량'이 '25' 이상이면 행 전체에 글꼴을 파랑으로 적용한다.

- H5:H12 영역을 설정하고 조건부 서식의 [데이터 막대]-[기타 규칙]에서 막대 스타일을 최소값 및 최대값으로 적용한다.

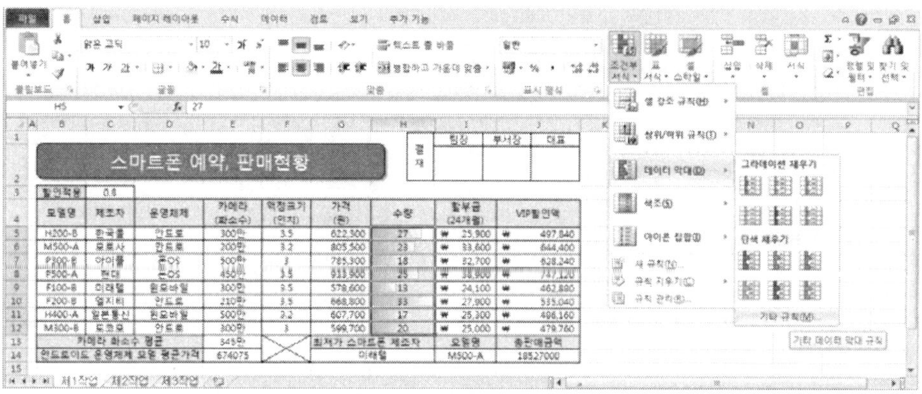

- B5:J12 영역을 설정하고 조건부 서식의 새 규칙에서 수식을 사용하여 서식을 지정할 셀 결정을 선택한 후, 행 전체의 서식을 파랑으로 지정하기 위해 규칙 설명 편집에 $H5>=25을 입력하고 서식에서 글꼴을 파랑으로 지정한다.

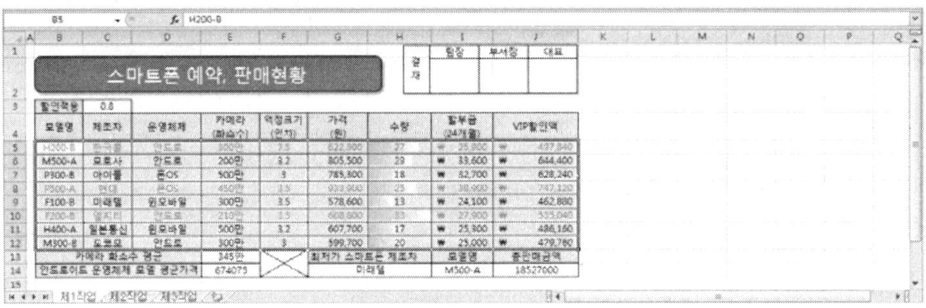

MEMO

MEMO

## [제 2 작업] 필터 및 서식(80점)

☞ **"제1작업"** 시트의 「B4:H12」 영역을 복사하여 **"제2작업"** 시트의 「B2」 셀부터 모두 붙여넣기를 한 후 다음의 조건과 같이 작업하시오.

≪조건≫

(1) 고급필터 – '가격(원)'이 '가격(원)'의 평균 이하이고, '액정크기(인치)'가 3.2 이하인 자료의 데이터만 추출하시오(AVERAGE 함수 사용).
- 조건 위치 : 「B13」 셀부터 입력하시오.
- 복사 위치 : 「B17」 셀부터 나타나도록 하시오.

(2) 표 서식 – 표의 모든 셀을 채우기 없음으로 설정한 후, 고급필터의 결과에 '표 스타일 밝게 10'의 서식을 적용하시오.

## [제 3 작업] 정렬과 부분합 (80점)

☞ **"제1작업"** 시트의 「B4:H12」 영역을 복사하여 **"제3작업"** 시트의 「B3」 셀부터 모두 붙여넣기를 한 후 다음의 조건과 같이 작업하시오.

≪조건≫

(1) 부분합 – 운영체제는 ≪출력형태≫처럼 정렬하고, 운영체제의 개수와 가격(원)의 평균을 구하시오.

(2) 윤 곽 – 지우시오.

(3) 나머지 사항은 ≪출력형태≫에 맞게 작성하시오.

≪출력형태≫

| | A | B | C | D | E | F | G | H |
|---|---|---|---|---|---|---|---|---|
| 1 | | | | | | | | |
| 2 | | | | | | | | |
| 3 | | 모델명 | 제조자 | 운영체제 | 카메라 (화소수) | 액정크기 (인치) | 가격 (원) | 수량 |
| 4 | | M300-B | 도코모 | 안드로 | 300만 | 3 | 599,700 | 20 |
| 5 | | M500-A | 모토사 | 안드로 | 200만 | 3.2 | 805,500 | 23 |
| 6 | | H200-B | 한국폰 | 안드로 | 300만 | 3.5 | 622,300 | 27 |
| 7 | | F200-B | 엘지티 | 안드로 | 210만 | 3.5 | 668,800 | 33 |
| 8 | | | | 안드로 평균 | | | 674,075 | |
| 9 | | | 안드로 개수 | 4 | | | | |
| 10 | | F100-B | 미래텔 | 윈모바일 | 300만 | 3.5 | 578,600 | 13 |
| 11 | | H400-A | 일본통신 | 윈모바일 | 500만 | 3.2 | 607,700 | 17 |
| 12 | | | | 윈모바일 평균 | | | 593,150 | |
| 13 | | | 윈모바일 개수 | 2 | | | | |
| 14 | | P300-B | 아이폰 | 폰OS | 500만 | 3 | 785,300 | 18 |
| 15 | | P500-A | 현대 | 폰OS | 450만 | 3.5 | 933,900 | 25 |
| 16 | | | | 폰OS 평균 | | | 859,600 | |
| 17 | | | 폰OS 개수 | 2 | | | | |
| 18 | | | | 전체 평균 | | | 700,225 | |
| 19 | | | 전체 개수 | 10 | | | | |

## [제2작업] 필터 및 서식

'제1작업' 시트의 「B4:H12」 영역을 복사하여 '제2작업' 시트의 「B2」 셀부터 모두 붙여넣기를 한다.

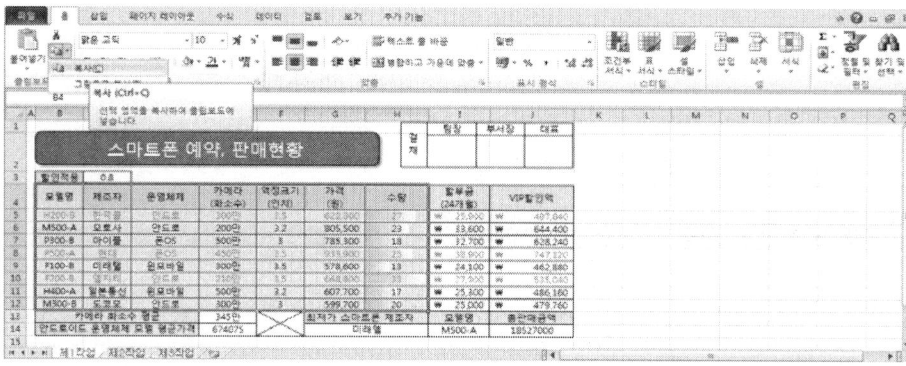


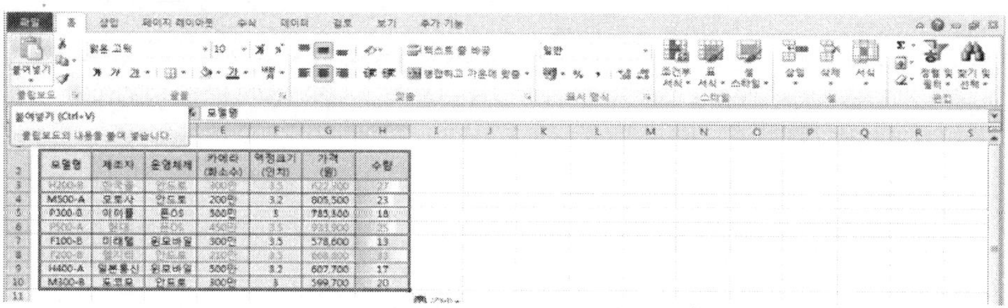

(1) 고급 필터를 이용하여 '가격(원)'이 평균 이하이고, '액정 크기(인치)'가 3.2 이하인 자료의 데이터만 추출하기 위해 우선 조건을 입력한다. 조건을 입력하기 위해 AVERAGE 함수에서 조건 위치를 「B13」셀부터 입력하고 복사 위치를 「B17」 셀로 지정한다.

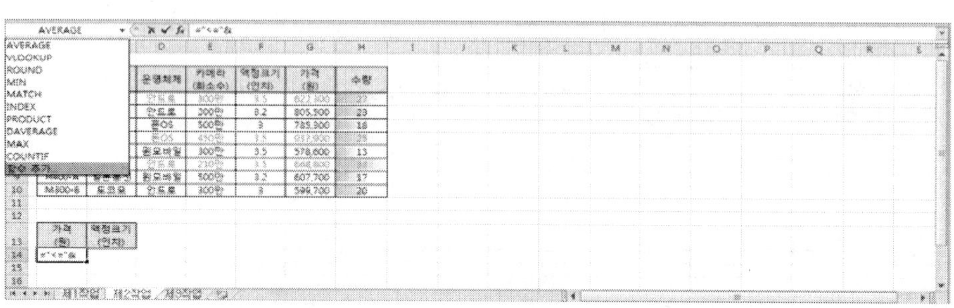

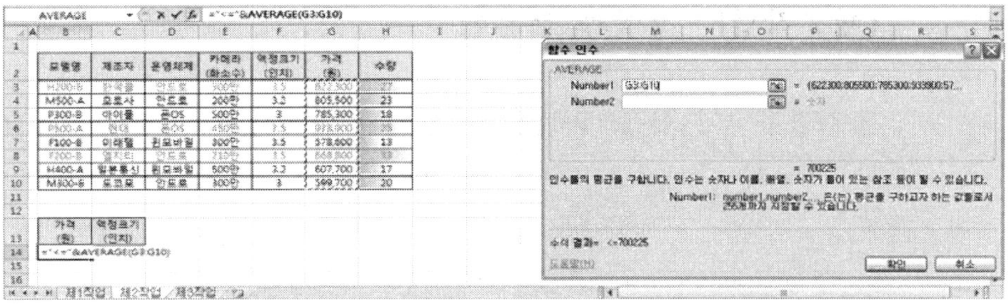

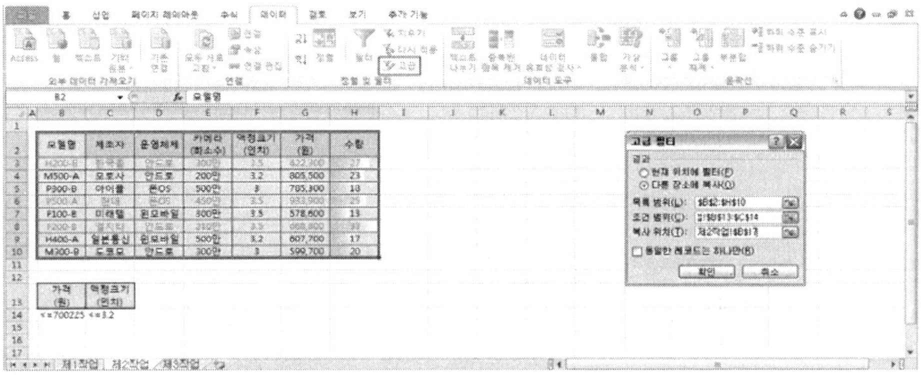

(2) 표 서식에서 표의 모든 셀을 채우기 없음으로 설정한 후, 고급 필터의 결과에 '표 스타일 밝게 10'의 서식을 머리글 포함으로 하여 적용한다.

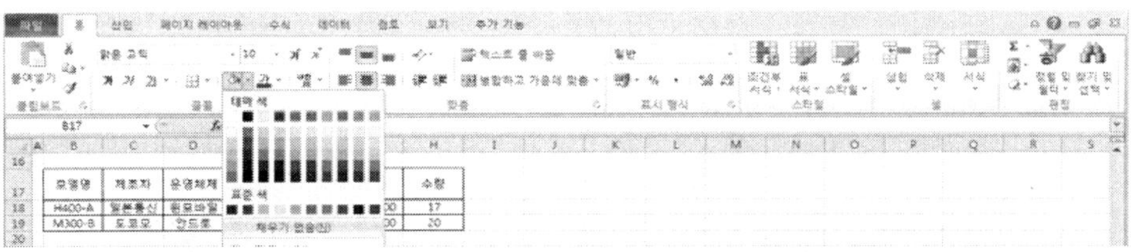

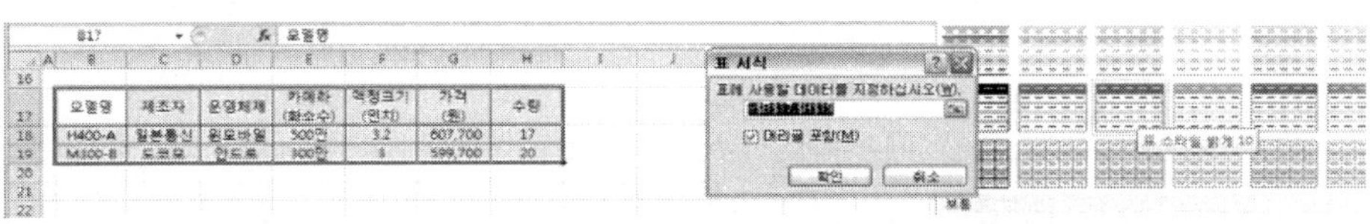

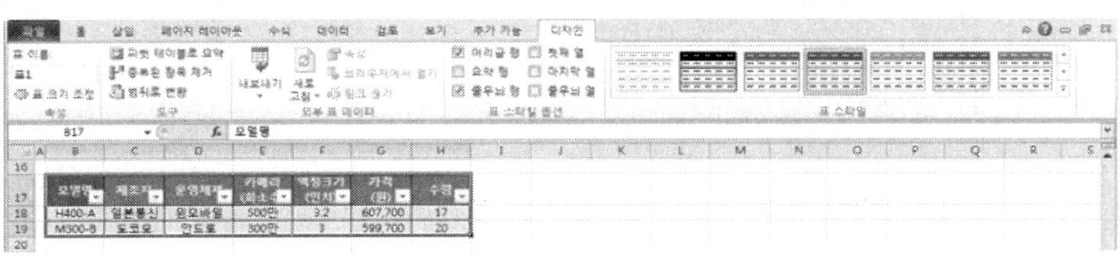

## [제 3 작업] 정렬과 부분합

정렬과 부분합을 구하기 위해 우선 '제1작업' 시트의「B4:H12」영역을 복사하여 '제3작업' 시트의「B3」셀부터 모두 붙여넣기를 한다.

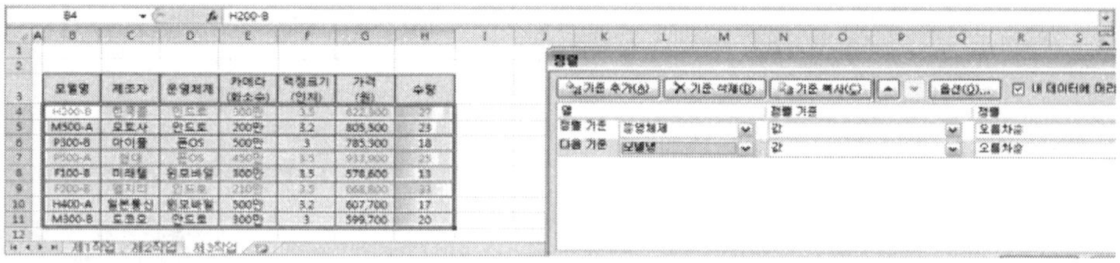

(1) 부분합을 구하기 위해 운영체제를 기준으로 정렬한 다음, 데이터 리본의 부분합에서 운영체제를 기준으로 그룹화하여 사용할 함수와 부분합 계산 항목을 각각 개수와 운영체제로 설정하고 새로운 값으로 대치를 체크한다. 이후 운영체제를 기준으로 그룹화하여 사용할 함수와 부분합 계산 항목을 각각 평균과 가격을 선택하고 새로운 값으로 대치 설정을 해제한다.

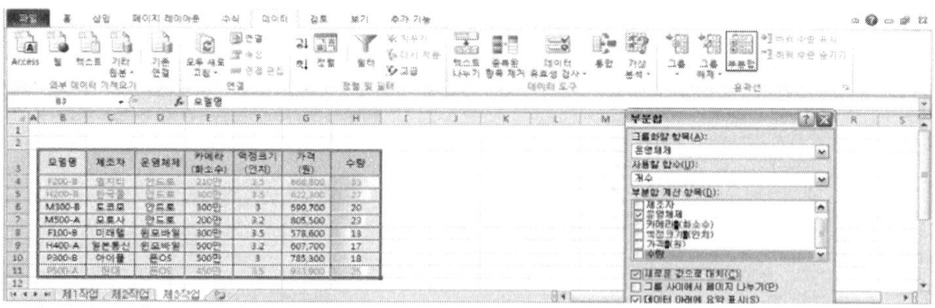

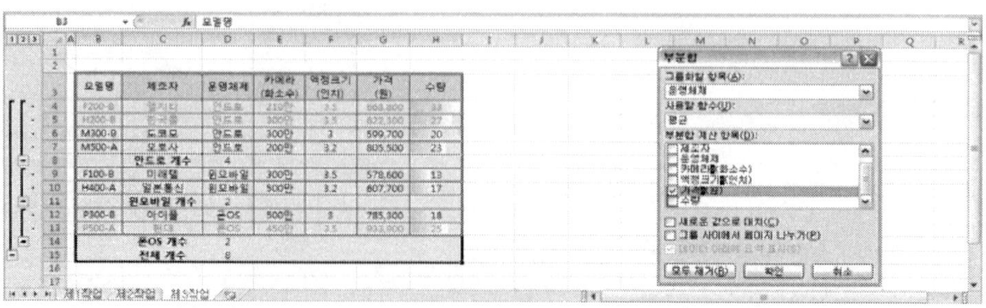

(2) 데이터 리본의 그룹 해제에서 윤곽을 지운다.

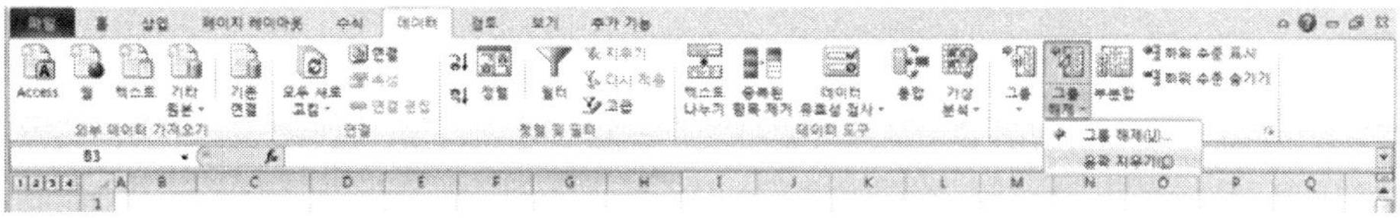

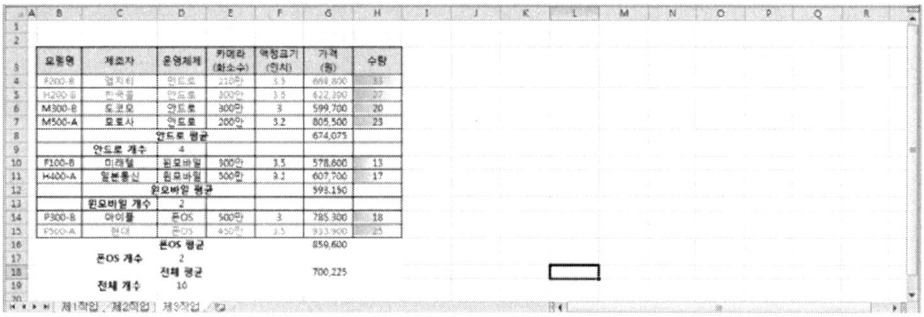

MEMO

## [제 4 작업] 그래프 (100점)

☞ "제1작업" 시트를 이용하여 조건에 따라 ≪출력형태≫와 같이 작업하시오.

≪조건≫

(1) 차트 종류 → <표식이 있는 꺾은선형>으로 작업하시오.

(2) 데이터 범위 → "제1작업" 시트의 내용을 이용하여 작업하시오.

(3) 위치 → "새 시트"로 이동하고, "제4작업"으로 시트 이름을 바꾸시오.

(4) 차트 디자인 도구 → 레이아웃 1, 스타일 22를 선택하여 ≪출력형태≫에 맞게 작업하시오.

(5) 영역 서식 → 차트 : 글꼴(맑은고딕, 11pt), 채우기 효과(질감-파피루스)

그림 : 채우기 없음

(6) 제목 서식 → 차트 제목 : 글꼴 (맑은 고딕, 굵게, 20pt), 도형 스타일 (강한 효과-강조 5)

축 제목 : ≪출력형태≫를 참조하시오.

(7) 서식 → 레이블 : 항목 이름과 값을 표시하고, 구분 기호는 ≪출력형태≫와 같이 표시하시오.

눈금선 : 선 스타일-파선

축 : ≪출력형태≫를 참조하시오.

(8) 범례 → 범례명을 변경하고 ≪출력형태≫를 참조하시오.

(9) 나머지 사항은 ≪출력형태≫에 맞게 작성하시오.

≪출력형태≫

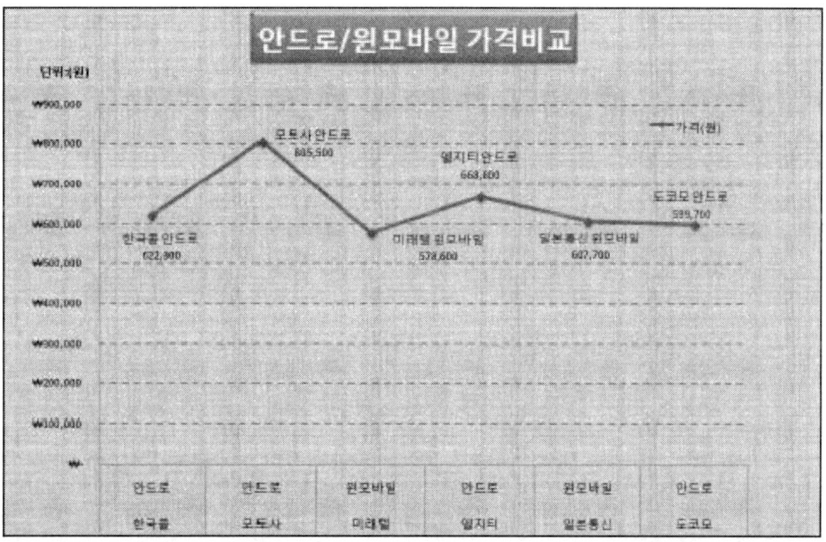


주의 ☞ 시트명 순서가 차례대로 "제1작업", "제2작업", "제3작업", "제4작업"이 되도록 할 것.

## [제 4 작업] 그래프-1

(1)~(4) '제1작업' 시트의 C5:D6, C9:D12, G5:G6, G9:G12 영역을 블록 설정하고 [삽입]-[차트]에서 꺾은선형 차트를 선택한다. 이후, 차트 이동에서 새 시트를 선택하고 제4작업으로 시트 이름을 입력한 다음 차트 디자인 도구에서 '레이아웃 1'과 '스타일 22'를 선택한다.

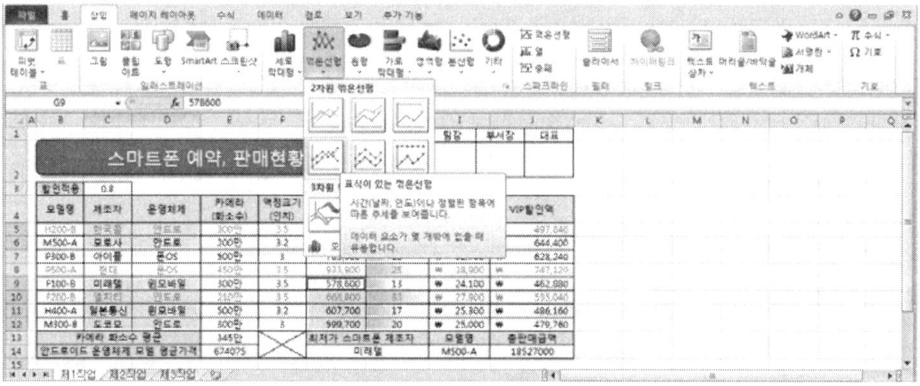

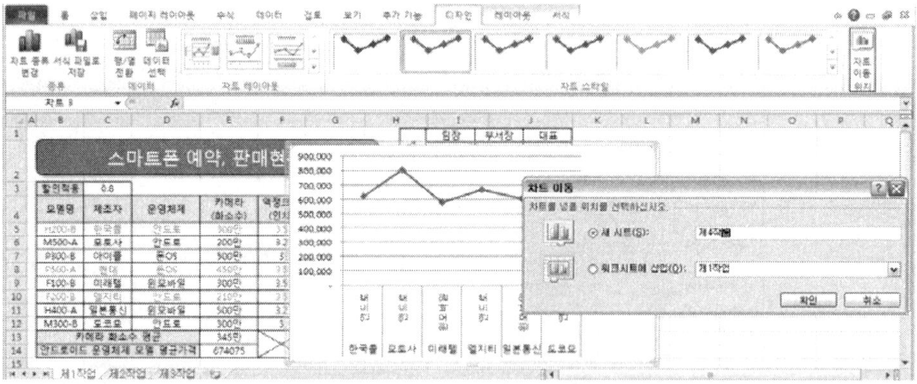

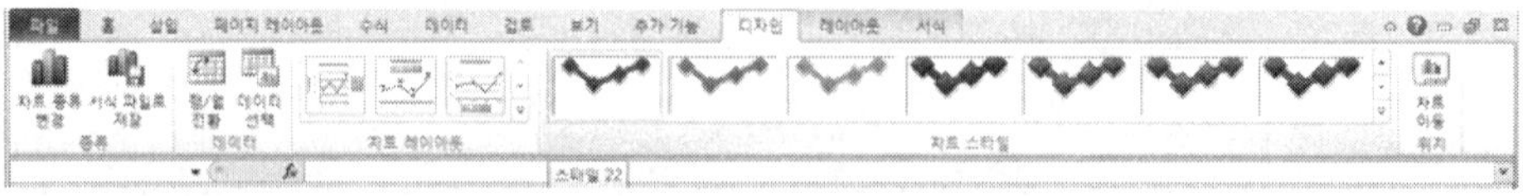

(5) 차트 영역 서식에서 맑은 고딕, 11pt로 글꼴을 설정하고 채우기 효과와 그림을 질감-파피루스와 채우기 없음으로 각각 설정한다.

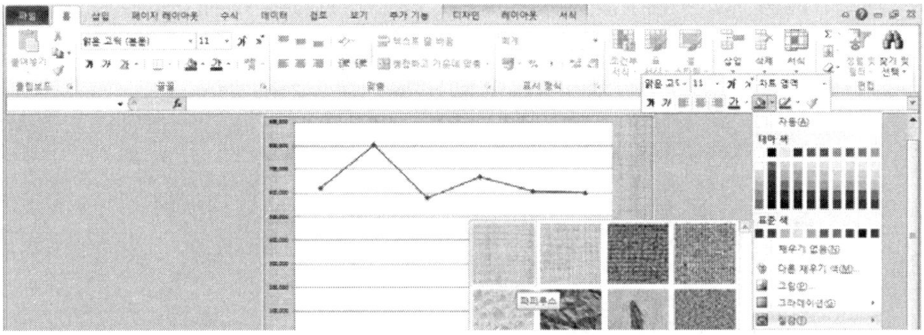

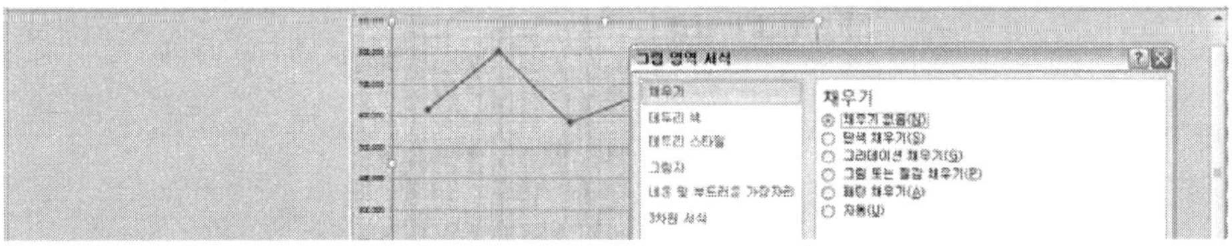

(6) 제목 서식에서 차트 제목을 맑은 고딕, 굵게, 20pt로 글꼴을 설정하고 도형 스타일을 강한 효과-강조 5로 지정한 다음 그라데이션 효과를 설정한다.

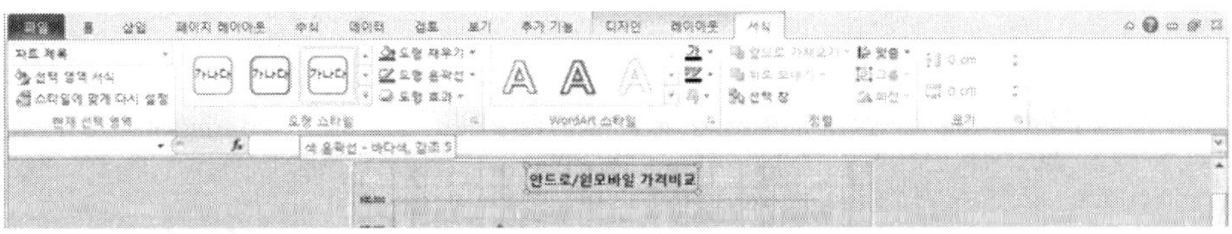

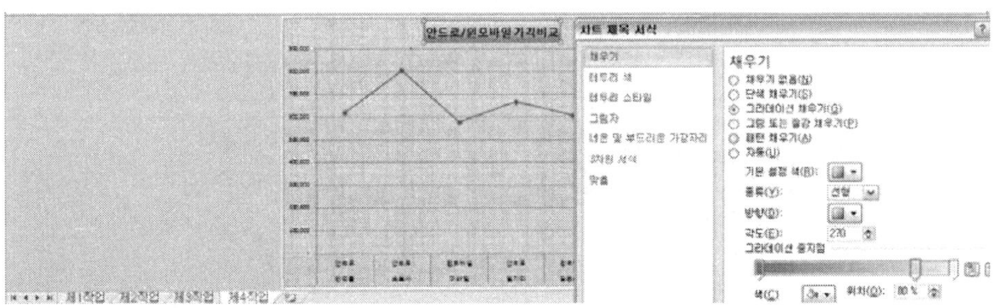

(7) 서식의 레이블에서 항목 이름과 값을 표시하고, 구분 기호는 줄 바꿈으로 설정하고 눈금선 스타일을 파선으로 지정한다. 또한, 세로축을 추가하여 원하는 위치로 이동한다.

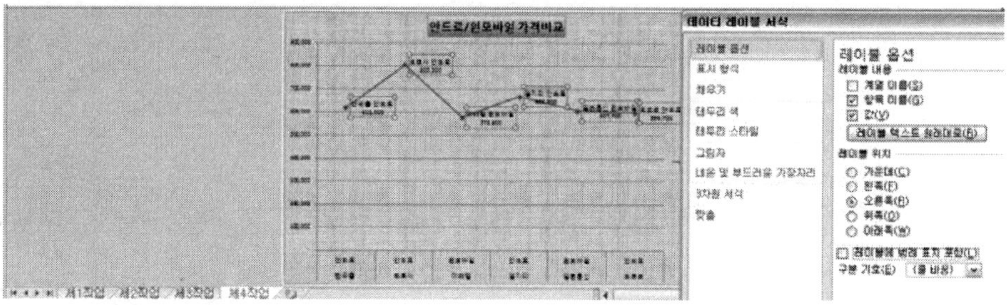

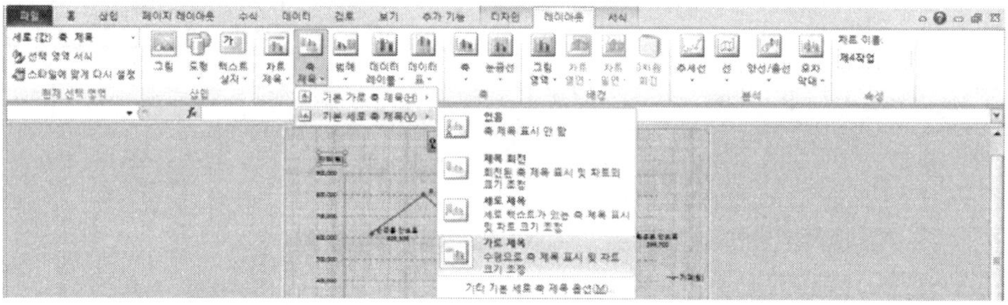

(8)~(9) [차트 도구]-[데이터 그룹]의 데이터 선택에서 데이터 원본 선택 대화 상자가 나타나면 계열1의 편집을 이용하여 범례명을 변경하고 ≪출력형태≫를 참조하여 나머지 사항을 작성한다.

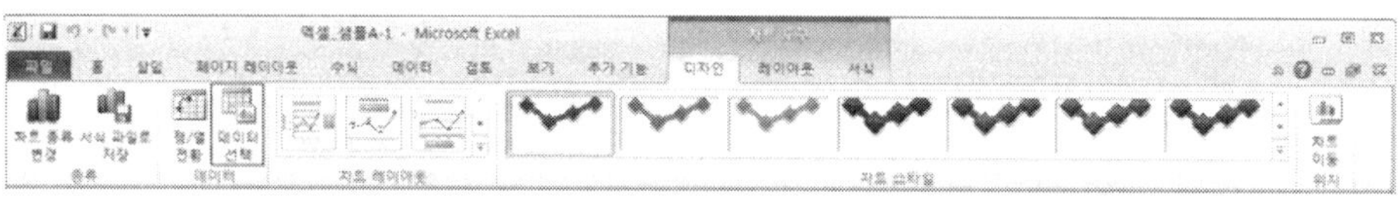

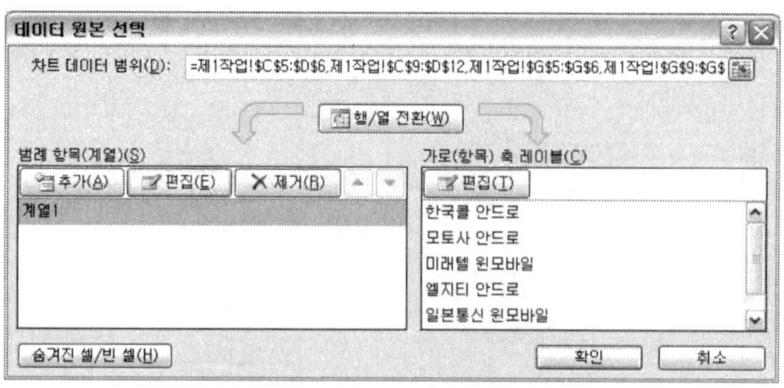


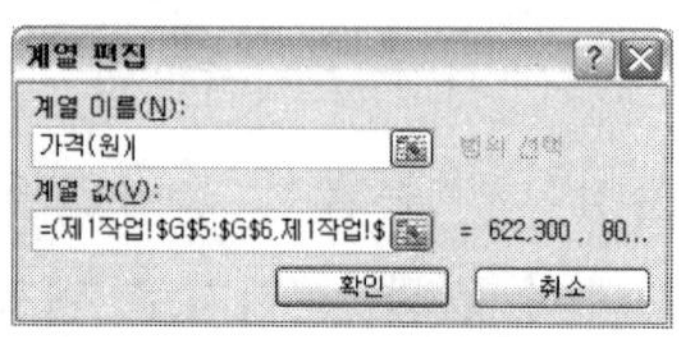

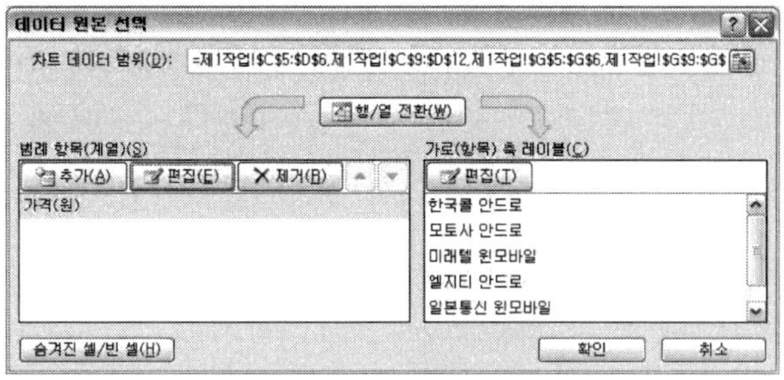
데이터 원본 선택
차트 데이터 범위(D):
=제1작업!$C$5:$D$6,제1작업!$C$9:$D$12,제1작업!$G$5:$G$6,제1작업!$G$9:$G$
행/열 전환(W)
범례 항목(계열)(S)
추가(A)
편집(E)
제거(R)
가격(원)
가로(항목) 축 레이블(C)
편집(T)
한국콜 안드로
모토사 안드로
미래텔 윈모바일
엘지티 안드로
일본통신 윈모바일
숨겨진 셀/빈 셀(H)
확인
취소

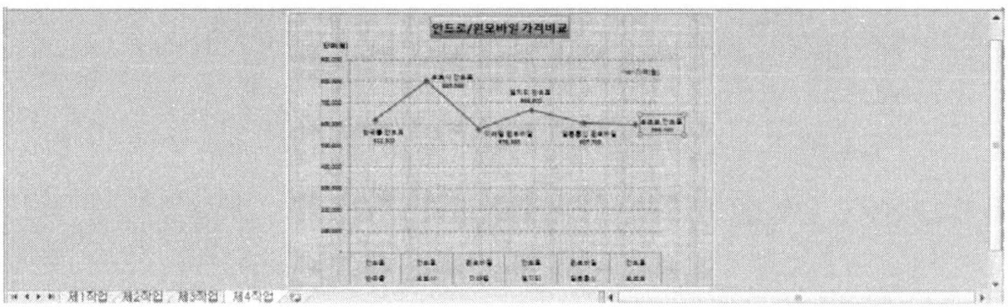
안드로/윈모바일 가격비교

MEMO

## [제 4 작업] 그래프 (100점)

☞ "제1작업" 시트를 이용하여 조건에 따라 ≪출력형태≫와 같이 작업하시오.

≪조건≫

(1) 차트 종류 → <표식이 있는 꺾은선형>으로 작업하시오.

(2) 데이터 범위 → "제1작업" 시트의 내용을 이용하여 작업하시오.

(3) 위치 → "새 시트"로 이동하고, "제4작업"으로 시트 이름을 바꾸시오.

(4) 차트 디자인 도구 → 레이아웃 2, 스타일 31을 선택하여 ≪출력형태≫에 맞게 작업하시오.

(5) 영역 서식 → 차트 : 글꼴(맑은고딕, 14pt), 채우기 효과(질감-분홍 박엽지)

그림 : 채우기 없음

(6) 제목 서식 → 차트 제목 : 글꼴 (맑은 고딕, 굵게, 20pt), 도형 스타일 (보통효과-강조 1)

축 제목 : ≪출력형태≫를 참조하시오.

(7) 서식 → 레이블 : 항목 이름과 백분율을 표시하고, 구분 기호는 ≪출력형태≫와 같이 표시하시오.

데이터 계열 : 첫째 조각의 각(180도 회전)

(8) 범례 → 범례명을 변경하고 ≪출력형태≫를 참조하시오.

(9) 나머지 사항은 ≪출력형태≫에 맞게 작성하시오.

≪출력형태≫

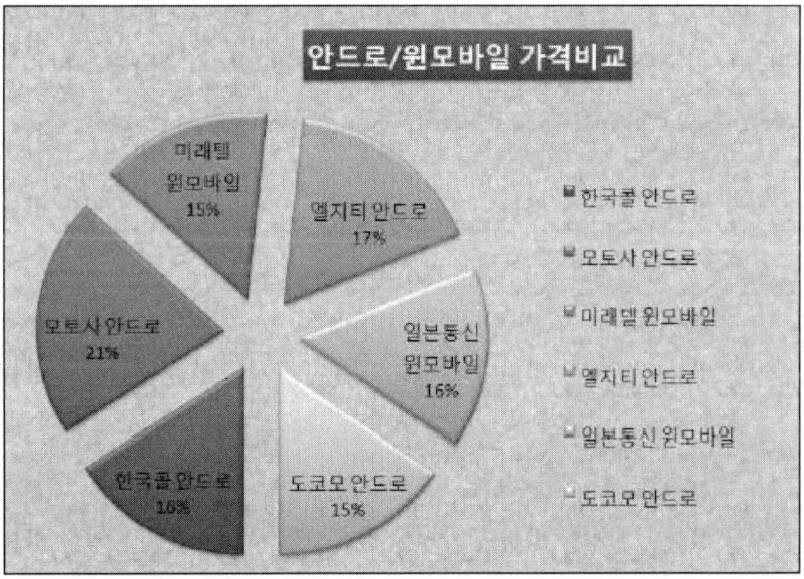


주의 ☞ 시트명 순서가 차례대로 "제1작업", "제2작업", "제3작업", "제4작업"이 되도록 할 것.

## [제 4 작업] 그래프-2

(1)~(4) '제1작업' 시트의 차트를 원형으로 표시하기 위해 차트 종류 변경에서 원형 차트를 선택한다. 이후, 차트의 디자인 도구에서 레이아웃 2, 스타일 31을 선택한다.

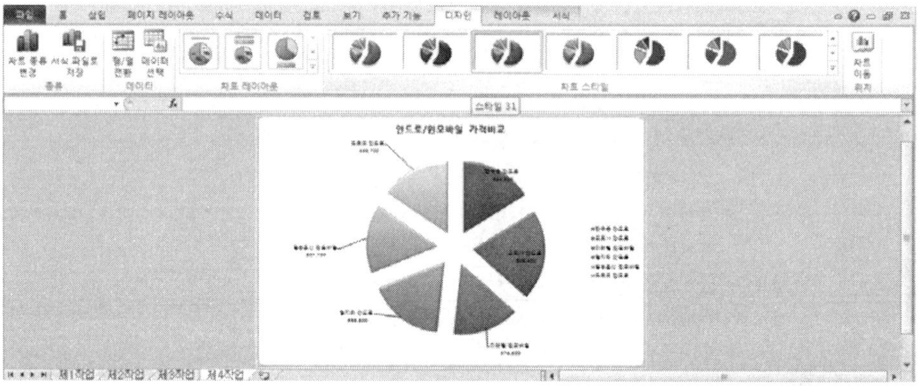

(5) 차트 영역 서식에서 차트 글꼴을 맑은 고딕, 14pt로, 채우기 효과 질감을 분홍 박엽지로 지정하고 그림을 채우기 없음으로 설정한다.

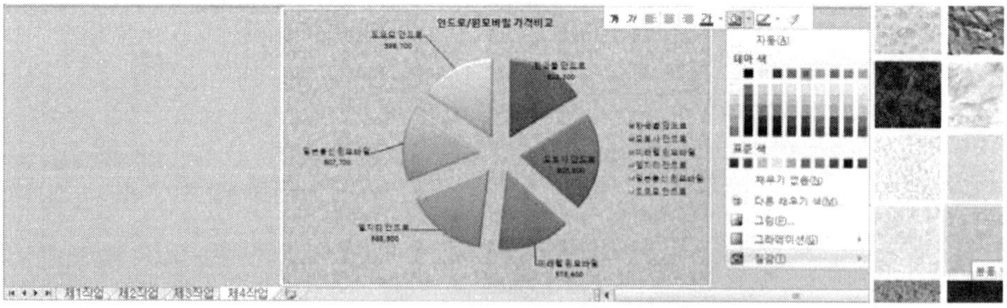

(6) 제목 서식에서 차트 제목의 글꼴을 맑은 고딕, 굵게, 20pt로, 도형 스타일을 보통 효과-강조 1로 설정한다.

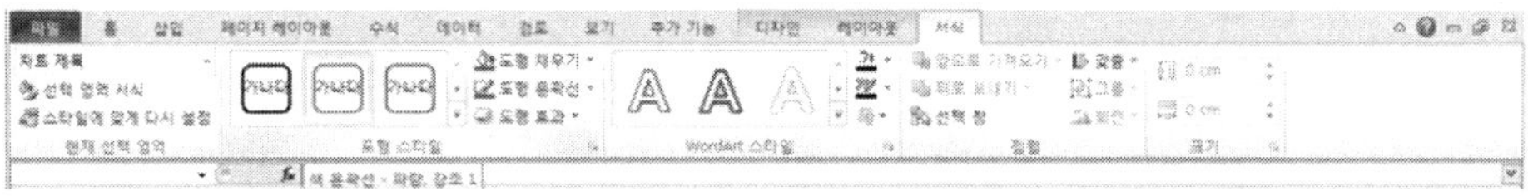

(7)~(9) 서식의 레이블에서 항목 이름과 백분율을 표시하고, 구분 기호는 줄 바꿈으로 표시한 후, 데이터 계열은 첫째 조각의 각을 180도 회전으로 지정한다. 마지막 과정으로 범례명을 변경하고 ≪출력형태≫를 참조하여 나머지 사항을 작성한다.

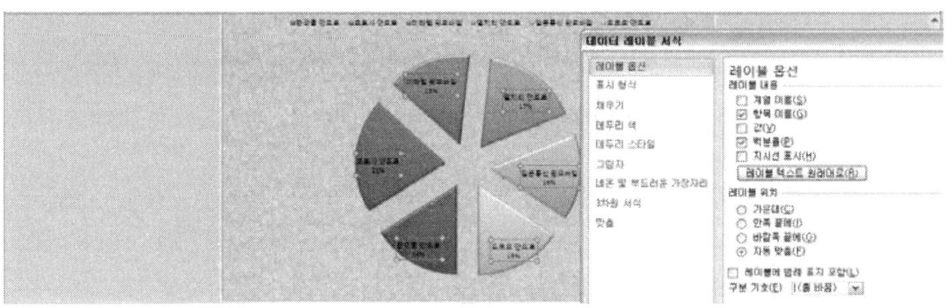

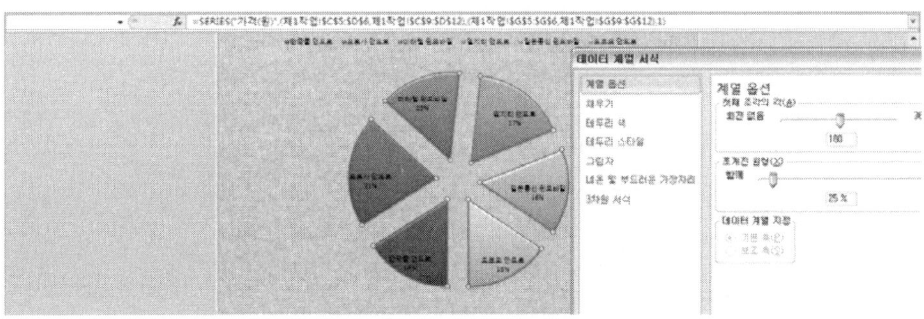

MEMO

## [제 1 작업] 표 서식 작성 및 값 계산 (240점)

☞ 다음은 '창사 20주년 기념 노래자랑'에 대한 자료이다. 자료를 입력하고 조건에 맞도록 작업하시오.

≪출력형태≫

○ 창사 20주년 기념 노래자랑

| 결재 | 담당 | 심사위원 | 심사위원장 |
|---|---|---|---|
| | | | |

| 가산율 | 110% | | | | | | | |
|---|---|---|---|---|---|---|---|---|
| 참가자 | 생년월일 | 성별 | 신청분야 | 가창력 점수 | 안무 점수 | 인기 점수 | 신청자나이 | 비고 |
| 김영일 | 1987-04-08 | 남 | R&B | 100 | 90 | 100 | (1) | (2) |
| 남선희 | 1981-03-02 | 여 | 언더 | 90 | 70 | 85 | (1) | (2) |
| 정문택 | 1986-01-02 | 남 | 언더 | 90 | 70 | 85 | (1) | (2) |
| 정진희 | 1976-08-26 | 여 | 트로트 | 95 | 85 | 100 | (1) | (2) |
| 임채덕 | 1965-05-09 | 남 | R&B | 85 | 85 | 75 | (1) | (2) |
| 채운랑 | 1971-02-20 | 여 | 트로트 | 100 | 80 | 90 | (1) | (2) |
| 이기철 | 1976-09-03 | 남 | R&B | 90 | 80 | 85 | (1) | (2) |
| 채운랑 | 1980-02-06 | 여 | 트로트 | 90 | 90 | 90 | (1) | (2) |
| 남자 참가자의 인기 점수 평균 | | | (3) | | 창사일 | 창사요일 | 참가자 | 신청분야 |
| 안무 점수가 가장 높은 사람 | | | (4) | | 1990-08-25 | (5) | 김영일 | (6) |

≪조건≫

○ 모든 데이터의 서식에는 글꼴(맑은고딕, 10pt), 맞춤은 ≪출력형태≫를 참조하시오.

○ 제 목 → 그리기 도구모음의 모서리가 둥근 직사각형과 바깥쪽 그림자 스타일(오프셋 대각선 오른쪽 아래)을 이용하여 작성하고 "○ 창사 20주년 기념 노래자랑"을 입력한 후 다음 서식을 적용하시오(글꼴-맑은고딕, 18pt, 굵게, 흰색, 채우기-파랑색 계열).

○ 임의의 셀에 결재란을 작성하여 카메라 또는 그림복사 기능을 이용하여 붙이기 하시오(단, 원본 삭제).

○ 「B3, B4:J4, B13:D13, G13:J13」 영역은 '노랑'으로 채우기 하시오.

○ 유효성 검사를 이용하여 「I14」 셀에 '참가자(「B5:B12」 영역)'가 선택 표시되도록 하시오.

○ 셀 서식 → 「F5:H12」 영역에 셀 서식을 이용하여 숫자 뒤에 '점'을 표시하시오(예 : 100 → 100점).

○ 참가자, 생년월일, 성별, 신청분야 값(「B5:E12」 영역) 전체에 대해 '찾기참조'로 이름정의하시오.

◉ (1)~(6) 셀은 반드시 **주어진 함수를 이용**하여 값을 구하시오(결과값을 직접 입력하면 해당 셀은 0점 처리됨).

(1) 신청자 나이 → 「2010-생년월일의 연도」로 계산하고, 결과값 뒤에 '세'를 표시하시오(YEAR 함수, &연산자).

(2) 비고 → 가창력, 안무, 인기 점수의 평균이 95 이상이면 '수상자', 아니면 공백으로 표시하시오.
단, 가창력 점수는 「C3」 셀의 '가산율'을 곱하여 구하시오(IF, AVERAGE 함수).

(3) 남자 참가자의 인기 점수 평균 → 조건은 입력 데이터를 이용하시오(DAVERAGE 함수).

(4) 안무 점수가 가장 높은 사람 → (INDEX, MATCH, MAX 함수)

(5) 창사요일 → 창사일의 요일을 구하시오(CHOOSE, WEEKDAY 함수)(예 : 수요일).

(6) 신청분야 → 「I14」 셀에서 선택한 '참가자'의 신청분야를 정의된 이름('찾기참조')을 사용하여 표시하시오 (VLOOKUP 함수).

(7) 조건부 서식을 이용하여 '인기 점수' 셀에 데이터 막대 스타일로 최소값 및 최대값을 적용하고,
수식을 이용하여 '신청분야'가 '언더'인 행 전체에 다음 서식을 적용하시오(데이터 막대, 글꼴 : 파랑).

## [제1작업] 표 서식 작성 및 값 계산

○ 제목을 작성하기 위해 그리기 도구 모음의 모서리가 둥근 직사각형과 오프셋 대각선 오른쪽 아래 방향의 바깥쪽 그림자 스타일을 이용하여 작성한다. 이후 "○ 창사 20주년 기념 노래자랑"을 입력한 후 서식에서 글꼴을 맑은 고딕, 18pt, 굵게, 흰색 그리고 채우기－파랑색 계열로 설정한다.

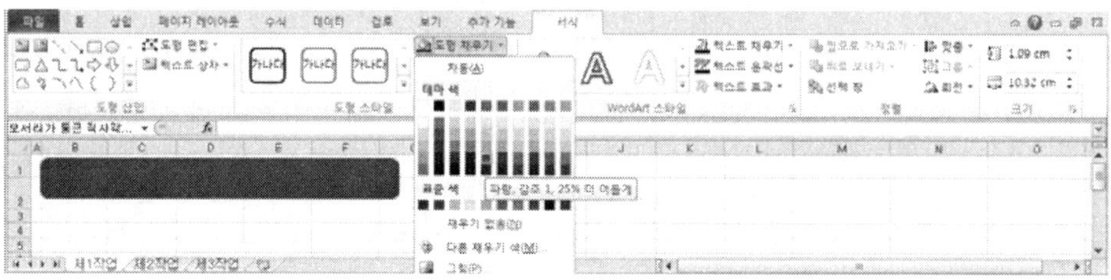

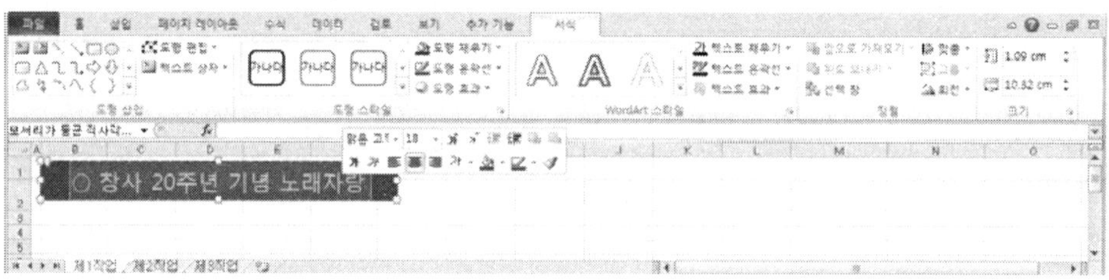


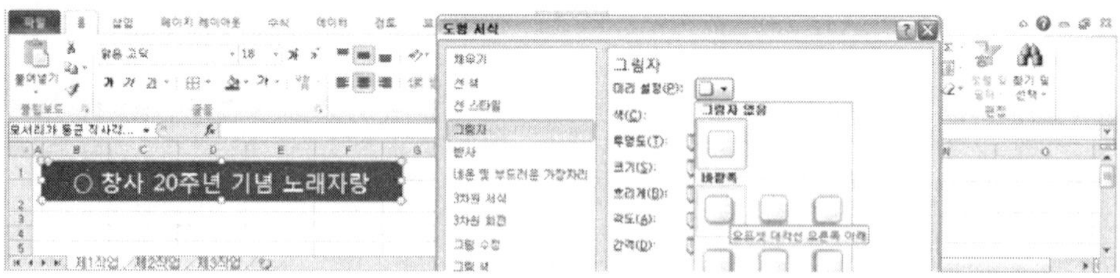


○ 셀 병합과 세로쓰기 기능을 이용하여 임의의 셀에 결재란을 작성하고, 그림으로 복사 기능을 이용하여 선택하여 붙이기를 수행한 후 원본을 삭제한다.

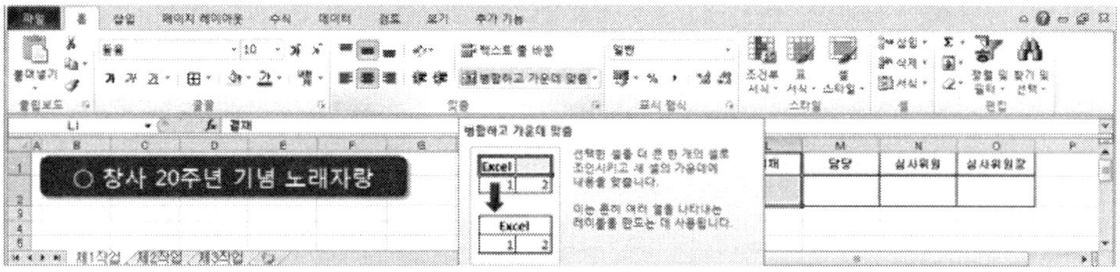

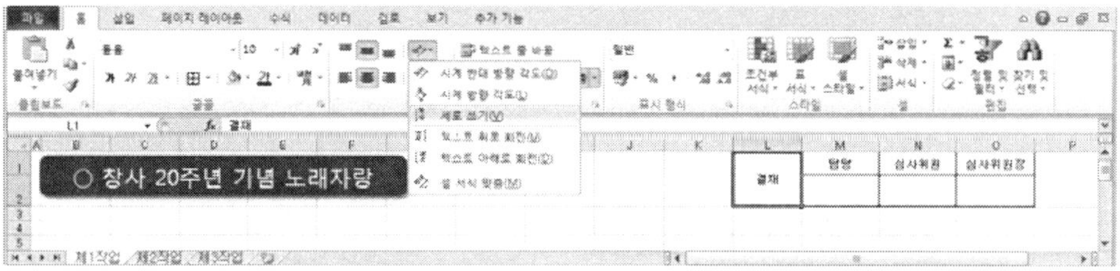

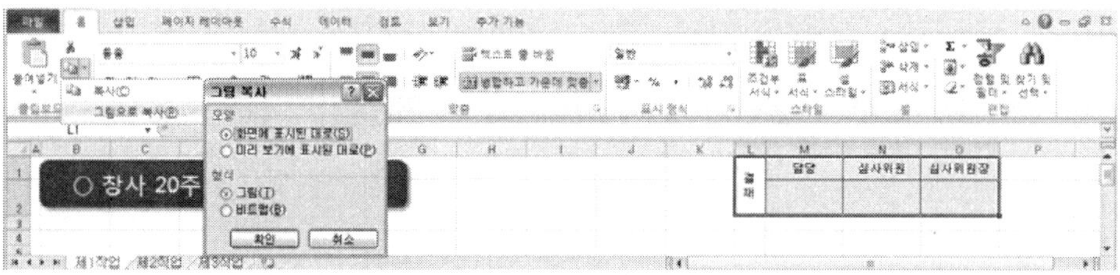

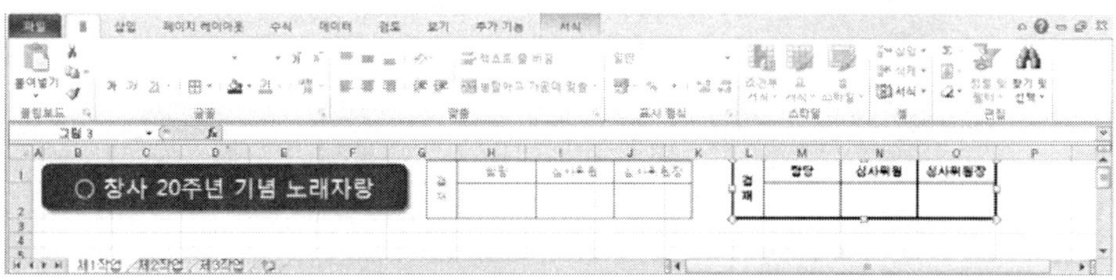

○ 기본 데이터를 입력하고 셀 합치기, 줄 바꾸기(Alt-Enter↵), 셀 병합, 정렬 그리고 셀 서식을 이용하여 다음과 같은 표를 작성한다.

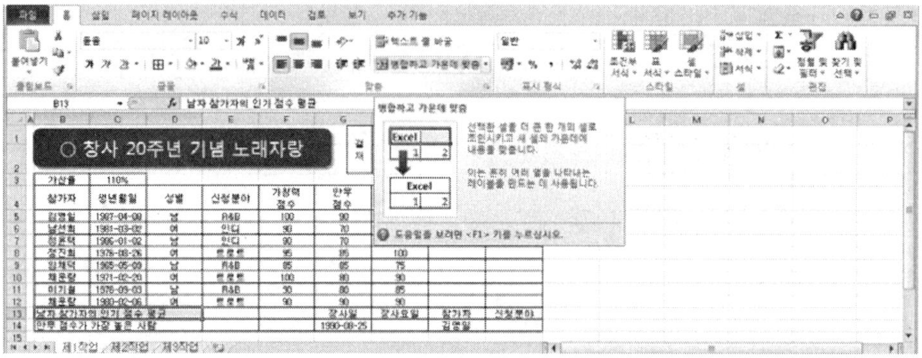


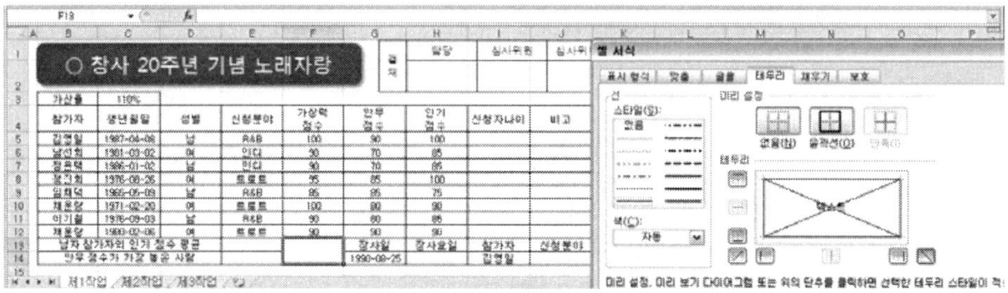


○ 「B3, B4:J4, B13:D13, G13:J13」 영역을 설정하여 홈 리본의 글꼴 그룹에서 '노랑' 채우기를 실시한다.

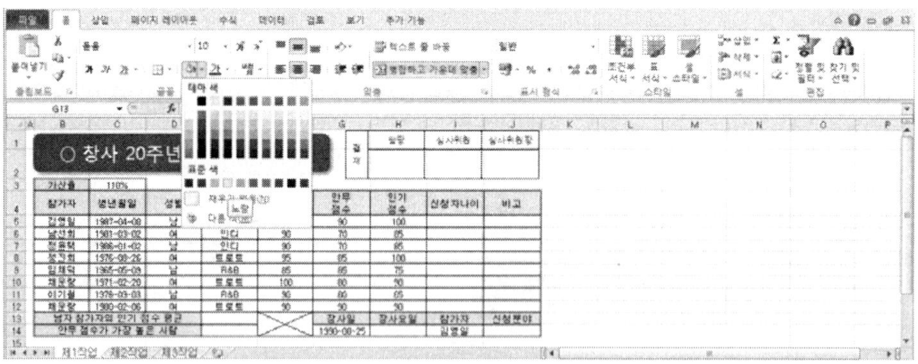

○ 데이터 리본의 데이터 도구 그룹에서 데이터 유효성 검사를 선택한 후 유효성 조건을 목록으로 설정하고, 원본으로 「B5:B12」 영역을 선택하여 모델명이 표시되도록 설정한다.

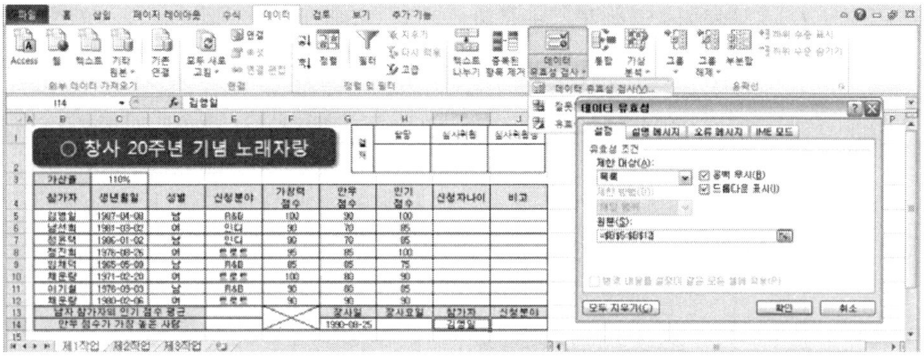

○ 「F5:H12」를 블록 영역으로 설정하고 [셀 서식]－[표시 형식]의 [사용자 지정] 형식 영역 마지막 부분에 "점"을 입력하여 표시한다(예 : 100 → 100점).

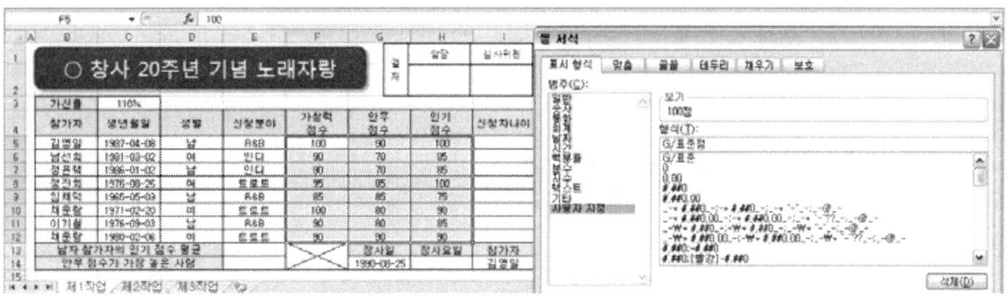

○ 참가자, 생년월일, 성별, 신청 분야 값(「B5:E12」 영역) 전체에 대해 블록 영역을 설정한 후 수식 리본의 정의된 이름 그룹에 이름 정의에서 '찾기참조'로 이름을 정의한다.

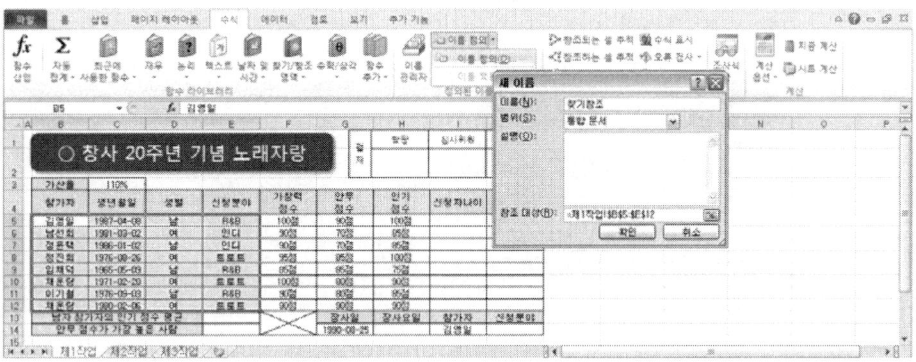

(1) 신청자 나이를 계산할 셀을 선택하고 날짜/시간 범주의 YEAR 함수를 이용하여 신청자의 나이를 2010-YEAR(해당 셀 예:C5)로 계산하고, &"세"를 이용하여 결과 값 뒤에 '세'를 표시한다.

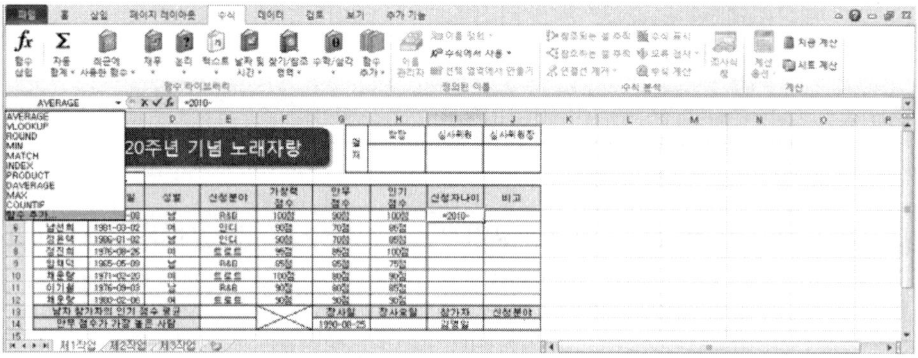


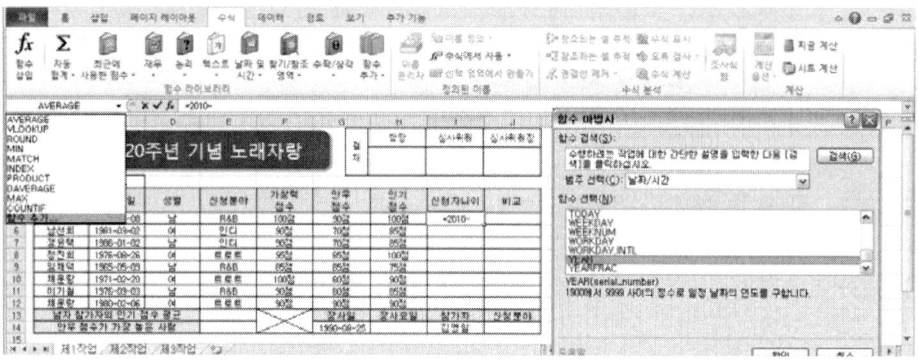


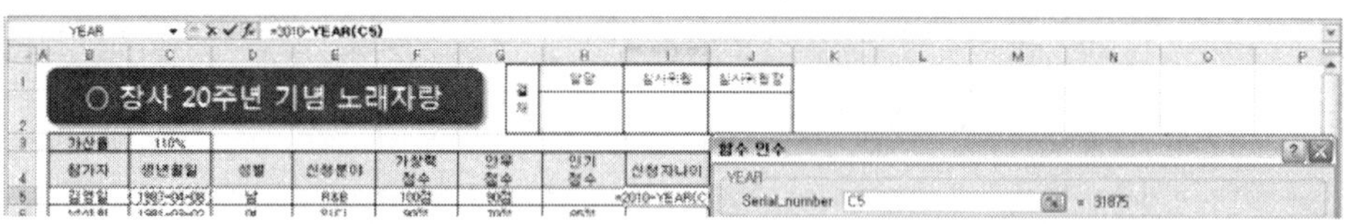


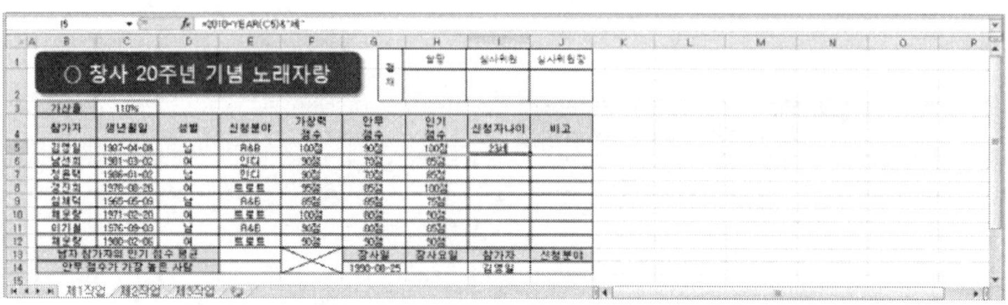

(2) 「J5」를 선택하고 논리 범주에서 IF 함수를 이용하여 value_if_true와 value_if_false 인수로 '수상자'와 ' '(공백)을 입력한다. 또한, Logical_test에 함수 추가 기능을 이용하여 AVERAGE 함수의 인수로 가창력 점수, 안무 점수 그리고 인기 점수를 사용하여 평균을 구한 다음, 이 값이 95 이상인지를 인수로 사용한다. 이때, 가창력 점수에 관련된 인수는 「C3」 셀의 '가산율'을 F4를 이용하여 절대 참조 상태, 즉, $C$3를 곱하여 인수로 사용한다.

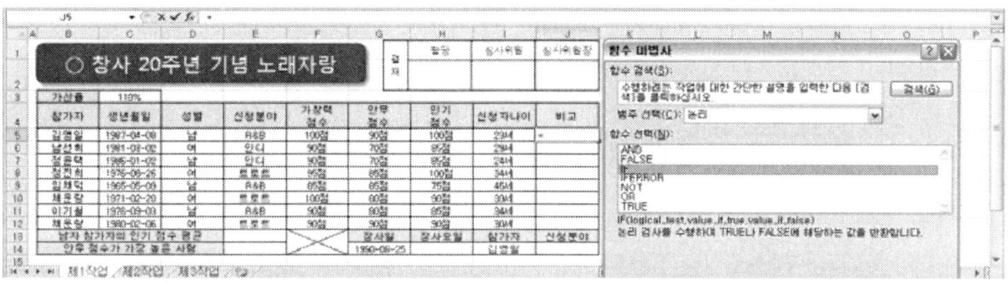


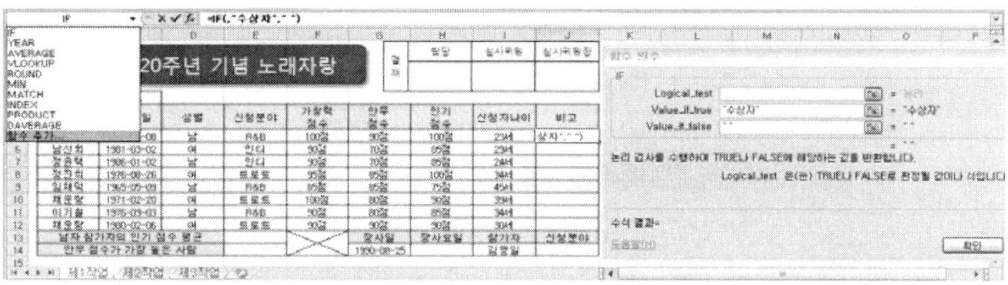


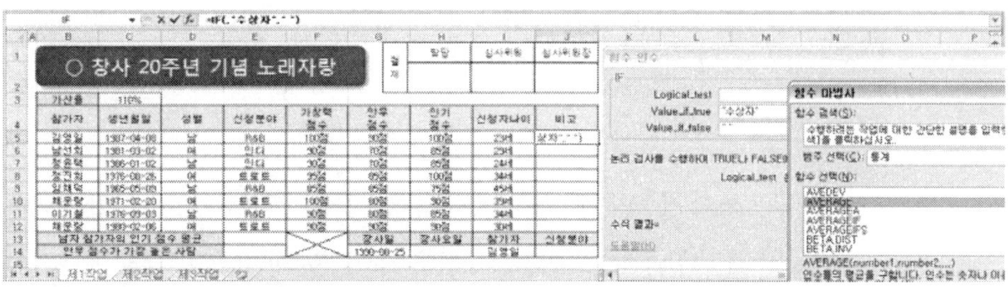


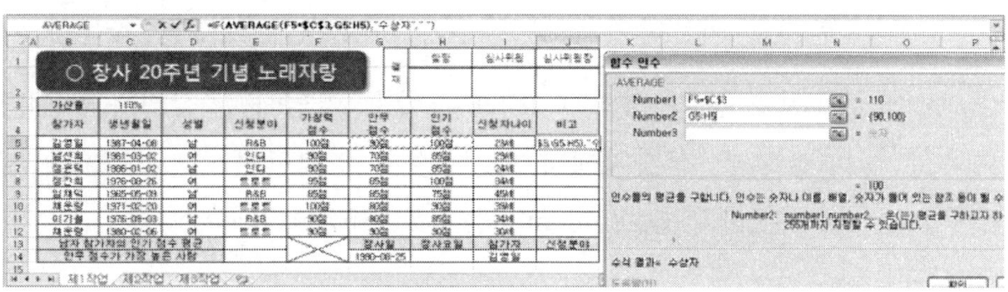

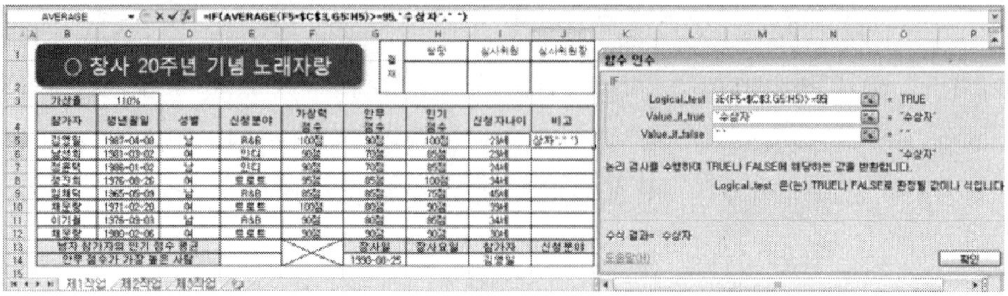

(3) 남자 참가자의 인기 점수 평균을 구하기 위해 DAVERAGE 함수의 인수로 Database D4:H12, Field 5, Criteria D4:D5를 각각 지정한다.

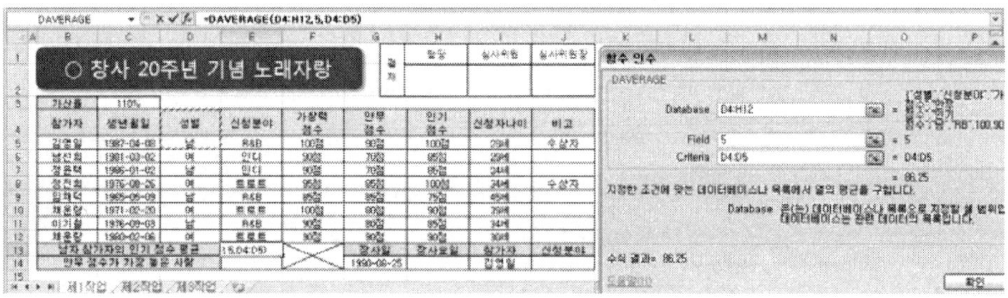

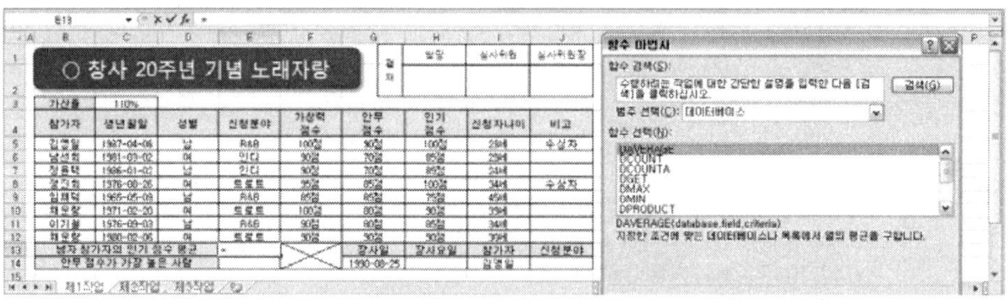

(4) 안무 점수가 가장 높은 사람을 찾기 위해 MAX 함수에서 최고점을 찾고, MATCH 함수를 이용하여 상대적 위치를 찾은 후, INDEX 함수를 이용하여 안무 점수가 가장 높은 사람을 찾는다.

- 찾기/참조 영역의 INDEX 함수 마법사를 실행하고 인수에 있어 array를 참가자에서 안무 점수 영역까지 즉, B5:G12까지 영역을 지정하고 Column_num을 1로 지정한다.

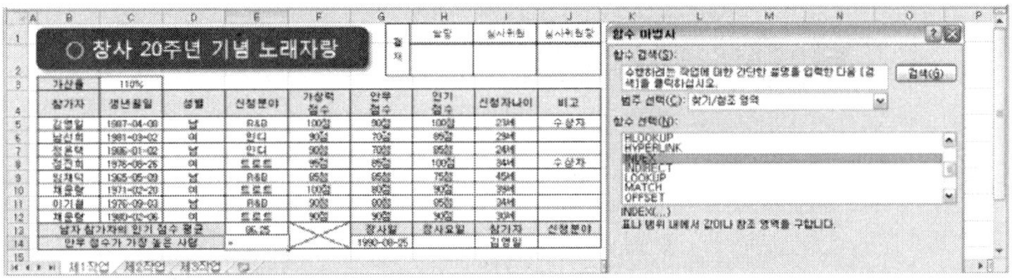

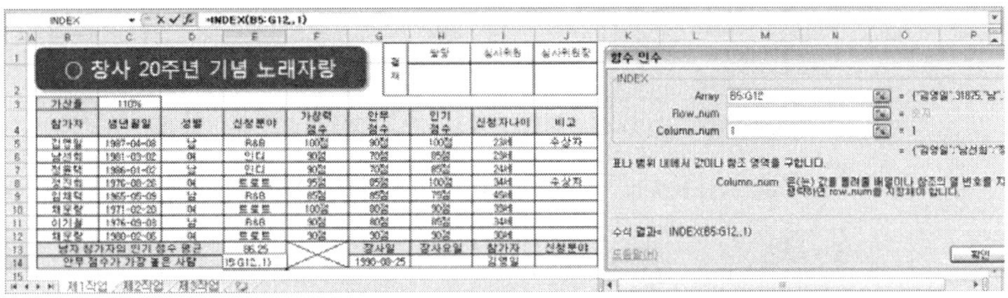

- Row_num을 최고점에 해당하는 상대적인 위치를 지정하기 위해 함수 추가에서 MATCH 함수를 선택한다.

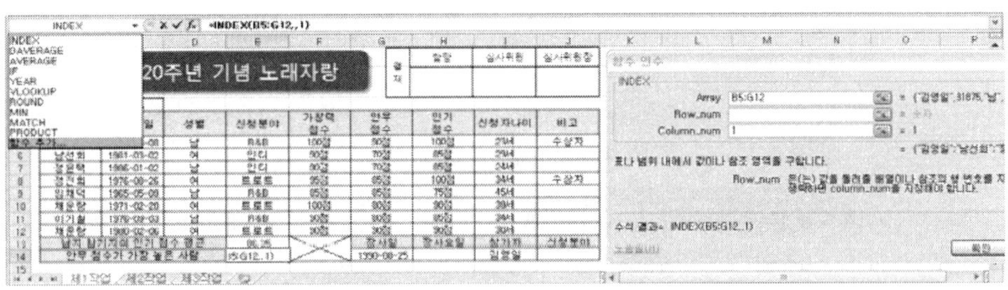

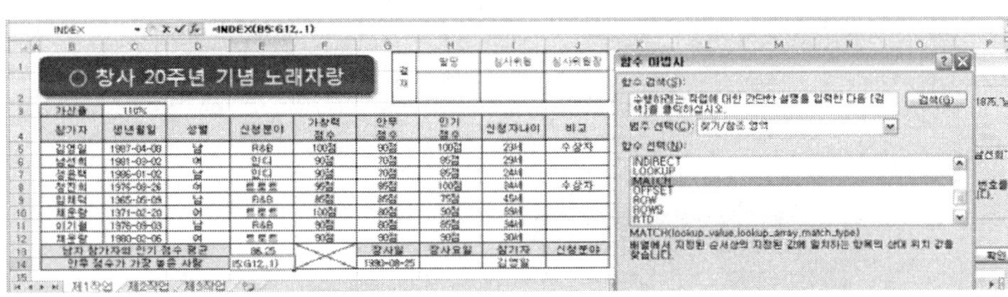

- MATCH 함수의 인수 Lookup_array와 Match_type를 동일한 영역 G5:G12으로 지정하고 정확히 일치하는 값을 찾기 위해 0으로 지정한다.

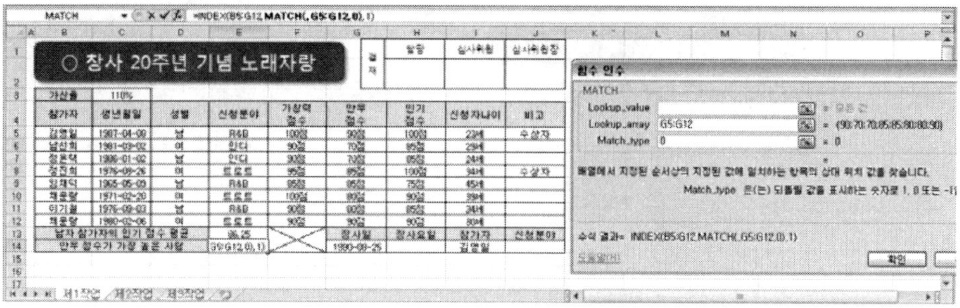


- Lookup_value를 최고점을 지정하기 위해 추가 함수에서 MAX 함수를 선택하고 안무 점수에 해당하는 영역인 G5:G12를 지정한다.

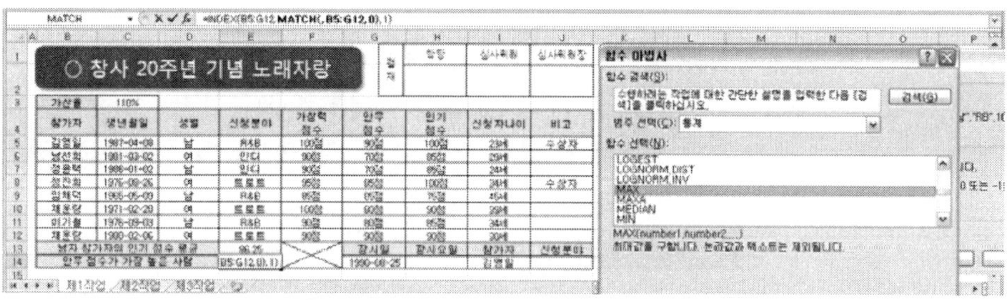


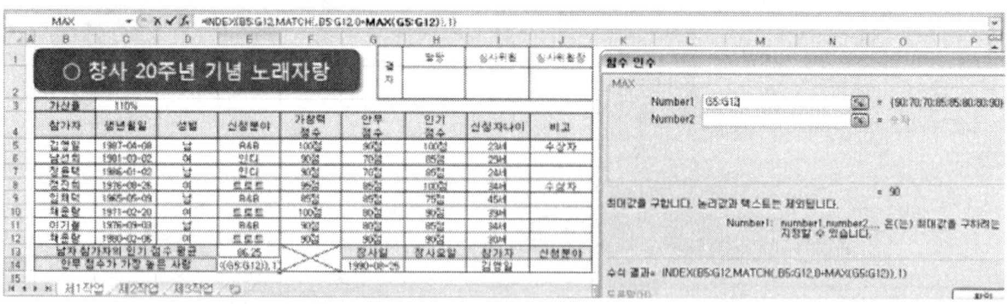


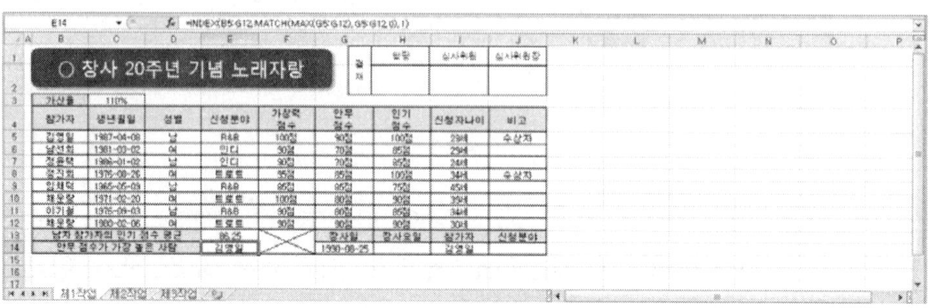

(5) WEEKDAY를 이용하여 창사요일에 해당하는 요일을 나타내는 1에서 7까지의 수를 구한 다음 CHOOSE 함수를 이용하여 해당 요일을 구한다.

- 찾기/참조 영역의 CHOOSE 함수를 이용하여 index_num 인수를 입력하기 위해 추가 함수를 선택한다.

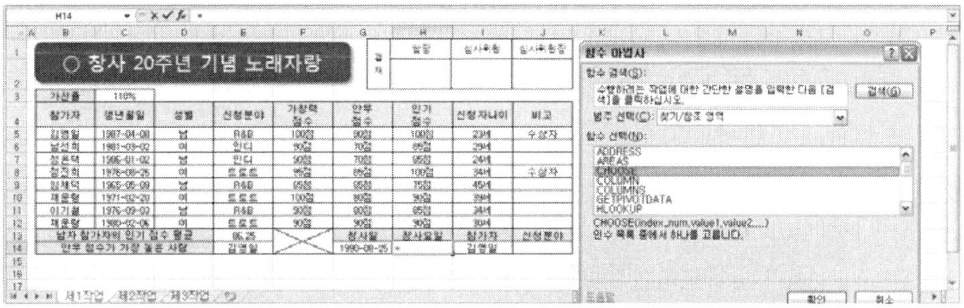


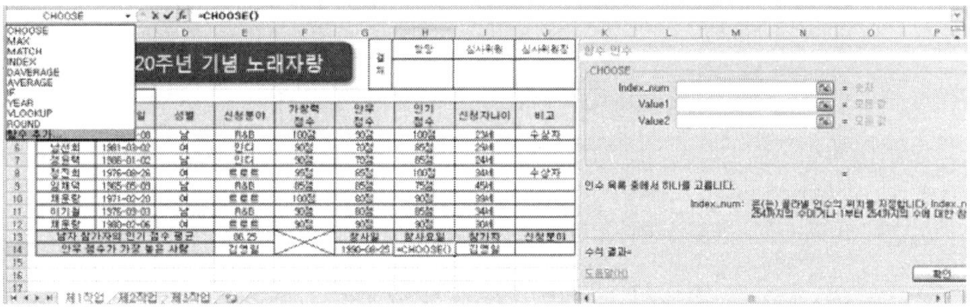


- 추가 함수에서 날짜/시간 범주의 WEEKDAY를 선택하고 인수로 창사일에 해당하는 H14를 입력한다.

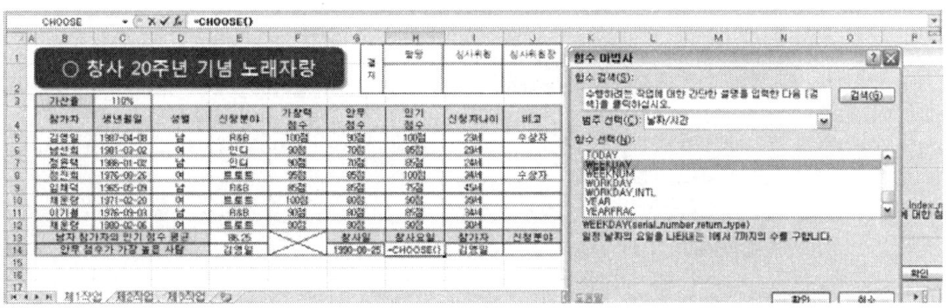

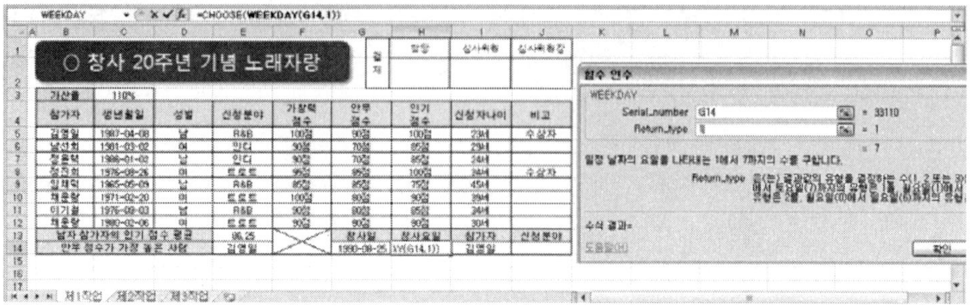

- CHOOSE 함수에서 value1～value7의 인수로 일요일～토요일까지 각각 입력한다.

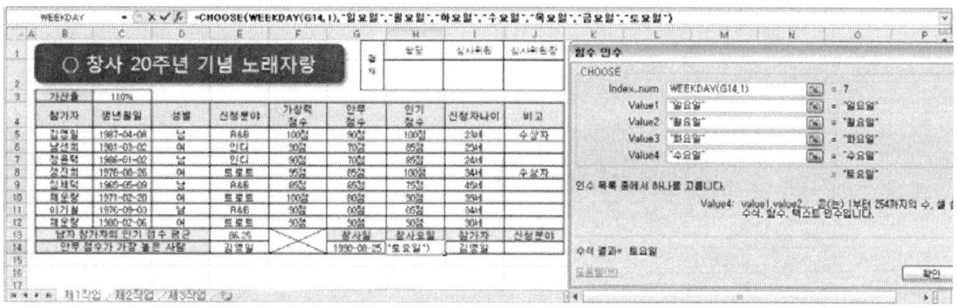

(6) 「I14」 셀에서 선택한 '참가자'의 신청 분야를 정의된 이름('찾기참조')을 사용하여 표시하기 위해 VLOOKUP 함수의 인수 Lookup_value, Table_array, Column_num, Range_lookup를 각각 I14, 찾기참조, 4, 0으로 각각 설정한다.

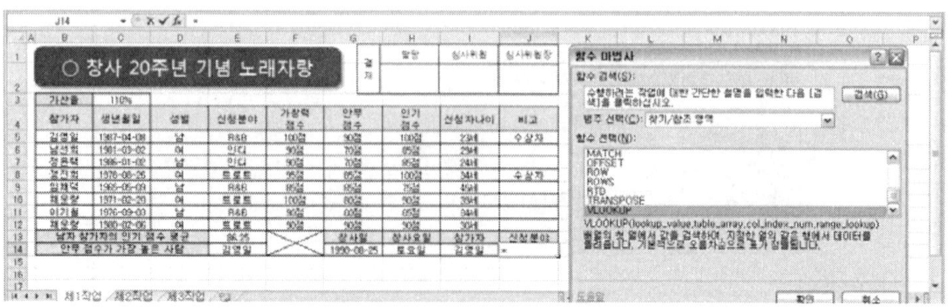

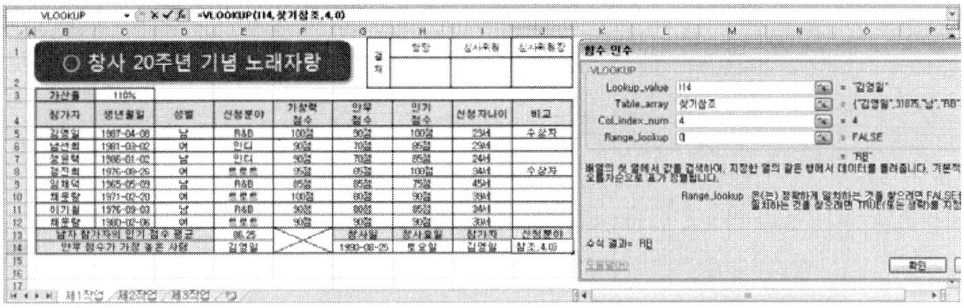


(7) 조건부 서식을 이용하여 '인기 점수' 셀에 데이터 막대 스타일로 최소값 및 최대값을 적용하고, 수식을 이용하여 '신청 분야'가 '인디'인 행 전체에 글꼴을 파랑으로 적용한다.

- 「H5:H12」 영역을 설정하고 조건부 서식의 [데이터 막대]−[기타 규칙]에서 막대 스타일을 최소값 및 최대값으로 적용한다.

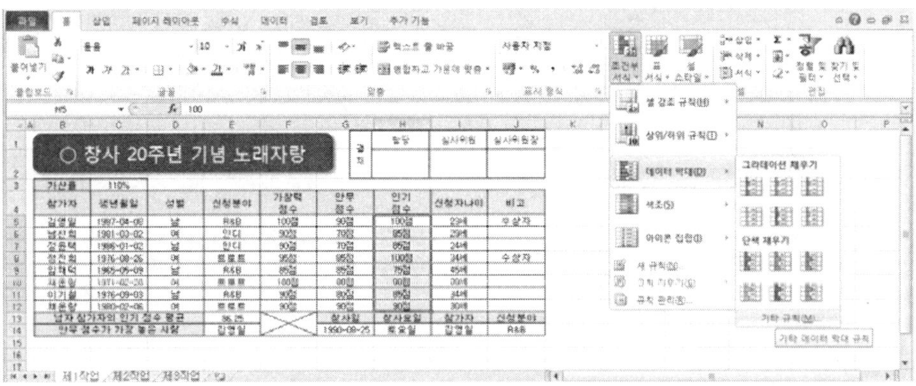


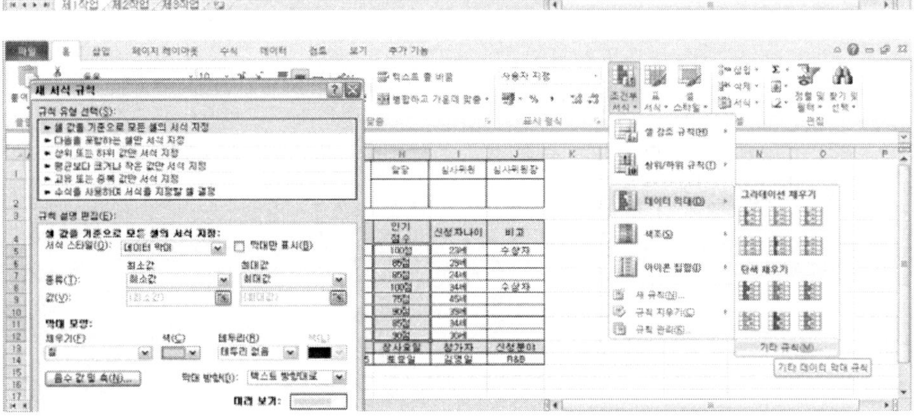

-「B5:J12」 영역을 설정하고 조건부 서식의 새 규칙에서 수식을 사용하여 서식을 지정할 셀 결정을 선택한 후, 행 전체의 서식을 파랑으로 지정하기 위해 규칙 설명 편집에 $E5:$E12="인디"를 입력하고 서식에서 글꼴을 파랑으로 지정한다.

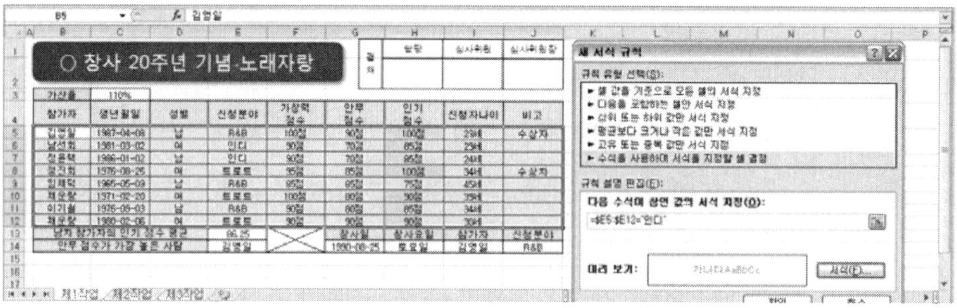

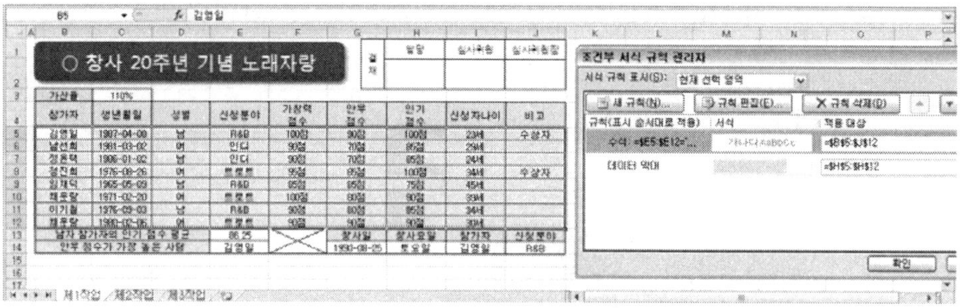

MEMO

MEMO

## [제 2 작업] 중복 데이터 제거 및 필터 (80점)

☞ "제1작업" 시트의 「B4:H12」 영역을 복사하여 "제2작업" 시트의 「B2」 셀부터 모두 붙여넣기를 한 후 다음의 조건과 같이 작업하시오.

≪조건≫

(1) 중복 데이터 제거 - '참가자'를 기준으로 중복된 데이터를 찾아 행 전체를 제거하시오.

(2) 자동 필터 - 중복된 데이터를 제거한 결과값에서 자동 필터를 이용하여 조건에 따라 값을 추출한 후, 그 결과값을 복사하여 지정된 위치에 행/열 바꿈으로 선택하여 붙여넣기 하시오.
- 조건 : 1980년 1월 1일 ~ 1989년 12월 31일 사이에 태어난 참가자
- 복사 위치 : 「B12」 셀부터 나타나도록 하시오.

## [제 3 작업] 피벗테이블 (80점)

☞ "제1작업" 시트를 이용하여 "제3작업" 시트에 조건에 따라 ≪출력형태≫와 같이 작업하시오.

≪조건≫

(1) 성별, 신청분야별로 참가자의 개수와 가창력 점수의 평균을 구하시오.
(2) 신청분야를 ≪출력형태≫와 같이 정렬하고, 빈 셀은 '***'로 표시하시오.
(3) 레이블이 있는 셀 병합 및 가운데 맞춤으로 설정하고, 레이블 이름을 ≪출력형태≫와 같이 표시하시오.
(4) 행의 총합계를 지우고, 나머지 사항은 ≪출력형태≫에 맞게 작성하시오.

≪출력형태≫

| | A | B | C | D | E | F |
|---|---|---|---|---|---|---|
| 1 | | | | | | |
| 2 | | | 성별 ▼ | | | |
| 3 | | | 남 | | 여 | |
| 4 | | 행 레이블 ▼ | 참가인원 | 가창력점수 평균 | 참가인원 | 가창력점수 평균 |
| 5 | | R&B | 3 | 92 | *** | *** |
| 6 | | 트로트 | *** | *** | 3 | 95 |
| 7 | | 인디 | 1 | 90 | 1 | 90 |
| 8 | | 총합계 | 4 | 91 | 4 | 94 |

## [제2작업] 필터 및 서식

'제1작업' 시트의 「B4:H12」 영역을 복사하여 '제2작업' 시트의 「B2」 셀부터 모두 붙여넣기를 한다.

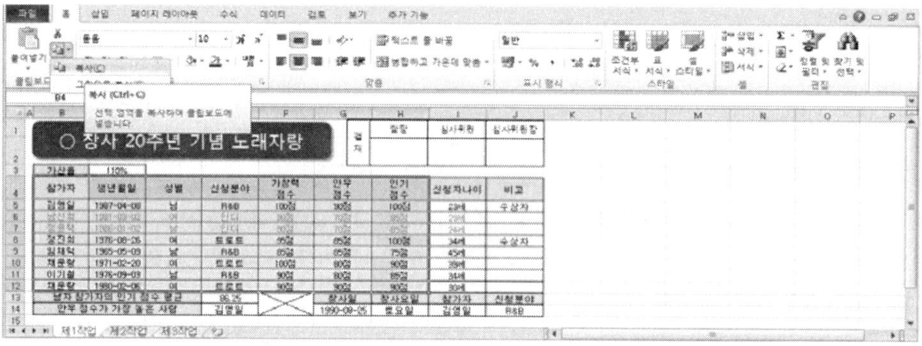

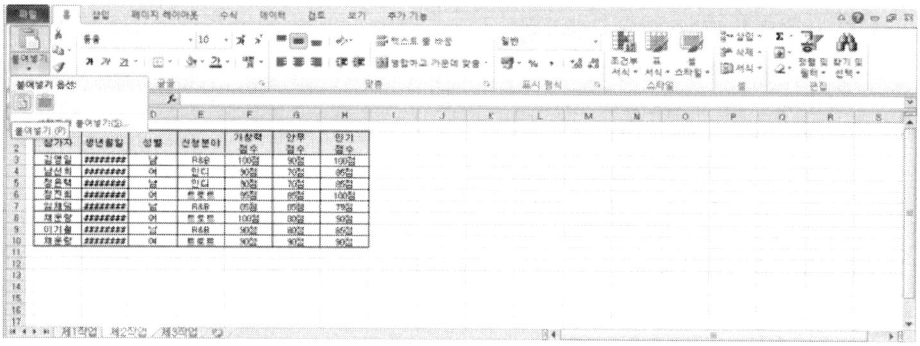

(1) 중복 데이터 제거를 제거하기 위해 「B2:H10」을 블록으로 형성한 후 [데이터]−[데이터 도구] 그룹의 중복된 항목 제거에서 열을 참가자로 선택하여 중복된 데이터를 찾아 행 전체를 제거한다.

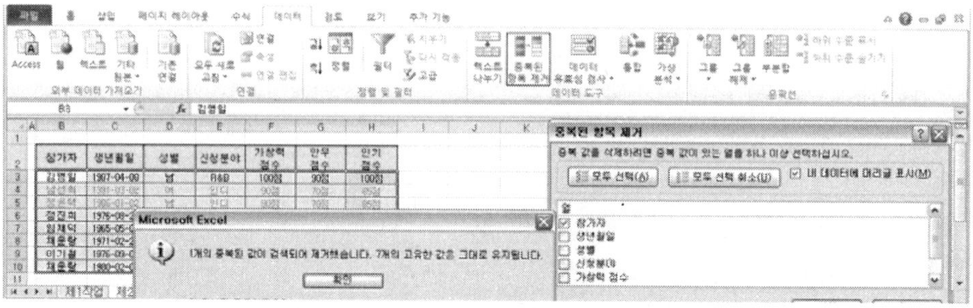

(2) 「B2:H10」을 블록 영역으로 형성하고 자동 필터를 이용하여 생년월일 항목에서 날짜 필터의 찾을 범위를 1980-01-01 그리고 1989-12-31로 설정하여 값을 추출한다. 이후, 그 결과 값을 복사하여 지정된 위치인 「B12」 셀을 선택하고 [홈]－[붙여넣기]에서 행/열 바꿈을 선택한다.

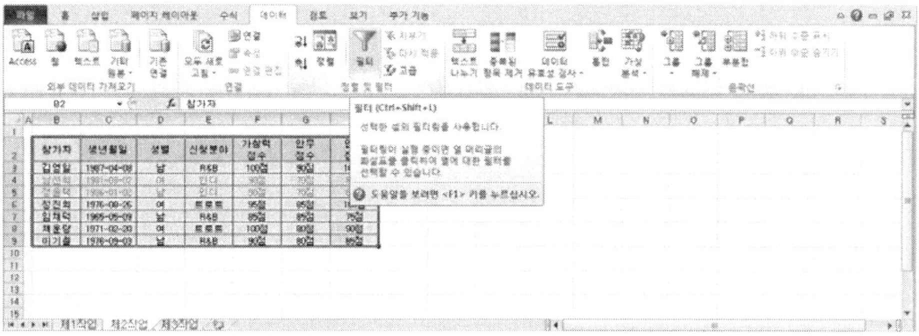

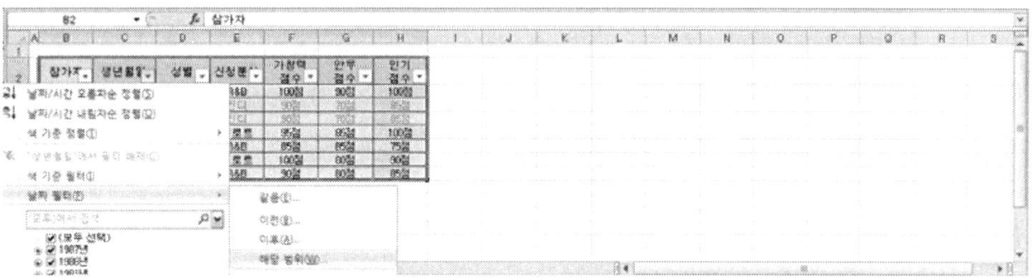

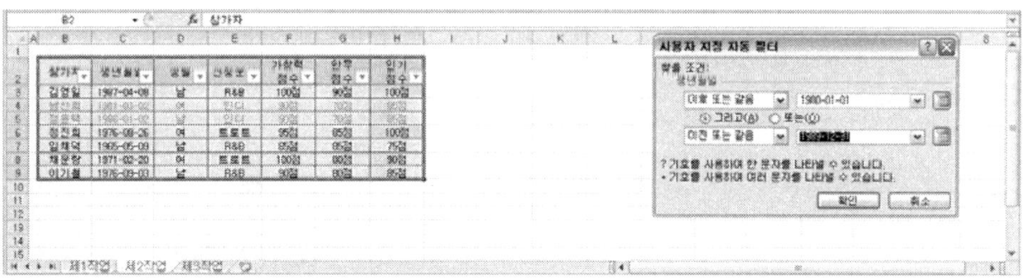

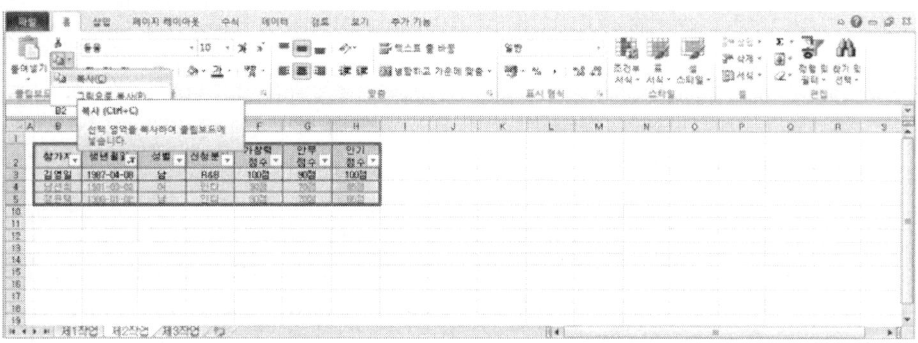

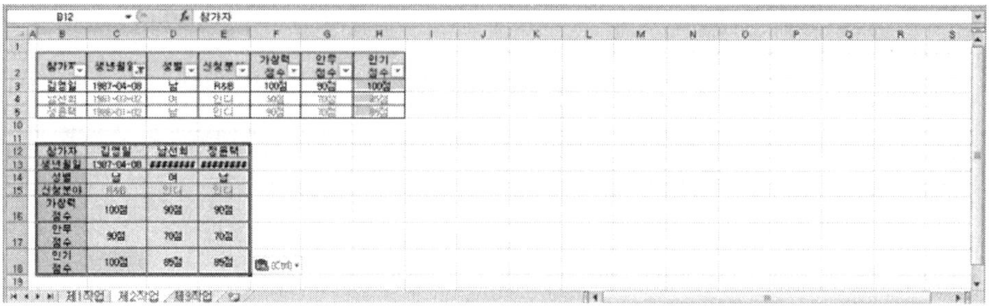

### [제 3 작업] 피벗 테이블

'제1작업' 시트의 「B4:H12」 영역을 블록 설정하고 [삽입]−[표] 그룹의 피벗 테이블에서 위치를 기존 워크시트 중 '제3작업' 시트의 「B2」로 설정한다.

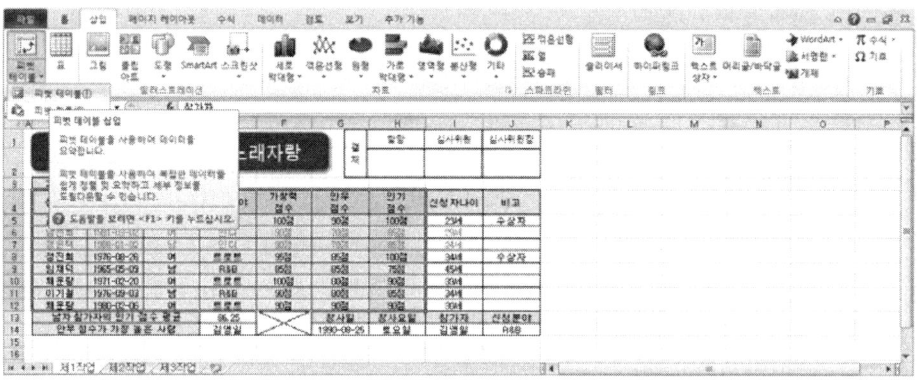

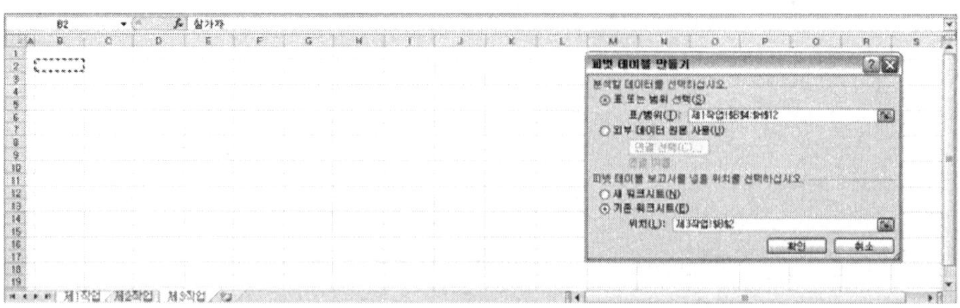

(1) 행 레이블 : 신청 분야, 열 레이블 : 성별, Σ값 : 참가자와 가창력 점수로 각각 설정한다. 이후, 참가자의 필드 설정에서 값 요약 기

준을 개수로 사용자 지정 이름을 참가 인원으로 설정하고, 가창력 점수의 필드 설정에서 값 요약 기준을 평균으로 사용자 지정 이름을 가창력 점수 평균으로 설정한다. 이때, 값 표시 형식은 숫자에서 소수 자릿수를 0으로 설정한다.

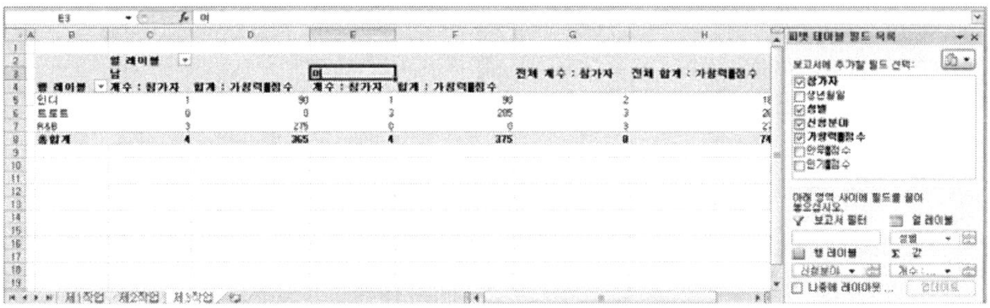

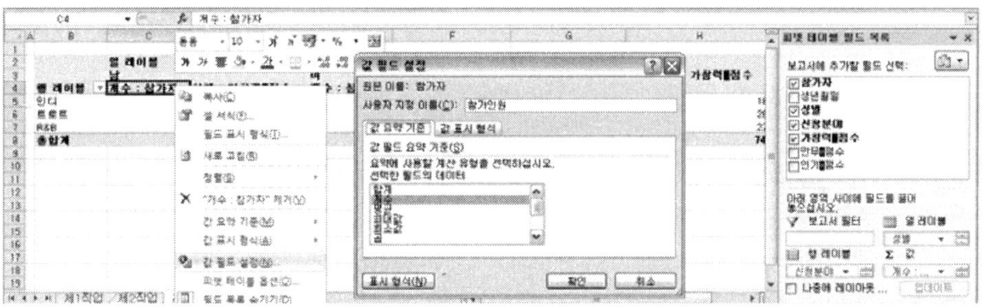

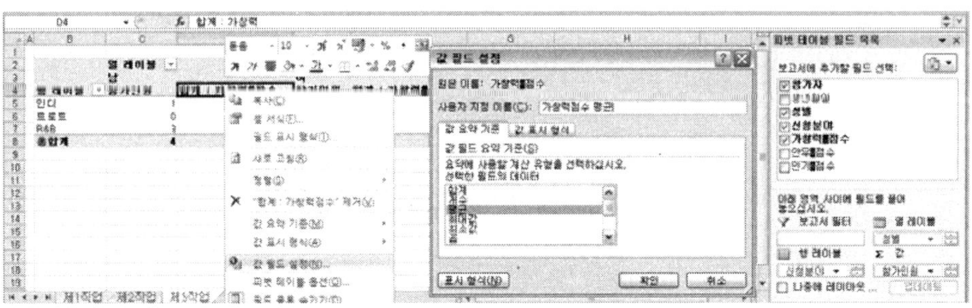

(2)~(3) 행 레이블의 단추를 누르고 내림차순으로 정렬한 다음 피벗 테이블의 옵션을 선택하고 레이아웃 및 서식의 빈 셀을 선택하여 ***을 입력한다. 이후, 「C3:D3」과 「E3:F3」을 블록 형성하여 피벗 테이블 옵션에서 레이블이 있는 셀 병합 및 가운데 맞춤으로 설정하고, 열 레이블의 이름을 성별로 변경한다.

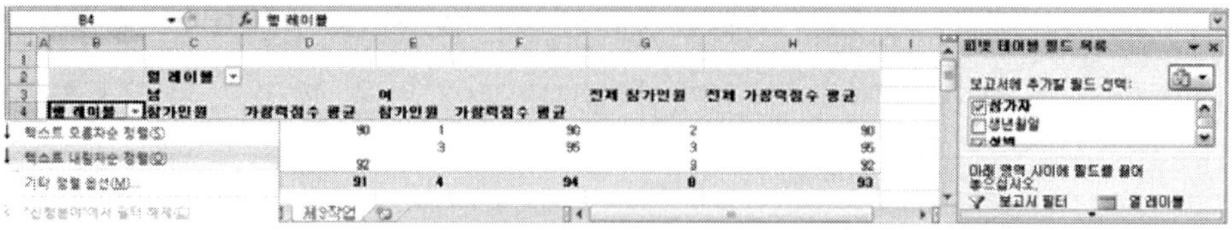

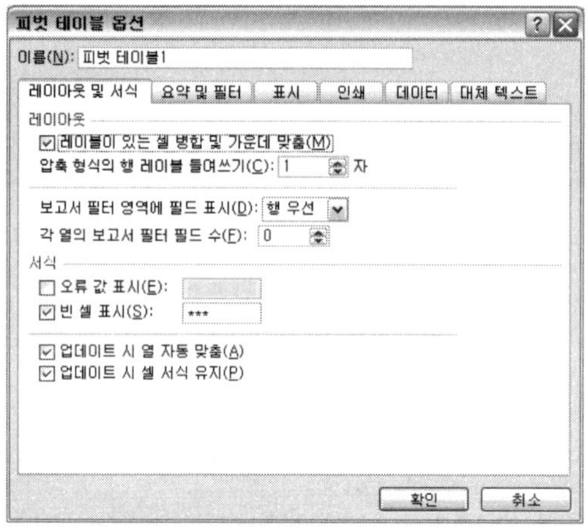


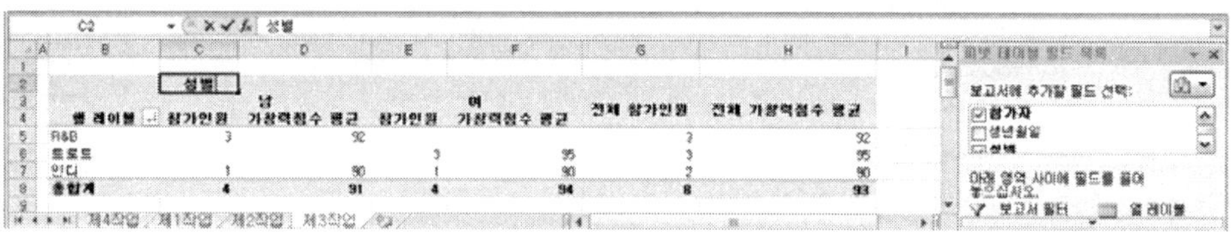

(4) 피벗 테이블 옵션의 요약 및 필터에서 행의 총합계 선택을 해제하고 열 총합계 표시를 선택한 후 「B4:F8」 영역을 가운데로 정렬한다.

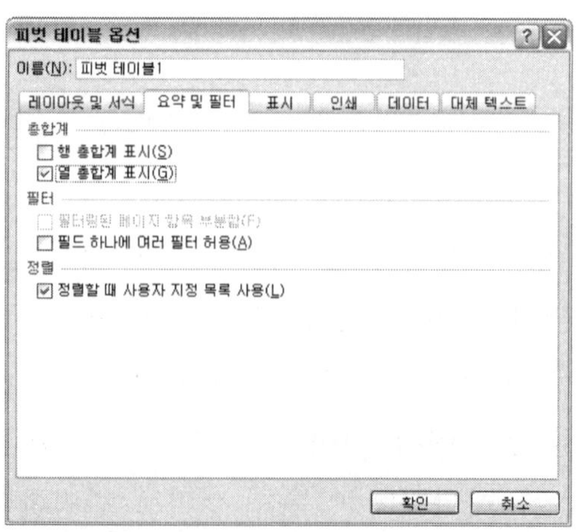

MEMO

MEMO

## [제 4 작업] 그래프 (100점)

☞ "제1작업" 시트를 이용하여 조건에 따라 ≪출력형태≫와 같이 작업하시오.

≪조건≫

(1) 차트 종류 → <누적 세로 막대형>으로 작업하시오.

(2) 데이터 범위 → "제1작업" 시트의 내용을 이용하여 작업하시오.

(3) 위치 → "새 시트"로 이동하고, "제4작업"으로 시트 이름을 바꾸시오.

(4) 차트 디자인 도구 → 레이아웃 8, 스타일 26을 선택하여 ≪출력형태≫에 맞게 작업하시오.

(5) 영역 서식 → 차트 : 글꼴(맑은고딕, 14pt), 채우기 효과(질감-파피루스)

그림 : 채우기 없음

(6) 제목 서식 → 차트 제목 : 글꼴 (맑은 고딕, 굵게, 20pt), WordArt 스타일 (그라데이션 채우기-강조1)

축 제목 : ≪출력형태≫를 참조하시오.

(7) 서식 → 레이블 : 계열 이름과 값을 표시하고, 구분 기호는 ≪출력형태≫와 같이 표시하시오.

눈금선 : 선 스타일-파선

축 : ≪출력형태≫를 참조하시오.

(8) 범례 → 범례명을 변경하고 ≪출력형태≫를 참조하시오.

(9) 나머지 사항은 ≪출력형태≫에 맞게 작성하시오.

≪출력형태≫

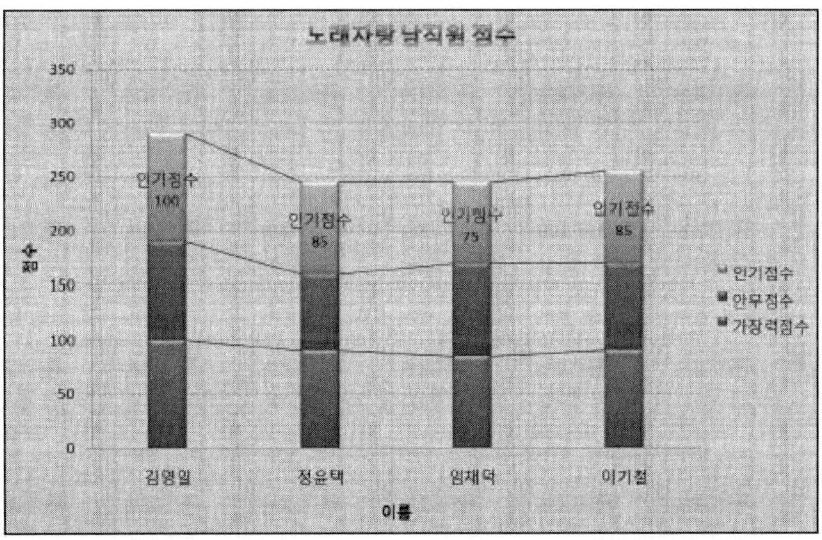


주의 ☞ 시트명 순서가 차례대로 "제1작업", "제2작업", "제3작업", "제4작업"이 되도록 할 것.

## [제 4 작업] 그래프

(1)~(4) '제1작업' 시트의 B4:B12,F4:H12 영역을 블록 설정하고 누적 세로 막대형 차트를 작성한다. 이후, 차트 이동에서 새 시트를 선택하고 제4작업 시트로 시트 이름을 입력한 다음 차트 디자인 도구에서 레이아웃 8, 스타일 26을 선택한다.

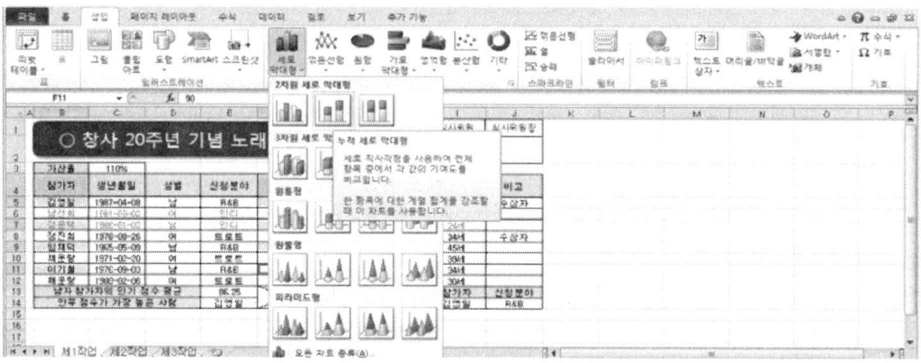

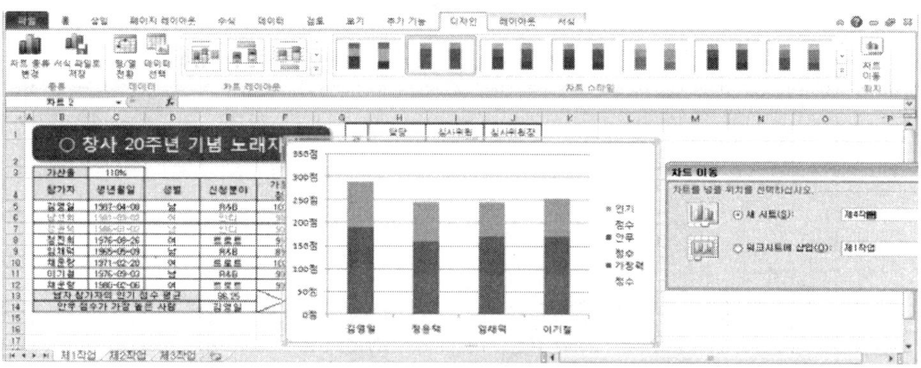

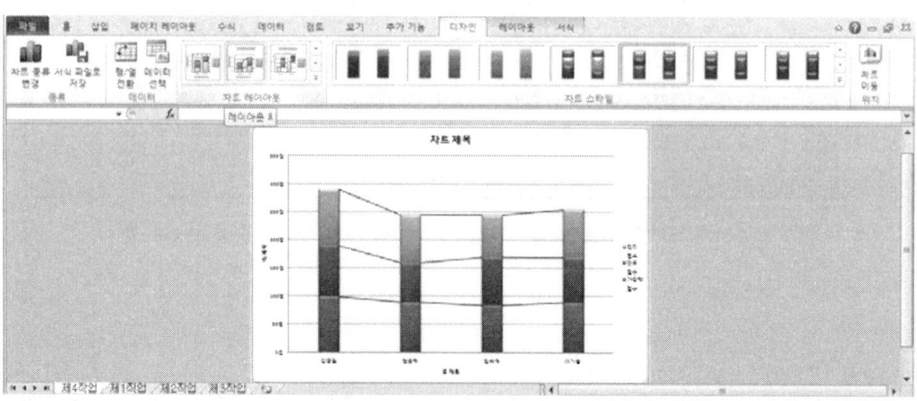

(5) 차트 영역 서식에서 맑은 고딕, 14pt로 글꼴을 설정하고 채우기 효과와 그림을 [질감]-[파피루스]와 채우기 없음으로 각각 설정한다.

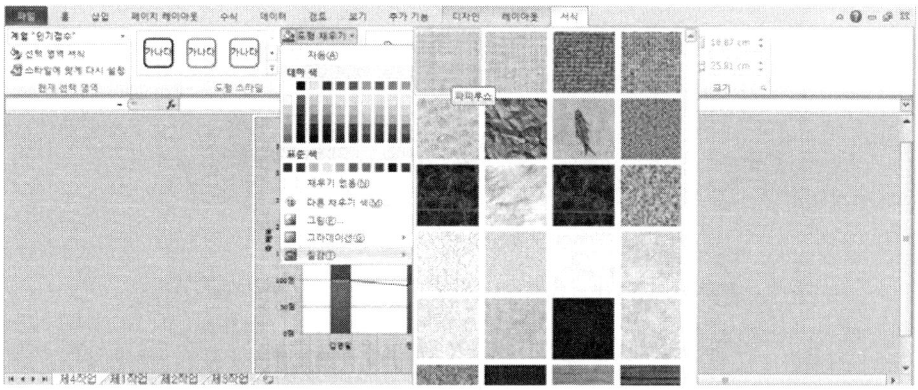

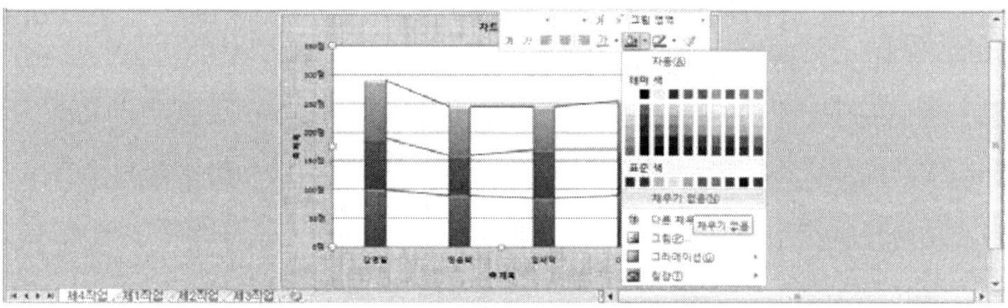

(6) 제목 서식에서 차트 제목을 맑은 고딕, 굵게, 20pt로 글꼴을 설정하고, WordArt 스타일을 강조 1로 지정한 다음 그라데이션 채우기 효과를 설정한다.

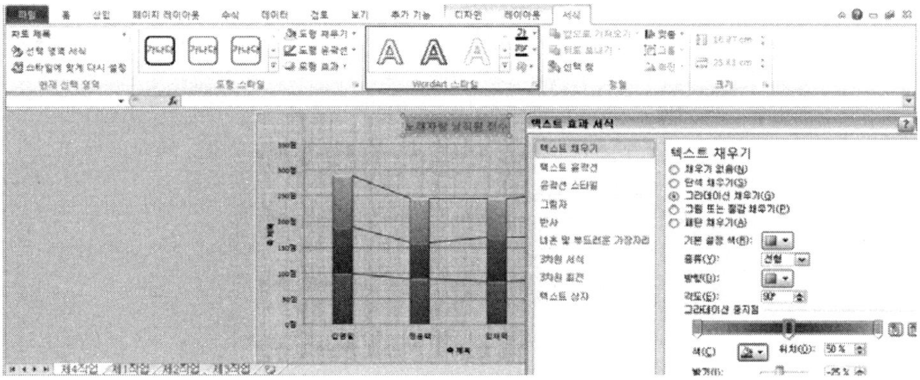

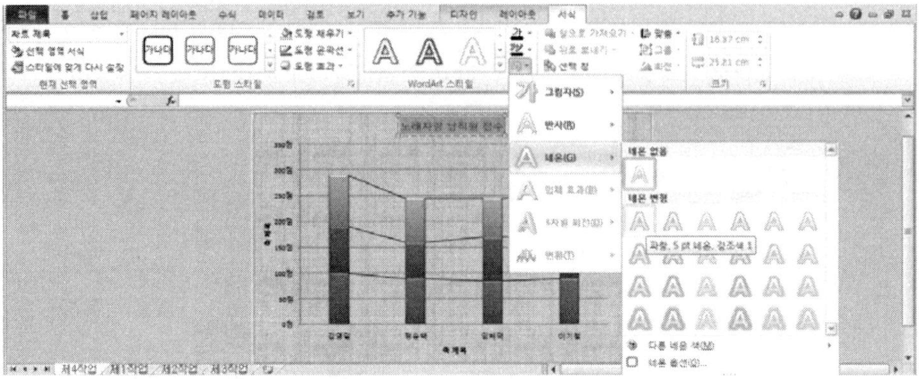

(7) 서식의 레이블에서 계열 이름과 값을 표시하고, 구분 기호는 줄 바꿈으로 그리고 눈금선 스타일을 파선으로 지정한다. 또한, 세로 축을 추가하고 원하는 위치로 이동한다.

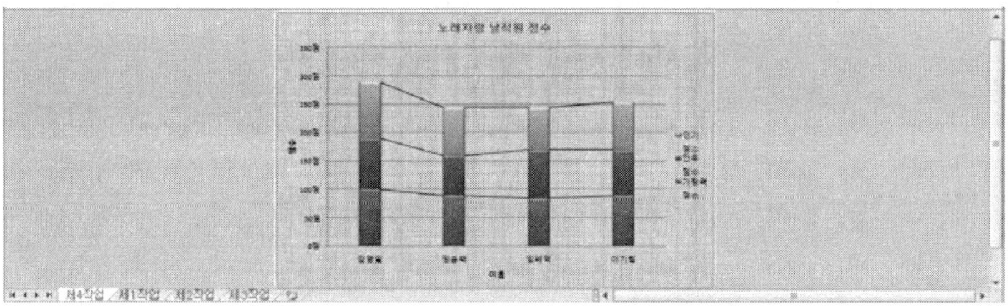

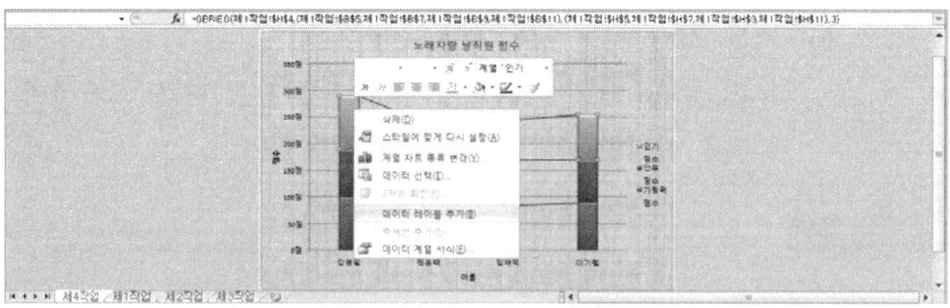

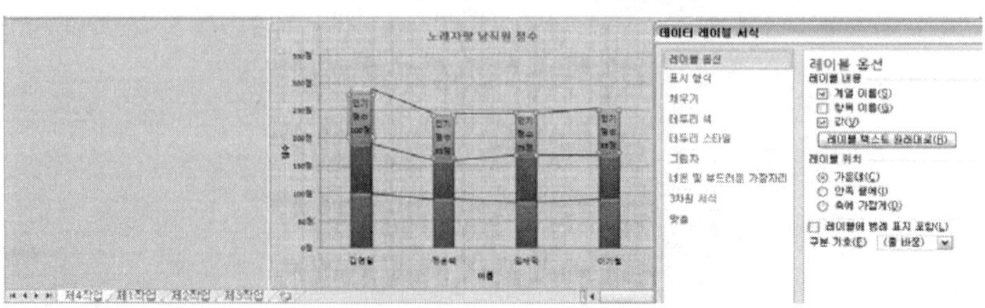

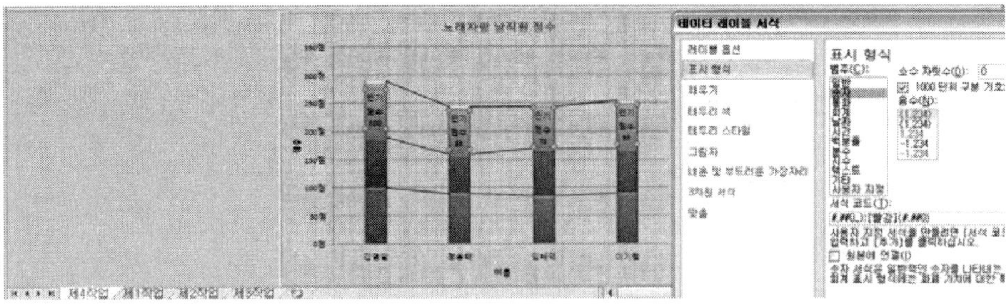

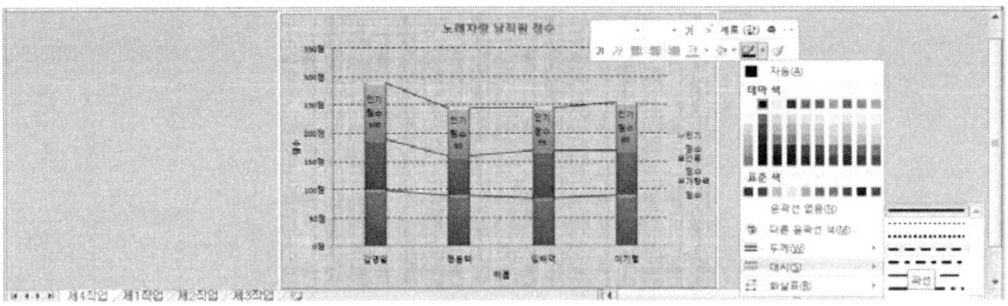

(8)~(9) [차트 도구]-[데이터 그룹]의 데이터 선택에서 데이터 원본 선택 대화 상자가 나타나면 편집을 이용하여 범례명을 변경하고 ≪출력형태≫를 참조하여 나머지 사항을 작성한다.

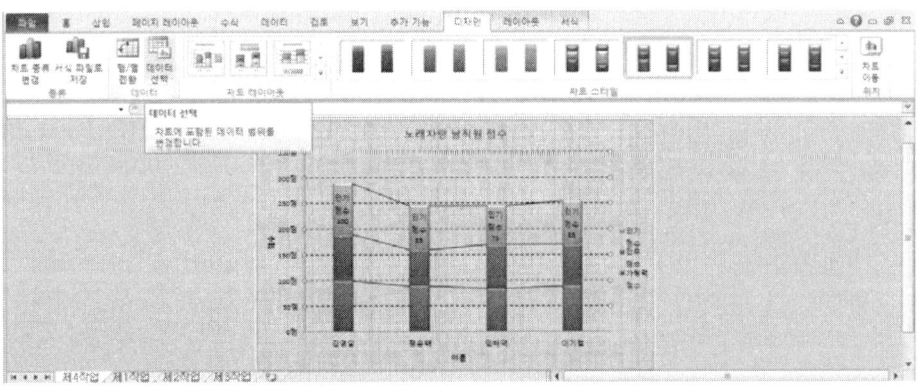

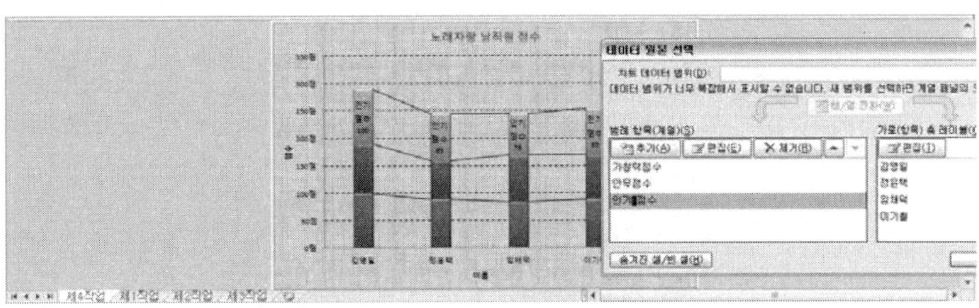

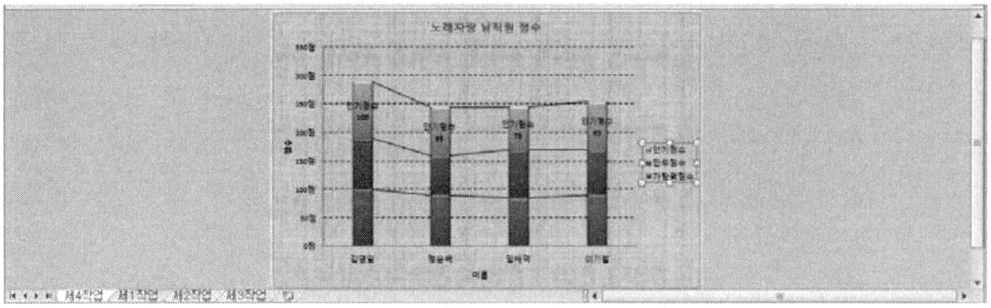
노래자랑 남직원 점수
제4작업
제1작업
제2작업
제3작업

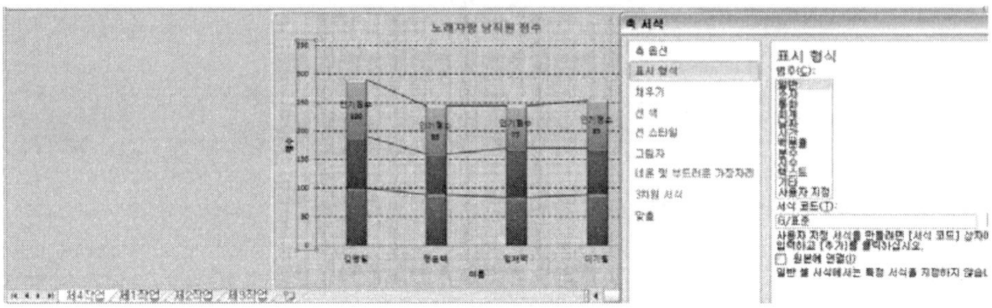
노래자랑 남직원 점수
축 서식
축 옵션
표시 형식
채우기
선 색
선 스타일
그림자
네온 및 부드러운 가장자리
3차원 서식
맞춤
표시 형식
제4작업
제1작업
제2작업
제3작업

MEMO

MEMO

# 7.3 엑셀 2010을 이용한 ITQ 엑셀 2003 버전용 기출 문제 풀이

## [제 1 작업] 표 서식 작성 및 값 계산 (240점)

☞ 다음은 '맛나김치 상품별 10월 납품현황'에 대한 자료이다. 자료를 입력하고 조건에 맞도록 작업하시오.

≪출력형태≫

**♤ 맛나김치 상품별 10월 납품현황**

| 결재 | 담당 | 팀장 | 부장 |
|---|---|---|---|
| | | | |

| 상품코드 | 종류 | 상품명 | 거래처 | 판매가격(원) | 납품일자 | 수량 | 10월판매금액 | 가격순위 |
|---|---|---|---|---|---|---|---|---|
| D-001 | 단품류 | 포기김치10K | 나라유통 | 44,500 | 2010-10-12 | 250 | (1) | (2) |
| S-001 | 세트류 | 포기총각10K | 미래유통 | 47,700 | 2010-10-05 | 180 | (1) | (2) |
| D-002 | 단품류 | 열무김치5K | 나라유통 | 26,300 | 2010-10-22 | 210 | (1) | (2) |
| K-001 | 소포장류 | 미니맛김치 | 하나마트 | 1,500 | 2010-10-15 | 1050 | (1) | (2) |
| D-003 | 단품류 | 포기김치5K | 미래유통 | 25,300 | 2010-10-08 | 150 | (1) | (2) |
| S-002 | 세트류 | 포기열무7K | 나라유통 | 35,500 | 2010-10-27 | 250 | (1) | (2) |
| K-002 | 소포장류 | 미니볶음김치 | 미래유통 | 1,600 | 2010-10-29 | 680 | (1) | (2) |
| D-004 | 단품류 | 총각김치5K | 하나마트 | 23,500 | 2010-10-20 | 130 | (1) | (2) |
| 전체상품 평균 판매가격 | | | (3) | | 가장 최근 납품한 상품명 | | 종류 | 판매가격평균 |
| 열무김치5K 납품일자 | | | (4) | | (5) | | 세트류 | (6) |

≪조건≫

○ 모든 데이터의 서식에는 글꼴(돋움, 10pt), 맞춤은 ≪출력형태≫를 참조하시오.

○ 제 목 → WordArt를 이용하여 "♤ 맛나김치 상품별 10월 납품현황"을 입력한 후 다음 서식을 적용하시오(글꼴-돋움, 18pt, 굵게).

○ 임의의 셀에 결재란을 작성하여 카메라 또는 그림복사 기능을 이용하여 붙이기 하시오(단, 원본 삭제).

○ 「B4:J4, I13:J13」 영역은 '회색-25%'로 채우기 하시오.

○ 유효성 검사를 이용하여 「I14」 셀에 '단품류, 세트류, 소포장류'만 선택 표시되도록 하시오.

○ 셀 서식 → 「H5:H12」 영역에 셀 서식을 이용하여 천 단위 구분기호와 함께 숫자 뒤에 '개'를 표시하시오 (예 : 1000 → 1,000개).

◉ (1)~(6) 셀은 반드시 **주어진 함수를 이용**하여 값을 구하시오(결과값을 직접 입력하면 해당 셀은 0점 처리됨).

(1) 10월판매금액 → 「판매가격(원) × 수량 × 할인율」로 계산하되 할인율은 상품코드 첫 글자가 'D'이면 0.9, 그렇지 않으면 1로 구하시오(IF, LEFT 함수).

(2) 가격순위 → 판매가격(원)이 큰 순으로 순위를 구하시오(RANK 함수).

(3) 전체상품 평균 판매가격 → 판매가격(원)의 전체 평균을 버림으로 천원 단위까지 구하고, 결과값에 "원"을 붙이시오(ROUNDDOWN, AVERAGE 함수, & 연산자)(예 : 34567 → 34000원).

(4) 열무김치5K 납품일자 → 열무김치5K의 납품일자를 구하고, 날짜 표시형식(yyyy-mm-dd)으로 표시하시오 (VLOOKUP 함수).

(5) 가장 최근 납품한 상품명 → 납품일자가 가장 최근인 '상품명'을 구하시오(INDEX, MATCH, MAX 함수).

(6) 판매가격평균 → 「I14」 셀에서 선택한 종류에 대한 판매가격(원)의 평균을 구하시오(DAVERAGE 함수).

(7) 조건부 서식의 수식을 이용하여 '수량'이 '200' 미만인 데이터 행 전체에 다음 서식을 적용하시오 (글꼴 : 파랑).

## [제1작업] 표 서식 작성 및 값 계산

○ 제목을 작성하기 위해 WordArt를 이용하여 제목을 입력한다. 이때, [삽입]－[기호]에서 "♤"(White Spade Suit)와 "맛나김치 상품별 10월 납품현황"을 입력하고 글꼴을 돋움, 18pt, 굵게로 지정한 다음, [서식]－[텍스트 효과]에서 ABC 변환 물결 1을 지정한다.

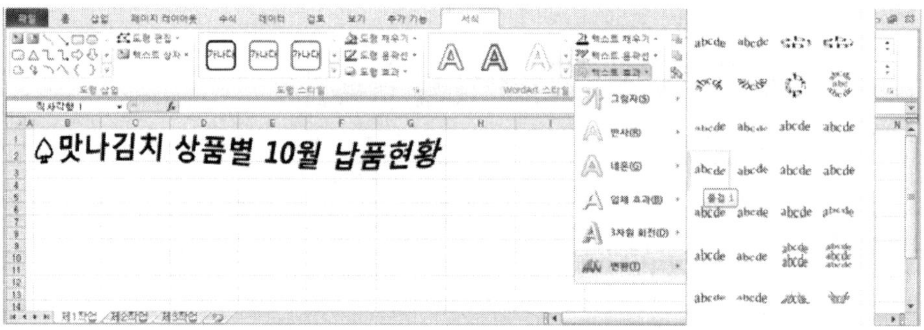

○ 셀 병합과 세로쓰기 기능을 이용하여 임의의 셀에 결재란을 작성하고, 그림으로 복사 기능을 이용하여 선택하여 붙이기를 수행한 후 원본을 삭제한다.

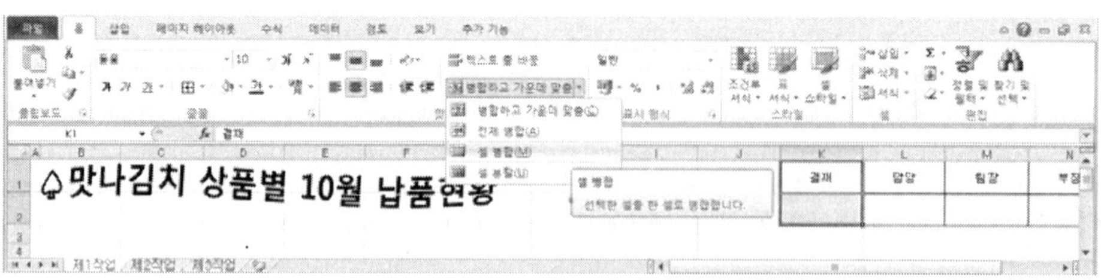

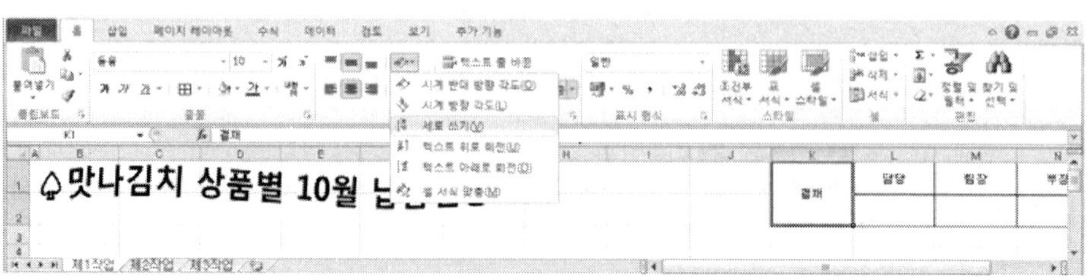

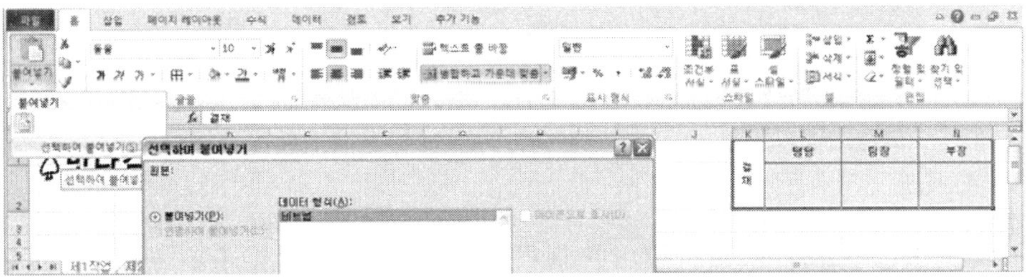


○ 기본 데이터를 입력하고 셀 합치기, 줄바꾸기( Alt - Enter↵ ), 셀 병합, 정렬 그리고 셀 서식을 이용하여 다음과 같은 표를 작성한다.

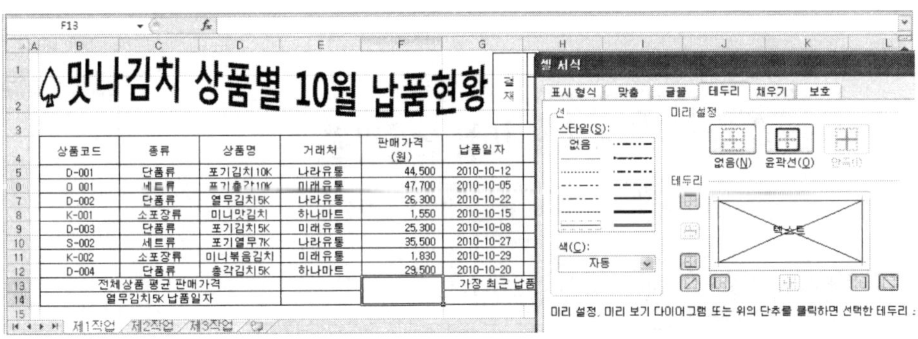


○ 「B4:J4, I13:J13」 영역을 설정하여 홈 리본의 글꼴 그룹에서 '회색 -25%'로 채우기를 실시한다.

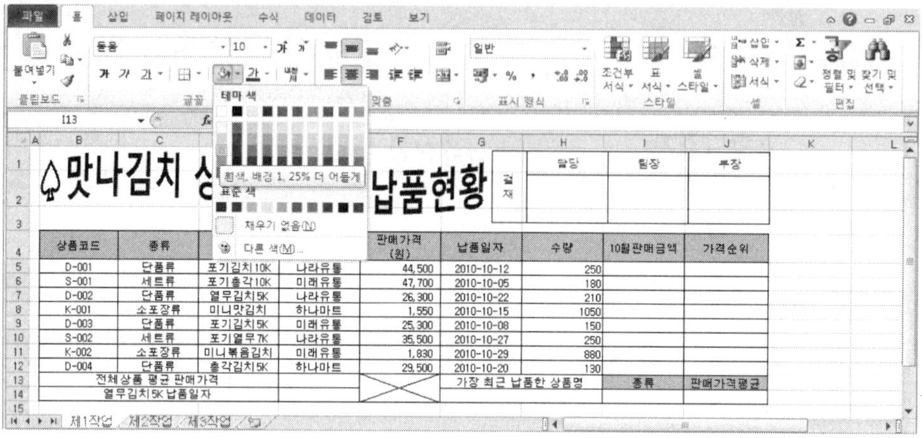


○ 데이터 리본의 데이터 도구 그룹에서 데이터 유효성 검사를 선택한 후 유효성 조건을 목록으로 설정하고, 원본으로 「B5:B12」 영역을 선택하여 '단품류, 세트류, 소포장류'만 표시되도록 설정한다.

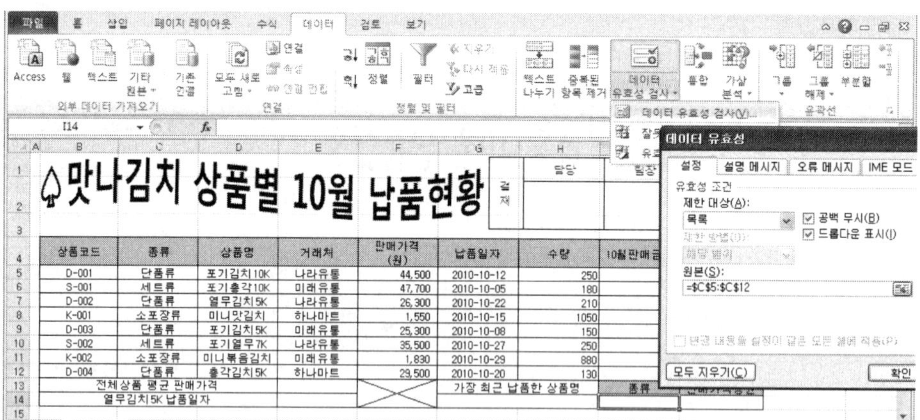


○ 「H5:H12」 영역을 설정하고 [셀 서식]-[표시 형식]의 [사용자 지정] 형식 영역에서 천 단위 구분 기호와 함께 마지막 부분에 "개"를 입력하여 표시한다(예 : 1000 → 1,000개).

(1) 「I5」를 선택하여 10월 판매금액을 구하기 위하여 "=F5*H5*"을 입력하고 할인율을 적용하기 위해 함수 추가 기능을 이용하여 논리 범주에서 IF를 선택한다. 이때, IF 함수에서 참과 거짓에 대한 인수를 0.9와 1로 지정하고, 조건식의 인수는 함수 추가 기능을 이용하여 텍스트 문자열의 LEFT 함수를 이용하여 상품 코드 B5의 첫 글자가 'D'인지를 판별한다. 다음과정으로 채우기 핸들을 이용하여 「I12」까지 동일한 수식을 적용한다.

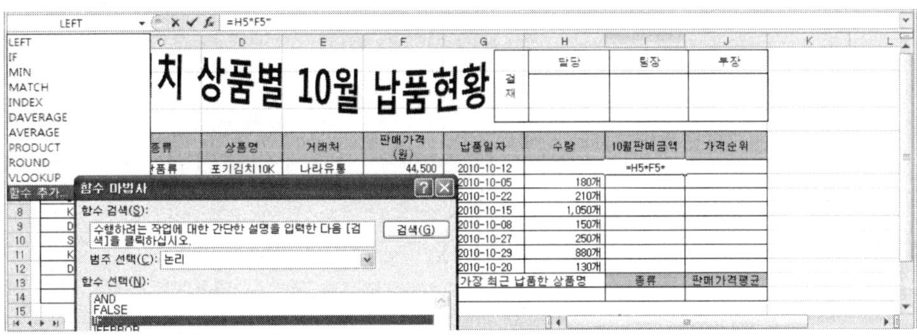

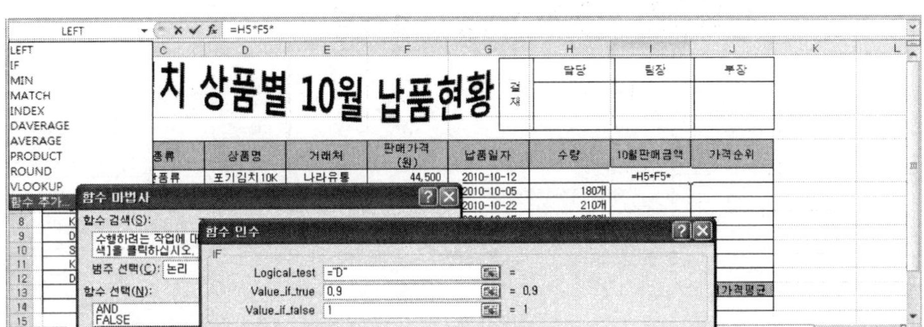

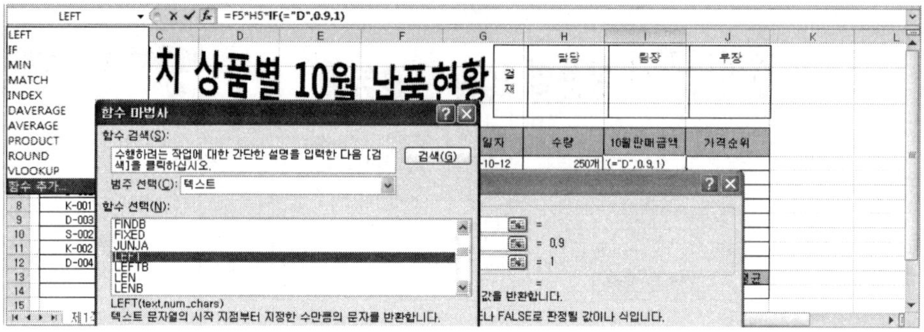


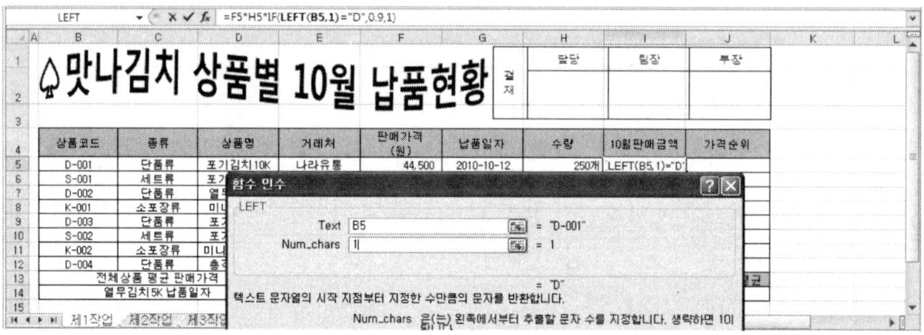


(2) 가격 순위를 구하기 위해 통계 범주에 RANK 함수를 이용하여 판매가격(원)이 큰 순으로 순위를 구한다. 이때, 참조 영역은 다른 값에 대한 순위를 구할 때에도 이 영역이 그대로 참조되어야 하므로 F4를 이용하여 절대 참조를 적용하여 「$I$5:$I$12」로 지정한다.

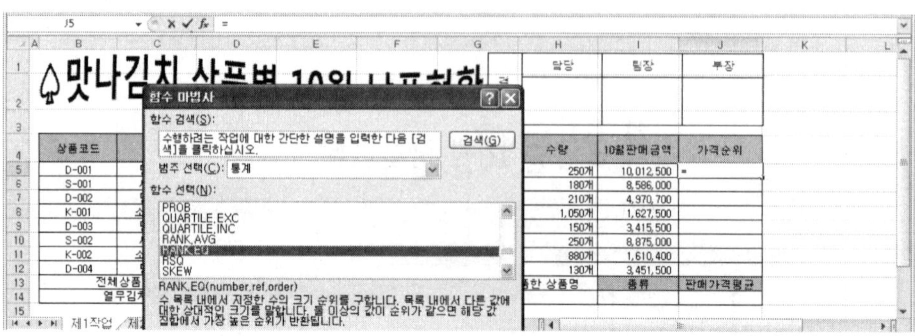

(3) 전체 상품 평균 판매가격을 구하고 판매가격(원)의 전체 평균을 버림으로 천원 단위까지 구하기 위해 수학/삼각 범주의 ROUNDDOWN 함수 Num_digits 인수를 -3으로 입력하고, Number에 해당하는 인수를 AVERAGE 함수를 이용하여 구한다. 이후 결과 값에 '원'을 붙이기 위해 수식에 &"원"을 추가한다.

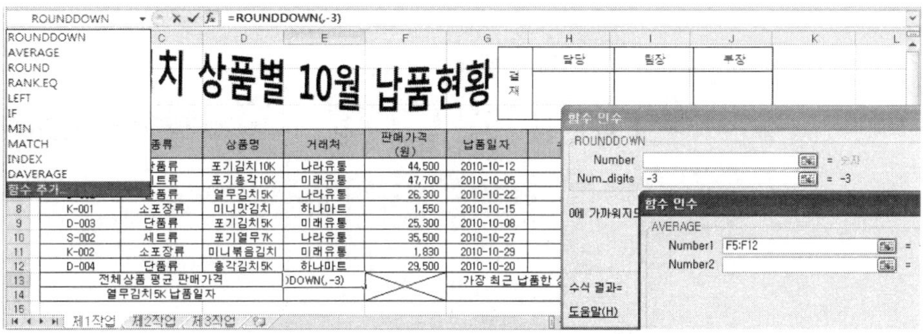

(4) 열무김치 5K의 납품일자를 구하기 위해 찾기/참조 영역의 VLOOKUP 함수 인수를 열무김치 5K, D5:G12, 4 그리고 0으로 인수를 입력한다. 다음과정으로 셀 서식에서 날짜 표시 형식을 yyyy-mm-dd로 표시한다.

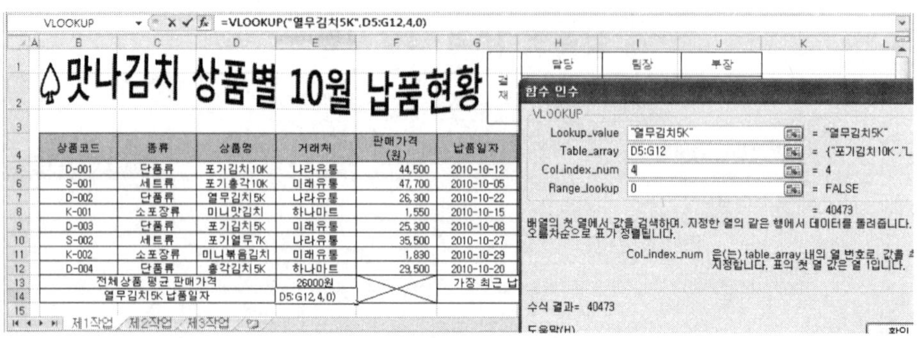

(5) 최근 상품명을 찾기 위해 MAX 함수에서 최근 날짜를 찾고 MATCH 함수를 이용하여 상대적 위치를 찾은 후, INDEX 함수를 이용하여 최근 납품한 상품명을 찾는다.

- INDEX 함수 마법사를 실행하고 인수에 있어 array를 상품명 영역, 즉 「D5:D12」까지 영역을 지정한다.

- Row_num을 최근 일자에 해당하는 상대적인 위치를 지정하기 위해 함수 추가에서 MATCH 함수를 선택한다.

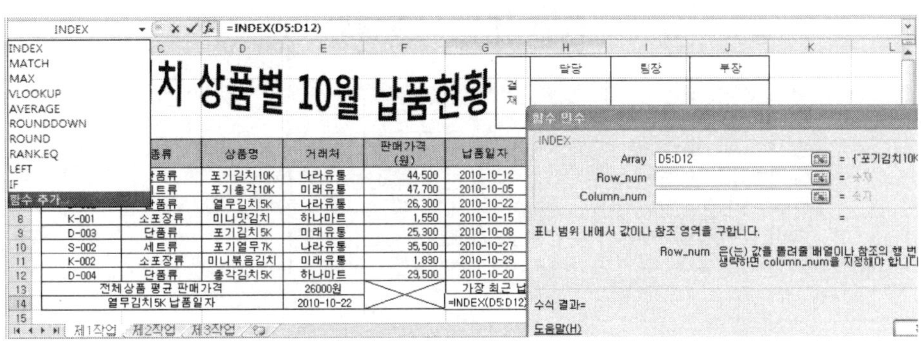

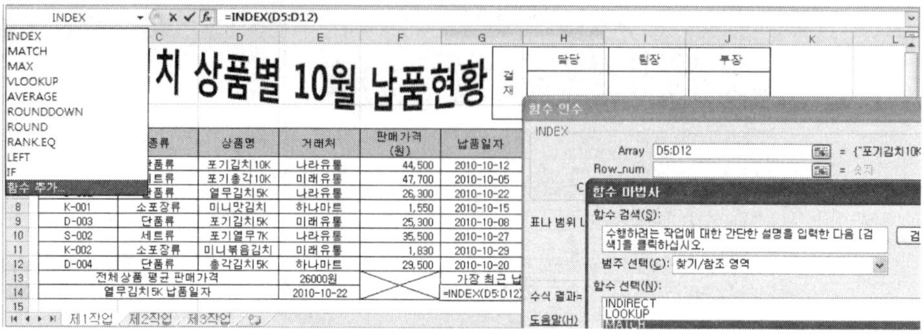


- MATCH 함수의 인수에서 Lookup_array와 Match_type를 동일한 영역 G5:G12로 지정하고, 정확히 일치하는 값을 찾기 위해 0으로 지정한다. 이후, Lookup_value를 최근 납품 일자를 지정하기 위해 추가 함수에서 MAX 함수를 선택하고 납품 일자에 해당하는 영역인 G5:G12를 지정한다.

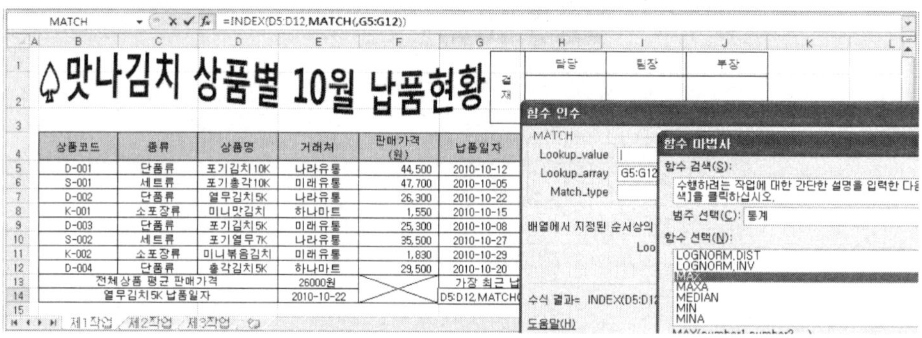


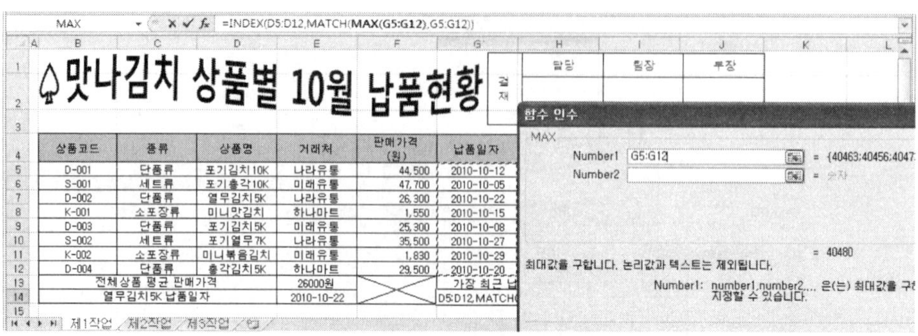

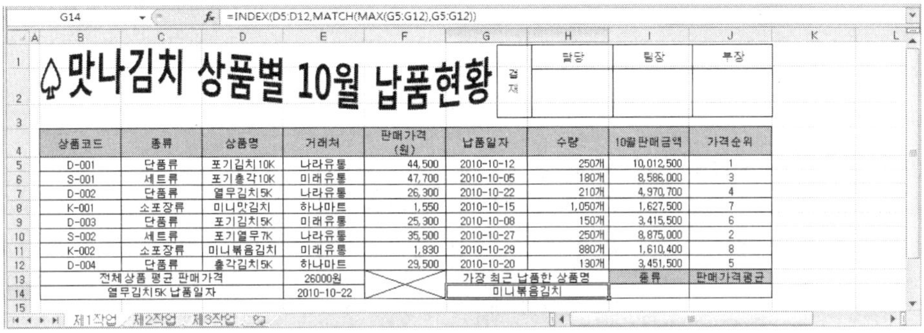


(6) 「I14」 셀에서 선택한 종류에 대한 판매가격(원)의 평균을 구하기 위해 데이터베이스 범주의 DAVERAGE 함수 Database, Field 그리고 Criteria 인수를 각각 G4:H12, F4 그리고 I13:I14로 지정한다.

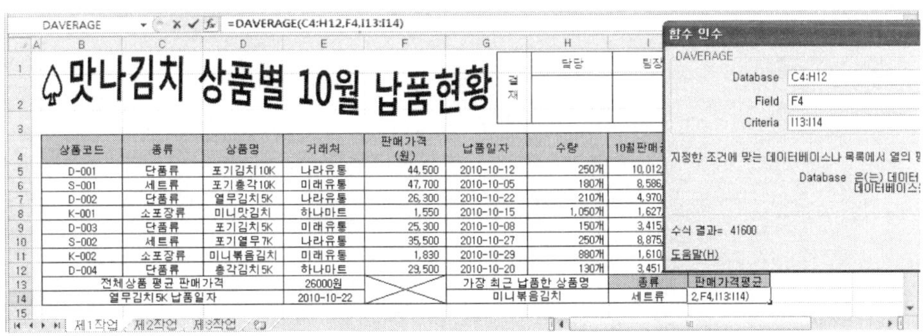


(7) B5:J12 영역을 설정하고 조건부 서식에서 수식을 사용하여 서식을 지정할 셀 지정을 이용하여 행 전체의 서식을 파랑으로 지정하기 위해 $H5〈200을 입력하고 서식에서 글꼴을 파랑으로 지정한다.

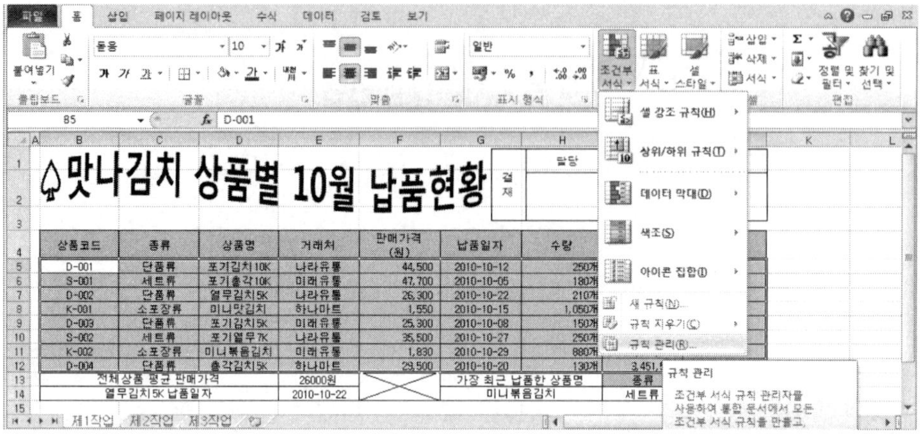

조건부 서식
셀 강조 규칙(H)
상위/하위 규칙(T)
데이터 막대(D)
색조(S)
아이콘 집합(I)
새 규칙(N)...
규칙 지우기(C)
규칙 관리(R)...
규칙 관리
조건부 서식 규칙 관리자를 사용하여 통합 문서에서 모든 조건부 서식 규칙을 만들고,

새 서식 규칙
규칙 유형 선택(S):
► 셀 값을 기준으로 모든 셀의 서식 지정
► 다음을 포함하는 셀만 서식 지정
► 상위 또는 하위 값만 서식 지정
► 평균보다 크거나 작은 값만 서식 지정
► 고유 또는 중복 값만 서식 지정
► 수식을 사용하여 서식을 지정할 셀 결정
규칙 설명 편집(E):
다음 수식이 참인 값의 서식 지정(O):
=$H5<200
미리 보기:
가나다AaBbCc

MEMO

MEMO

## [제 2 작업] 필터 및 서식 (80점)

☞ "**제1작업**" 시트의 「**B4:H12**」 영역을 복사하여 "**제2작업**" 시트의 「B2」 셀부터 모두 붙여넣기를 한 후 다음의 조건과 같이 작업하시오.

《조건》

(1) 고급필터 - '종류'가 '단품류'이고, '수량'이 '200' 이상인 자료의 데이터만 추출하시오.
- 조건 위치 : 「B13」 셀부터 입력하시오.
- 복사 위치 : 「B17」 셀부터 나타나도록 하시오.

(2) 자동서식 - 고급필터의 결과에 '목록형1'의 서식을 적용하시오(단, 옵션 항목의 글꼴 제외).

## [제 3 작업] 정렬 및 부분합 (80점)

☞ "**제1작업**" 시트의 「**B4:H12**」 영역을 복사하여 "**제3작업**" 시트의 「B2」 셀부터 모두 붙여넣기를 한 후 다음의 조건과 같이 작업하시오.

《조건》

(1) 부분합 - 《출력형태》처럼 정렬하고, '수량'의 평균과 '상품명'의 개수를 구하시오.

(2) 윤 곽 - 지우시오.

(3) 나머지 사항은 《출력형태》에 맞게 작성하시오.

《출력형태》

| | A | B | C | D | E | F | G | H |
|---|---|---|---|---|---|---|---|---|
| 1 | | | | | | | | |
| 2 | | 상품코드 | 종류 | 상품명 | 거래처 | 판매가격(원) | 납품일자 | 수량 |
| 3 | | K-001 | 소포장류 | 미니맛김치 | 하나마트 | 1,550 | 2010-10-15 | 1,050개 |
| 4 | | K-002 | 소포장류 | 미니묶음김치 | 미래유통 | 1,830 | 2010-10-29 | 880개 |
| 5 | | | 소포장류 평균 | | | | | 965개 |
| 6 | | | 소포장류 개수 | 2 | | | | |
| 7 | | S-001 | 세트류 | 포기총각10K | 미래유통 | 47,700 | 2010-10-05 | 180개 |
| 8 | | S-002 | 세트류 | 포기열무7K | 나라유통 | 35,500 | 2010-10-27 | 250개 |
| 9 | | | 세트류 평균 | | | | | 215개 |
| 10 | | | 세트류 개수 | 2 | | | | |
| 11 | | D-001 | 단품류 | 포기김치10K | 나라유통 | 44,500 | 2010-10-12 | 250개 |
| 12 | | D-002 | 단품류 | 열무김치5K | 나라유통 | 26,300 | 2010-10-22 | 210개 |
| 13 | | D-003 | 단품류 | 포기김치5K | 미래유통 | 25,300 | 2010-10-08 | 150개 |
| 14 | | D-004 | 단품류 | 총각김치5K | 하나마트 | 29,500 | 2010-10-20 | 130개 |
| 15 | | | 단품류 평균 | | | | | 185개 |
| 16 | | | 단품류 개수 | 4 | | | | |
| 17 | | | 전체 평균 | | | | | 388개 |
| 18 | | | 전체 개수 | 8 | | | | |
| 19 | | | | | | | | |

## [제 2 작업] 필터 및 서식

'제1작업' 시트의 「B4:H12」 영역을 복사하여 '제2작업' 시트의 「B2」 셀부터 모두 붙여넣기를 한다.

(1) 고급 필터를 이용하여 종류가 단품류이고, 수량이 200 이상인 자료의 데이터만 추출하기 위해 「B13」 셀부터 입력하고 복사 위치를 「B17」 셀로 지정한다. 다음과정으로 표 서식의 스타일에서 서식을 적용한 다음 고급 필터의 결과에 스타일 그룹의 표 서식을 이용하여 원하는 출력 형태의 서식을 적용한다.

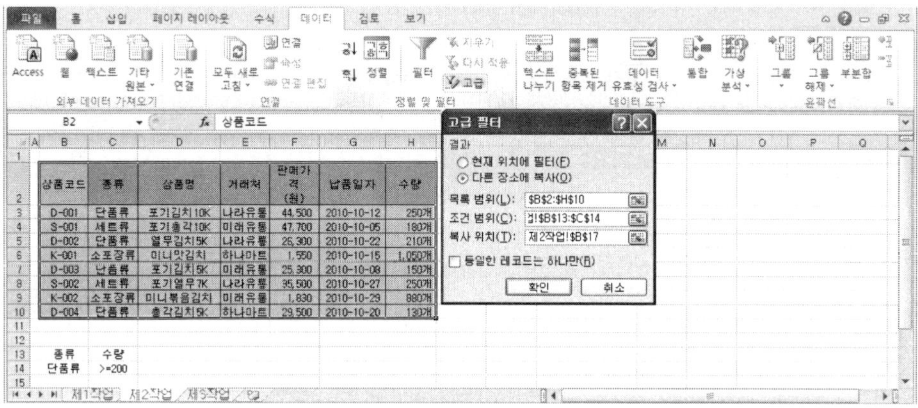


## [제 3 작업] 정렬과 부분합

정렬과 부분합을 구하기 위해 우선 '제1작업' 시트의 「B4:H12」 영역을 복사하여 '제3작업' 시트의 「B2」부터 모두 붙여넣기를 한다.

(1) 부분합을 구하기 위해 종류를 기준으로 내림차순으로 정렬한 다음 종류를 기준으로 그룹화하여 사용할 함수와 부분합 계산 항목에 개수와 상품명을 각각 선택하고 새로운 값으로 대치를 체크한다. 이후 종류를 기준으로 사용할 함수와 부분합 계산 항목을 각각 평균과 수량으로 선택하고 새로운 값으로 대치를 해제한다.

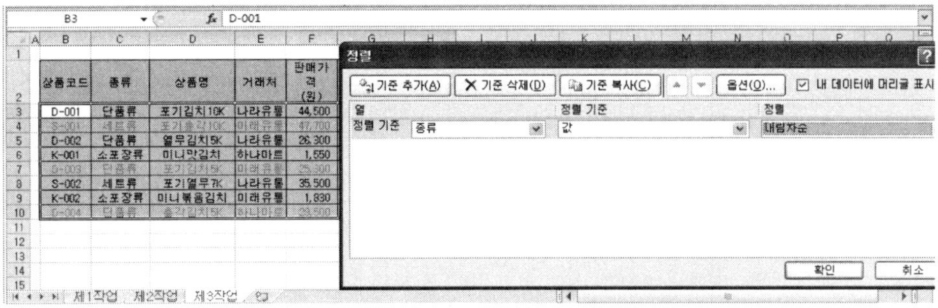


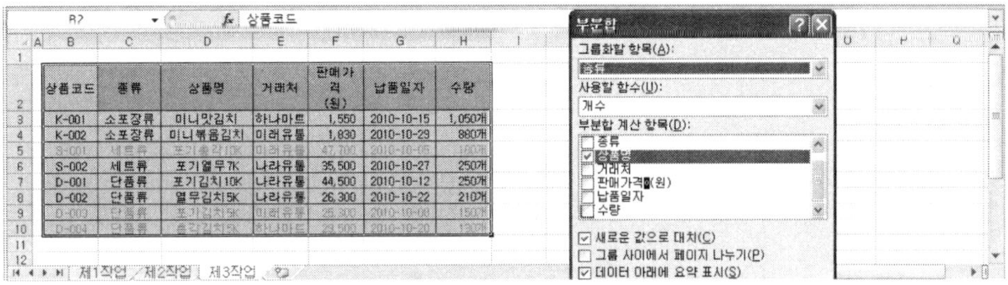


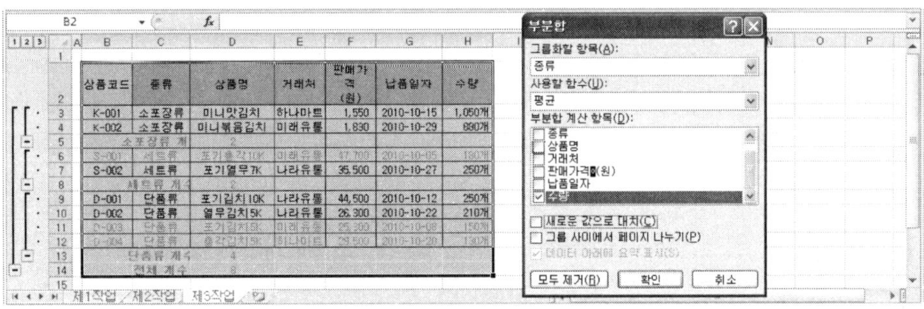


(2) 그룹 해제에서 윤곽을 지운다.

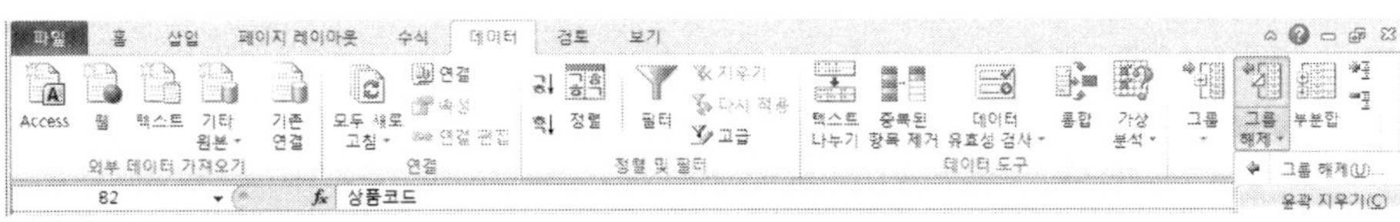

MEMO

## [제 4 작업] 그래프 (100점)

☞ **"제1작업"** 시트를 이용하여 조건에 따라 ≪출력형태≫와 같이 작업하시오.

≪조건≫

(1) 차트 종류 → <이중 축 혼합형>으로 작업하시오.

(2) 데이터 범위 → "제1작업" 시트의 내용을 이용하여 작업하시오.

(3) 위치 → "새로운 시트"로 만들고, "제4작업"으로 시트 이름을 바꾸시오.

(4) 영역 서식 → 차트 영역 : 글꼴(돋움, 보통, 11pt), 채우기 효과(질감-분홍 박엽지)
그림 영역 : 영역색(흰색)

(5) 제목 서식 → 차트 제목 : 글꼴(돋움, 굵게, 16pt), 테두리, 그림자
축 제목 : ≪출력형태≫를 참조하시오.

(6) 범례 → ≪출력형태≫를 참조하시오.

(7) 데이터 계열 서식 → 포기열무7K의 판매가격(원) 계열을 '넓은 상향 대각선 무늬'로 변경하고, 수량 계열은 '선을 완만하게'를 적용하여 ≪출력형태≫와 같이 표시하시오.

(8) 축 서식 → ≪출력형태≫를 참조하시오.

(9) 도형 → '구름 모양 설명선'을 삽입한 후 내용을 입력하시오.

(10) 나머지 사항은 ≪출력형태≫에 맞게 작성하시오.

≪출력형태≫

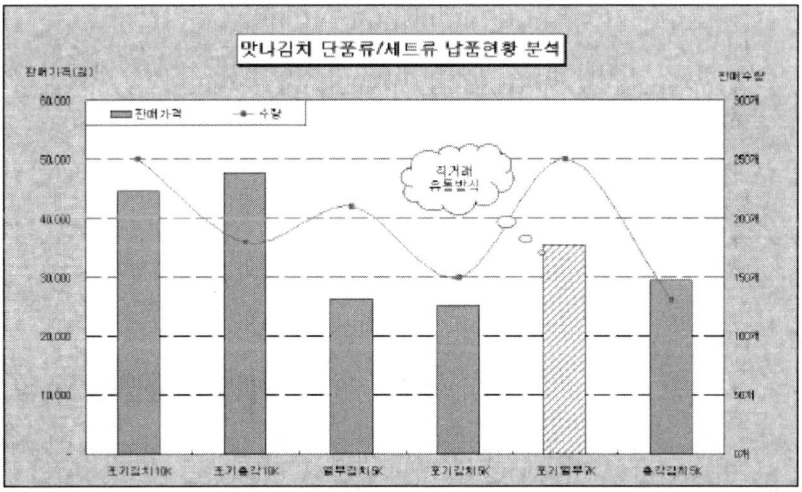


**주의 ☞ 시트명 순서가 차례대로 "제1작업", "제2작업", "제3작업", "제4작업"이 되도록 할 것.**

## [제 4 작업] 그래프

(1)~(2) '제1작업' 시트의 C4:C7, C9:C10, C12와 F4:F7, F9:F10, F12 그리고 H4:H7, H9:H10, H12 영역을 블록 설정하고, [삽입]-[차트]에서 2차원 막대그래프를 그린다. 이후, 수량 그래프를 선택하고 데이터 계열 서식을 보조축으로 설정하고 차트의 종류를 곡선과 표식이 있는 분산형으로 변경한다.

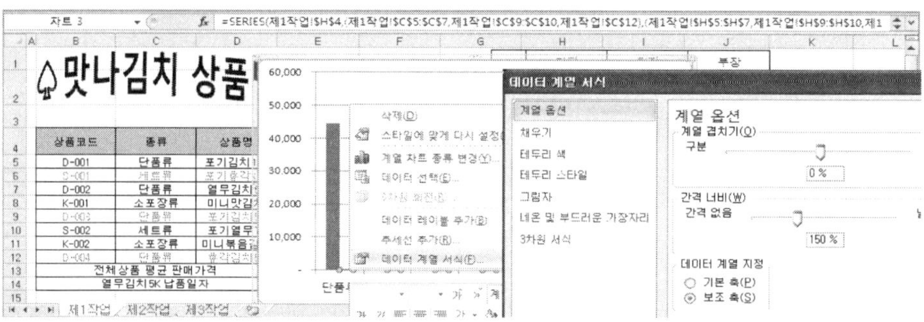

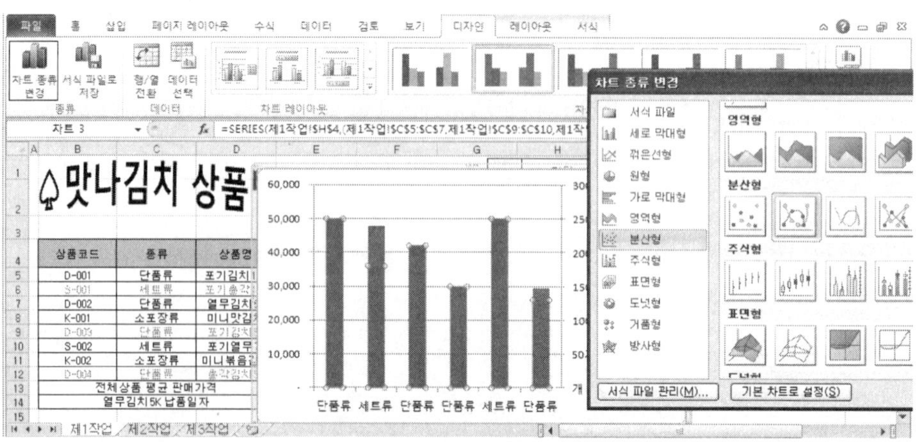

(3) 차트 이동에서 새 시트를 선택하고 제4작업으로 시트 이름을 입력한다.

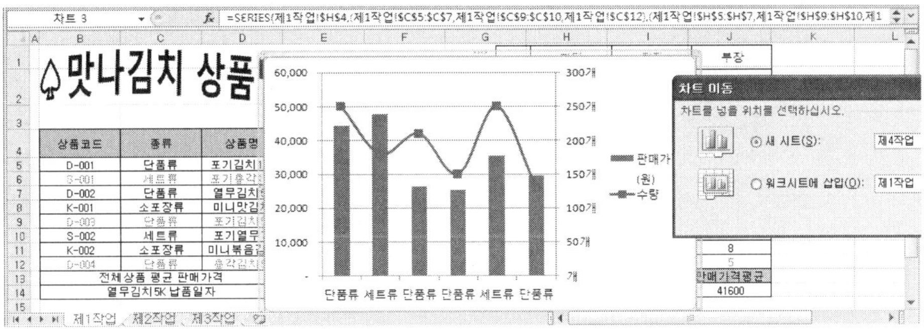


(4) 차트 영역 서식에서 돋움, 보통, 11pt로 글꼴을 설정하고 채우기 효과와 그림 영역을 질감-분홍 박엽지와 흰색으로 각각 설정한다.

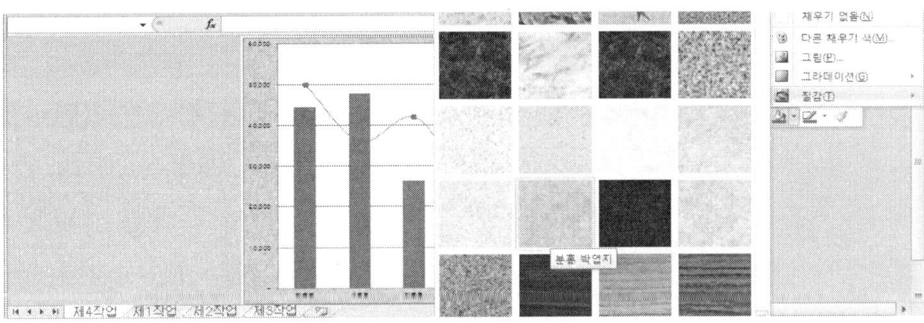


(5)~(6) 제목 서식에서 차트 제목을 돋움, 굵게, 16pt로 글꼴을 설정하고, 제목의 테두리와 그림자 효과 그리고 축제목 및 범례를 ≪출력형태≫를 참조하여 작성한다.

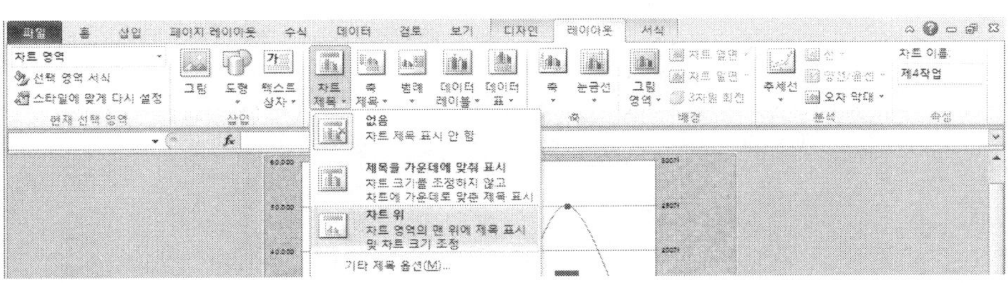

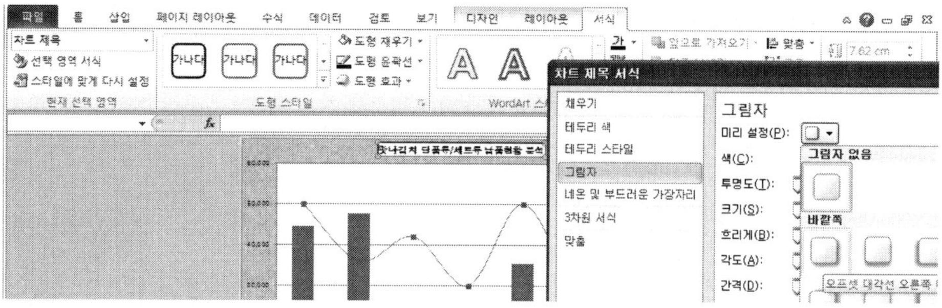


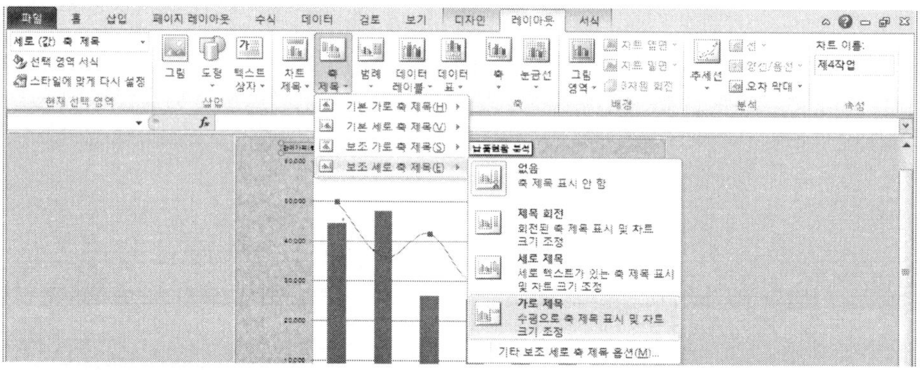


(7)~(8) 데이터 계열 서식에서 포기열무7K의 판매가격(원) 계열을 '넓은 상향 대각선 무늬'로 변경하고 수량 계열은 '선을 완만하게'를 적용한다. 이후, ≪출력형태≫를 참조하여 눈금선 스타일을 파선으로 지정하고 축 서식을 지정한 다음 [차트 도구]-[데이터 그룹]의 데이터 선택에서 계열 편집을 이용하여 범례명을 변경한다.

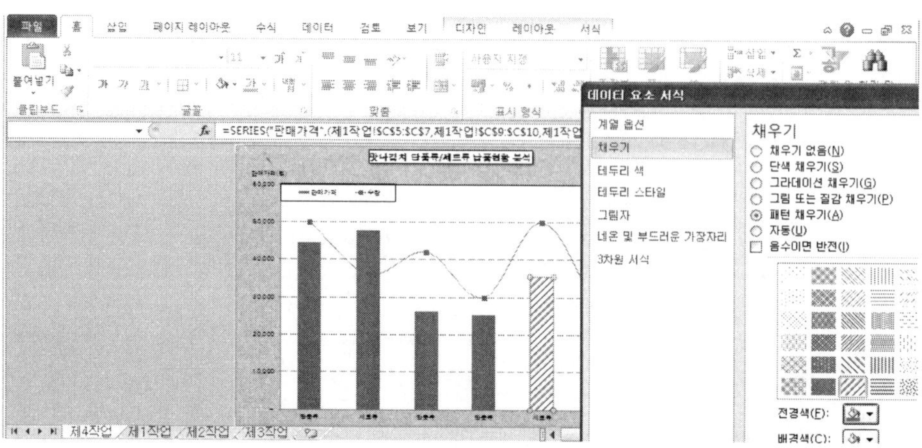

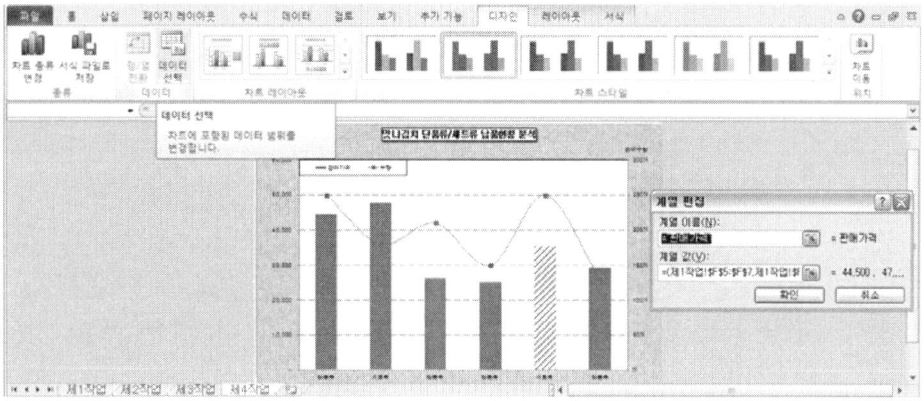


(9)~(10) 마지막 과정으로 도형의 '구름 모양 설명선'을 삽입한 후 내용을 입력하고 ≪출력형태≫를 참조하여 나머지 사항을 작성한다.

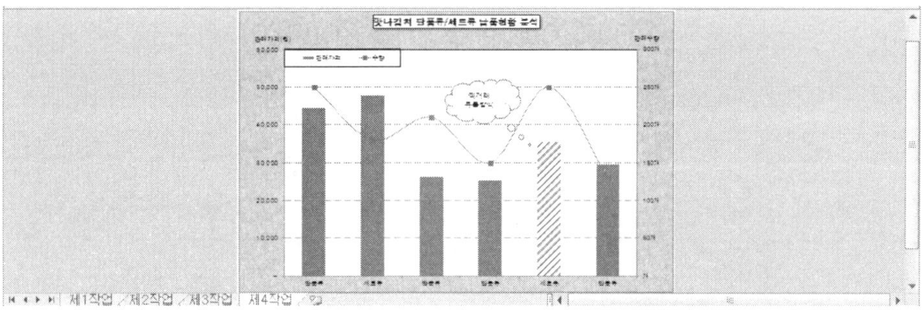

MEMO

**엑셀 2010**

2011년 3월 5일 1판 1쇄 발행

저 자 김 민 영
발행인 남 승 우

발행처 도서출판 상尙 학學 당堂

서울시 동작구 사당로9가길 6(사당동 220-43)
TEL : 02) 595-1692～4
FAX : 02) 595-1394
E-mail : namdoo6@unitel.co.kr

신고 : 2-155호 (1968. 11. 29)

**정가 15,000원**

ISBN 978-89-6587-019-7 93000